공간이 사람을 움직인다

공간이 사람을 움직인다

마음을 지배하는 공간의 비밀 │ 콜린 엘러드 지음 │ 문희경 옮김 │ 정재승 감수

더 퀘스트

마음을 지배하는 공간의 비밀

공간이 사람을 움직인다

초판 발행 · 2016년 10월 14일
초판 7쇄 발행 · 2021년 7월 10일

지은이 · 콜린 엘러드
옮긴이 · 문희경
감수 · 정재승
발행인 · 이종원
발행처 · (주)도서출판 길벗
브랜드 · 더퀘스트
출판사 등록일 · 1990년 12월 24일
주소 · 서울시 마포구 월드컵로 10길 56(서교동)
대표전화 · 02)332-0931 | **팩스** · 02)323-0586
홈페이지 · www.gilbut.co.kr | **이메일** · gilbut@gilbut.co.kr

기획 및 책임편집 · 박윤조(joecool@gilbut.co.kr) | **제작** · 이준호, 손일순, 이진혁
마케팅 · 한준희, 김선영, 김윤희 | **영업관리** · 김명자, 심선숙 | **독자지원** · 송혜란, 윤정아

교정교열 및 전산편집 · 이은경 | **디자인** · 엔드 디자인(02-338-3055)
CTP 출력 및 인쇄 · 예림인쇄 | **제본** · 예림바인딩

ISBN 979-11-6050-009-7 03180
(길벗 도서번호 040045)

정가 17,000원

독자의 1초까지 아껴주는 정성 길벗출판사

(주)도서출판 길벗 | IT실용, IT/일반 수험서, 경제경영, 인문교양(더퀘스트), 취미실용, 자녀교육 **www.gilbut.co.kr**
길벗이지톡 | 어학단행본, 어학수험서 **www.gilbut.co.kr**
길벗스쿨 | 국어학습, 수학학습, 어린이교양, 주니어 어학학습, 교과서 **www.gilbutschool.co.kr**

페이스북 **www.facebook.com/thequestzigy**
네이버 포스트 **post.naver.com/thequestbook**

"이 멋진 책은 저자의 삶, 역사와 고고학, 기술과 디자인을 한데 엮어, 첫 장을 펼치는 그 순간부터 독자를 사로잡는다."

에스더 M. 스턴버그 | 의학박사, 《공간이 마음을 살린다》의 저자

*

"놀랍도록 명쾌하다. 엘러드는 이해하기 어려운 과학 이론에서 실용적 지혜를 추려내는 재주가 있다."

《뉴욕타임스》 북리뷰

*

"경외감을 불러일으키는 신석기 시대의 기념비부터 우리의 지갑을 터는 '놀이터 카지노'에 이르기까지, 엘러드는 환경이 우리에게 어떤 영향을 끼치는지에 관한 과학적 이해를 토대로 내일의 도시와 집을 건설해야 한다고 주장한다."

《디스커버》

*

"엘러드는 최신 연구 결과와 그 결과가 주는 함의를 신중히 평가하면서 공간 자체와 더불어 공간이 불러일으키는 경외감, 욕망, 권태, 애정, 불안을 살펴본다. 특히 디지털이 장소 체험을 잠식하는 것에 관한 풍부한 통찰을 제공한다."

《네이처》

*

"도시와 행복에 관심이 있다면 이 훌륭한 책을 꼼꼼히 읽어라. 이 책은 도시와 인간 마음의 좁은 길로 들어가는 흥미진진한 여행으로 우리를 이끈다. 결코 허황된 상상이 아니다. 탄탄한 증거를 바탕으로 우리가 사는 장소가 어떻게 우리의 마음과 몸을 변화시키는지를 탐색한다."

찰스 몽고메리 | 《행복한 도시》의 저자

*

"엘러드는 따분하기 짝이 없는 곤충학 실험이나 심리학 전문용어까지도 새롭고 흥미진진하게 해설해 준다."

NPR(미국공영라디오방송)

마음을 어루만져주는 공간의 심리학

정재승

카이스트 바이오및뇌공학과 교수

종교를 가지지 않은 사람이라도, 성당 안에 들어가면 그 성스러운 기운에 자못 경건해진다. 평소 도박을 즐기지 않는 사람이라도, 카지노에 들어가면 행운에 인생을 걸어보고 싶은 욕망이 끓어오를 때가 있다. 보호자로 왔는데도 병원에 들어서면 긴장감부터 밀려온다. 도대체 공간은 어떻게 우리의 마음을 그리 흔들어놓는 것일까?

모든 인간은 인공건축물 안에서 생활하며, 우리는 어떤 방식으로든 매 순간 공간과 상호작용을 한다. 따라서 공간이 우리 마음에 끼치는 영향을 탐구하는 것은 가장 원초적인 호기심이면서 동시에 가장 실용적인 의문이다. 인공건축물을 설계하고 공간을 디자인하는 사람들이 제일 먼저 던져야 할 질문이 바로 이것이기 때문이다. 공간이 우리 마음에 끼치는 영향에 대한 해답이 공간 디자인의 가장 중요한 실마리를 제공해 준다는 데는 의심의 여지가 없다.

신경건축학의 도래

공간이 사람의 마음을 어찌 뒤흔드는지를 연구하기 시작한 건 1970년대 무렵이다. 당시에는 환경심리학 또는 건축심리학이라는 이름으로 탐구를 했다. 1970년대 크게 주목받았던 환경심리학은 환경이 인간의 마음에 끼치는 영향을 행동관찰을 통해 이해하려 애썼다. 공원의 벤치와 가로수 그늘의 위치에 따라 사람들이 공원에서 휴식하는 방식이 달라진다. 놀이터에서 엄마들이 쉬는 공간을 어디에 배치하느냐에 따라 아이들이 노는 방식도 달라진다.

그 후, 마음을 탐구하는 학문인 심리학이 신경과학을 만나면서, 신경건축학이 나타났다. 신경건축학은 환경심리학이 그동안 탐구해 온 주제들을 뇌 활동까지 측정함으로써 생물학적 토대 위에서 총체적으로 인간의 마음을 이해하려고 노력한다. 휴대용 뇌파 측정기로 간편하면서도 정확하게 대뇌 활동을 측정할 수 있게 되면서, 인간의 뇌에서 벌어지는 인지 과정을 모니터링하고 사고와 행동을 관찰하면서 공간이 마음에 끼치는 영향을 측정 가능한 것으로 환원할 수 있게 됐고, 학문의 영역 안으로 들어오게 됐다.

2004년 미국 캘리포니아 샌디에이고에서 신경과학자들과 건축가들을 중심으로 '신경건축학회Academy of Neuroscience for Architecture'가 발족하면서, 이 주제에 대한 연구'가 본격적으로 활기를 띠게 됐다. 건축이 물질을 쌓아올리는 과정을 넘어 마음을 축조하는 과정이라는 철학을 공유하는 학자들이 모여 '신경건축학Neuroarchitecture'이라는 우산 아래 연구의 둥지를 튼 것이다.

신경과학자이자 디자인 컨설턴트인 콜린 엘러드는 이 책《공간이 사람을 움직인다》에서 공간과 마음의 상호작용이라는 야심찬 질문이 학자들뿐만 아니라 일상을 살아가는 우리 모두에게 얼마나 중요한 질문인지 일깨워준다. 그는 건축의 역사가 오랫동안 추구했던, 그러나 대답하지 못했던 것을 21세기에 들어와 탐구하게 된 과정을 추적하면서 이 질문에 답하기 위해 뇌파를 측정하고, 시선을 모니터링하고, 위치추적장치로 움직임을 파악하면서 답을 향해 다가섰던 학자들의 연구성과를 친절히 소개한다. 아주 일상적인 언어로 말이다. 심리지리학, 얼마나 아름다운 단어인가! 이 책은 행복으로 가는 마음의 지도를 탐색하려는 학자들의 고군분투기다.

이 책의 가장 큰 미덕은 독자들에게 '내 공간은 과연 내게 행복을 선사할 수 있을까?'라는 화두를 갖게 만든다는 데 있다.《행복의 건축》에서 알랭 드 보통이 말한 것처럼, "장소가 달라지면 나쁜 쪽이든 좋은 쪽이든 사람도 달라진다." 건축은 '삶을 담아내는 그릇을 축조하는 과정'이기에, 행복한 삶을 설계하는 건축가들에게

'우리는 어디에서 가장 행복한가'에 대한 신경과학적 이해는 필수다. 이 책의 독자들은 마지막 책장을 덮는 순간 내 공간을 둘러보고 내 삶의 담아내는 그릇으로서 나의 공간이 얼마나 적절한가를 성찰하게 될 것이다.

공간, 마음을 담아내는 그릇

일례로, 인간은 행복한 순간 세로토닌이라는 신경전달물질을 분비한다. 표정이 밝아지고 스트레스 호르몬인 코티솔의 분비가 줄어들며, 근육이 이완된다. 욕망이 충분히 채워지고 안전감이 충만하여 이 상태를 유지하려는 노력 외에는 다른 욕망이 없는 상태가 된다. 우리 집에서 나의 세로토닌 공간은 어디일까? 내 방을 어떻게 바꾸어야 세로토닌의 분비가 늘어날까?

애착 형성 호르몬인 옥시토신이 얼마나 분비되느냐에 따라 가족의 화목한 정도도 측정할 수 있다. 다시 말해, 이제는 행복, 스트레스, 화목 같은 모호하고 추상적이고 감성적인 개념을 신경과학자들이 측정 가능한 것으로 바꾸어놓은 것이다.

조만간 아파트 모델하우스에서는 건설사가 우리의 목 뒤에 신경패치를 붙여 세로토닌 분비량을 측정할지 모른다. 다양한 타입의 집 구조를 보여주면서 우리의 반응을 측정하고 최적화된 구조를 소개해 주게 될 것이다. 시선 추적을 통해 어디에 주의를 집중하는지 선호의 반응을 어디서 보이는지도 모니터링하게 될 것이다.

치매 환자들이 거주하는 공간에는 포커게임 테이블이나 오락기계를 놓기보다, 운동시설을 배치하는 것이 인지기능 발달에 효과적이다. 물론 환자가 물건을 둔 장소를 자주 잊어버리기 때문에 침대 가까운 곳에 물건을 모을 수 있도록 방을 설계하는 일도 중요하다. 방문에는 그들의 어린 시절 사진을 붙여놓아야 그들이 쉽게 자신의 방을 찾을 수 있다. 신경건축학을 연구하는 학자들은 치매요양원에는 박물관을 연상시킬 만큼 그들의 어린 시절 물건들을 거실에 진열해 놓으라고 권한다. 그들이 기억을 되살리고, 대화에서 어휘수를 현저히 늘리는 데 도움을 주기 때문이다.

아이들을 보육하는 어린이집에는 오감을 자극하는 공간이 필요하다. 태양의 각도에 따라 공간의 빛깔이 달라지고, 안전하게 요리를 해먹을 수 있은 공간이 마련되어야 맛과 향기로 아이들을 자극할 수 있다. 두세 명이 들어갈 수 있는 공간들이 곳곳에 있어야, 그 안에서 또래친구들과 긴밀한 관계 맺기가 늘어난다.

행복의 공간에서 머물고 싶다

이 책은 한 번 읽고 덮는 책이 아니라, 종종 펼쳐보면서 삶을 돌아보는 친구 같은 책이다. 심리지리학은 건축물 속에서 살아가는 우리들에게 '나는 어떤 공간에서 행복하고 창의적이며 안식을 얻는 가'를 생각해 보라고 권한다. 역세권이나 학군, 투자가치만으로 집과 건물을 바라보지 말고, 공간 속에 놓인 내 안을 들여다보라고 말이다.

심리지리학은 앞으로 갈 길이 먼 '도전적인 분야'다. 하지만 '세상의 모든 경계에선 꽃이 핀다'고 하지 않았던가. 심리학과 신경과학, 건축학과 공간디자인이 만난 심리지리학이 '행복한 공간'에 대한 우리의 이해를 넓히고, 사람의 마음을 헤아리며 설계하고, 경험이나 직관이 아닌 과학적 사실을 바탕으로 벽돌을 올리는 공간학으로 나아가길 바란다. 이 책은 그 과정 어딘가에 놓일 이정표일 것이다.

차례

1장. 공간 속의 자연

2장. 사랑의 장소

3장. 욕망의 장소

스톤헨지에서 구글 글래스까지,
공간과 만나는 방법

아버지는 앞으로 삶을 어떻게 꾸려가고 싶은지 생각해 본 적도 없는 여섯 살배기 나를 스톤헨지(영국 월트셔 주 솔즈베리평원에 있는 고대의 거석 기념물五石記念物 : 옮긴이)에 데려가주었다. 50여 년 전 그때는 스톤헨지를 관리하고 통제하기 한참 전이라 주위에 울타리 하나 없었다. 봄날 이른 아침, 우리는 솔즈베리평원의 허허벌판에 서서 거석 기둥들 사이를 거닐며 반들반들한 돌덩이를 어루만졌다. 서로 아무 말도 하지 않았다. 말이 필요 없었다. 그곳에 있는 것만으로 충분했다. 어린 나는 우리와 그곳을 만든 사람들을 가르는 시간의 간극을 몰랐고, 내 마음은 아직 기나긴 학교 교육과 켜켜이 퇴적되는 복잡한 연상에 어지럽혀지지 않았다. 어른이 되면 별의별 복잡한 생각이 떠올라 유적지 앞에 가만히 선 채로 내게 전해

● **스톤헨지** 영국 솔즈베리평원에 원형으로 늘어서 있는 고대 거석 구조물 유적. 누가 왜, 어떻게 지었는지는 아직까지 미스터리다.

지는 느낌을 순순히 받아들이지 못할 터였다. 하지만 어린 나는 내 앞에 오래되고 중요한 무언가가 있고, 이런 거대한 바위를 다듬어 쌓아올린 사람들이 누구든 아마 무척 진지했을 거라고 생각했다. 그런 걸 쌓는 데 드는 노고가 많은 이야기를 들려주었다. 그때 나는 스톤헨지에 얽힌 수수께끼를 전혀 몰랐다. 호기심이 생긴 것은 나중 일이고, 처음 그곳에 갔을 때는 그런 걸 만든 목적 따위는 내게 중요하지 않았다. 나는 그 순간의 느낌에 압도되었다. 그것은 어린아이가 아빠 손을 잡고 낯선 장소에 가서 느끼는 보통의 감정보다 훨씬 큰 경외감이자, 누군가가 나와 공유할 의도 없이 어떤 원대한 목적을 위해 쌓은 거대한 바위 사이로 들어간다는 자각에서 오는 숨 막히는 불안감이었다. 나는 기둥들 주위를 거닐며 기둥 꼭대기를 올려다보고 바위 표면을 자세히 들여다보고 싶으면서도 어쩐지 그곳에 있으면 안 될 것 같은 서늘한 느낌에 사로잡혔다. 그곳을 만든 거인들이 곧 들이닥칠 것 같았다.

건축업에 종사하던 아버지는 그날 나와 다른 경험을 했을 것이다. 어렸을 때는 아버지가 무슨 일을 하는지 막연히 짐작만 하는 정도였지만 십대 때는 아버지가 건축물을 보면 머릿속으로 측량하고, 건축에 들어간 재료의 크기와 형태를 정리해 보고, 건축물이 얼마나 견고한지 가늠하고, 악천후와 인간의 발길을 얼마나 견디는지 따져보지 않고는 못 배긴다는 사실을 알았다. 건축견적사인 아버지는 건축가의 청사진에서 치수와 비용과 가치를 파악하고 최종 결과물이 건축가의 비전과 예산에 부합하도록 도와주는 일을 했다. 아버지는 건축물에 가슴으로 반응할 수 있겠지만, 그마저도 언제나 공학과 건축학, 경제학에 기초한 복잡한 지적 반응에서 나오는 객관성의 막에 감싸여 있을 것이다.

오랜 세월이 흐른 지금은 나도 아버지가 그날 솔즈베리평원에서 느꼈을 감정과 매우 비슷한 감정에 사로잡힌다. 나도 건축하고 설계하는 세계에 속한 사람이다. 나는 건물이나 거리 풍경의 설계가 감정과 생각에 끼치는 영향에 매료되었다. 그리고 직접 그 영향을 확인하고 싶어서 세계를 돌아다녔다. 나는 건물이 그곳을 이용하는 사람들에게 어떤 영향을 끼치는지를 연구하는 실험심리학자다. 다양한 과학도구를 이용해서 인간이 장소에 보이는 반응에 관한 내면의 관점을 얻는다. **나는 건물에 사는 사람들이 언제(그리고 무엇에) 주목하는지, 그들이 언제 기분이 좋거나 지루한지, 언제 행복하거나 슬픈지, 언제 초조하거나 호기심을 느끼거나 겁을 내는지 알아낸다. 내가 하는 일은 아버지가 꼼꼼히 측정하던 벽돌이나 모르타르와 그것을 보는 사람들의 마음에서 일어나는 작용 사이의 연관성을 밝히는 것이다.**

나는 여섯 살짜리 아이가 건축세계에 느끼는 단순한 경외감이나 정서 반응과 이 분야를 연구하는 어른 과학자로서의 비판적 반응을 가르는 경계를 끊임없이 넘나든다. 이 책의 주된 목적은 독자에게 이런 경계의 양쪽을 모두 전달하는 데 있다. 집이든 직장이든 관공서든 오락과 교육의 장소든, 누구나 날마다 건축공간을 경험한다. 누구나 건축공간의 설계가 우리의 생각과 행동양식에 영향을 끼친다는 점을 어렴풋이나마 이해하고, 또 이런 영향을 직접 체험하려고 특정 장소를 찾는다(교회와 놀이공원을 생각해 보라). 하지만 누구나 건물 설계를 감정 차원에서 느끼고 반응한다고 해도, 이런 감정이 그 건물에 머무는 동안 행동에 영향을 끼친다고 해도, 대다수 사람들은 장소에 대한 일상의 반응을 분석해서 이해하려는 의지도 없고 그럴 만한 시간 여유도 없다.

지금은 역사상 그 어느 때보다 적극적인 시민들이 장소가 어떻게 작동하는지 이해하고, 더 나은 장소를 만드는 데 어떻게 기여할 수 있는지에 관심을 보인다. 어느 정도는 우리가 거대한 변화의 벼랑 끝에 서 있다는 사실을 알기 때문이다. 도시화와 과밀현상, 기후와 에너지의 균형이 변화함에 따라 우리는 살아남기 위해서만이 아니라 정신건강을 잃지 않기 위해 환경을 어떻게 만들어나갈지 고민한다. 그리고 사람들이 삶의 공간을 만들어나가는 데 적극 참여하려는 또 하나의 이유는 스마트폰과 인터넷을 이용해 서로 연결하고, 생각과 이미지를 나눌 뿐만 아니라, 심지어 내면 상태와 생리 상태까지 공유할 수 있는 새로운 기술이 출현했기 때문이다.

모든 면에서 더 나은 장소를 만드는 열쇠는 삶의 경험과 그 경험을 담는 장소의 복잡한 관계를 관찰하고(누구나 참여할 수 있는 작업이다), 나아가 과학이론과 현대 기술을 보유한 새로운 무기고를 이용해 둘 사이의 관계를 이해하는 데 있다. 오늘날 이런 시도가 더욱 중요해진 이유는 인간이 장소에 보이는 반응을 연구하는 데 이용하는 기술(위치 인식 스마트폰 애플리케이션부터 보행자의 생체정보를 측정하는 내장 센서에 이르기까지 모든 기술)을 기존의 건축 설계 도구와 접목해서 우리의 감정과 소망, 욕구와 의사결정의 편향에 영향을 끼칠 수 있기 때문이다. 사실 새로운 기술이 공공 공간부터 벽에 이르기까지 모든 것의 의미를 다시 정의하고, 좋든 싫든 우리를 둘러싼 환경이 우리에게 영향을 끼치는 방식에 일대 혁신을 일으키고 있다. 장소가 우리에게 어떤 영향을 끼칠 수 있는지 진지하게 이해하려는 사람이라면 새로운 기술이 전통적인 건축방법, 나아가 고대의 건축방법과도 결합되어 우리의 행동에 영향을 끼치는 다양한 방식에 주목해야 한다.

건축의 시작

인간의 감정과 행동에 영향을 끼치는 환경을 만드는 일은 아주 오래전에 시작되었다. 문자를 통한 의사소통, 도시와 정착지 건설, 나아가 현대 인류를 형성한 모든 사건 중에서 가장 강력한 영향을 끼친 농업의 발생을 비롯한 인류문명의 그 어떤 사건보다도 앞선다. 터키 남부의 우르파라는 도시 근처의 고대 유적 괴베클리 테페Göbekli Tepe에서 건축의 기원을 찾을 수 있다. 11,000년 이상 된 이곳에는 석판 벽과 기둥이 늘어서 있는데, 개중에는 무게가 10톤이 넘는 석판도 있다.[1] 괴베클리 테페는 단순한 주거지가 아닌 구조물로서 인간이 만든 가장 오래된 건축물이다. 실제로 괴베클리 테페의 건축 시기는 스톤헨지보다 앞서고, 둘 사이에는 스톤헨지와 현재

● **괴베클리 테페** 터키 남부 우르파라 근처에 있는 고대 유적으로, 탄소연대 측정 결과 기원전 9,500년경에 축조된 세계 최고最古의 건축물로 추정된다. 종교적 성소이자 순례의 장소로 추측된다.

만큼의 시간의 간극이 있다.

괴베클리 테페는 스톤헨지보다 중요한 유적이다. 괴베클리 테페가 발견되면서 건축의 기원에 관한 오랜 믿음이 뒤집혔기 때문이다. 그전에는 인간이 가축을 길들이고 정착하고 농사를 지으면서 건축이 발전하고, 마침내 도시가 형성되었다고 믿었다. 하지만 지금 이런 믿음은 수레가 말을 끄는 격이 되었다. 괴베클리 테페의 석판은 정착해서 농사짓던 사람들이 아니라 짐승을 사냥해서 먹고살던 수렵채집인들이 쌓은 것이다. 이곳에서 발굴된 벽은 적과 비바람과 이웃의 호기심 어린 눈길로부터 개인의 재산과 가족을 보호하기 위한 목적이 아니라 다른 목적에서 세워진 최초의 벽으로 보인다.

기나긴 인류의 역사를 거슬러 올라가 그 시대 사람들이 어떤 목적으로 괴베클리 테페의 거대한 기둥과 벽을 세웠는지 아는 건 불가능에 가깝지만 그곳에 드물게 남아 있는 인간 행동의 증거(기둥에 인간의 형상과 거대한 새와 뱀, 육식동물 그림이 새겨진 불 피우는 공간과 동물 뼈)를 통해 그곳이 종교적 성소^{聖所}이자 수백 년간 사람들이 드나들면서 고치고 새로 지은 순례의 장소였다는 것을 알 수 있다. 괴베클리 테페에 아무도 살지 않았던 것은 분명하다. 그곳에서 발견된 무서운 형상의 짐승 조각상들은 그곳을 지은 사람들이 수렵을 하면서 매일같이 마주하는 위험에 대한 공포를 다스리기 위한 주술적 상징물이었을 것이다. 괴베클리 테페도 스톤헨지처럼 치유 공간으로 지어졌을 가능성도 있다. 말하자면 **최초의 인류가 건축물을 지으려 한 이유는 인간의 유한성을 인식한 데 대응하기 위해서이고, 이런 원시 건축물은 죽음과의 원초적 투쟁의 표현**이라는 뜻이다. 어찌 보면 건축, 그중에서도 종교 건축의 역사는 죽음을 외면할 길을 찾기 위한 모두의 노력 과정일지 모른다. 인류가 까마득한 옛날부터 건축이 인간의 정서에 얼마나 큰 영향을 끼치는지 깨달았다는 증거다.

문자가 발명되기 6,000년 전에 괴베클리 테페를 정성껏 쌓아 올린 배경에 어떤 의도가 깔려 있었다고 여기든, 한 가지는 분명하다. 그곳에서 일어난 일이 오늘날 인류의 결정적 특질, 어쩌면 유일

할지 모를 특질의 기원일 수 있다는 점이다. **인간은 건축물을 지어서 지각을 바꾸고 사고와 감정에 영향을 끼치며, 이런 식으로 인간 행동을 조직하고 권력을 행사하고 또 많은 경우에 돈을 벌어들인다**는 특질 말이다. 그 사례는 인류역사 어디서든 찾을 수 있다.

공간은 우리를 어떻게 움직이는가

처음 성 베드로 대성당에 갔을 때 나는 진귀한 보물과 예술품으로 장식된 거대한 돔 앞에서 압도당하는 사람들을 보았다. 이런 인간적인 반응은 물론 우연이 아니다. **이런 건축물은 분명 우리의 지각 방식을 변화시키고, 성스러운 우주와의 관계를 다시 평가하게 하고, 내세를 약속해서 두려움을 누그러뜨리고, 우리가 그곳을 떠난 뒤에도 오랫동안 우리의 행동에 영향을 끼치도록 설계되었다.** 사실 과학연구에 따르면, 별이 총총한 밤하늘을 바라보든 그랜드캐니언의 깊은 골짜기처럼 숨 막힐 듯한 대자연과 마주하든 대성당의 천장과 같은 인간이 지은 건축물 앞에 서 있든, 사람들은 이런 웅장한 광경을 마주하면 자기에 대한 인식과 남을 대하는 태도, 나아가 시간의 경과에 대한 지각에 엄청난 영향을 받을 수 있다.[2]

일상에서 장소에 얽힌 경험은 대개 그리 숭고하지만은 않다. 우리는 주차위반 딱지를 뗀 일 따위로 법원에 들어가 높은 천장과 화려한 장식, 육중한 기둥과 마주한다. 모두 권위의 무게 앞에서 경외심을 느끼도록 유도하는 장치다. 심리학 연구에서는 이런 장소의 건축양식은 우리가 느끼는 방식에 영향을 끼치고, 나아가 더 위대하고 강력한 의지에 순종하고 순응하게 만드는 식으로 우리의 태도와 행동에도 영향을 끼친다고 밝힌다.

쇼핑몰이나 백화점에 들어서면 원래 믹서기 같은 물건 하나를 사러 왔더라도 이내 방어벽이 낮아지고 신중한 태도도 허물어져 꼭 필요하지도 않은 물건에 돈을 쓰고 싶은 충동에 사로잡힌다. 소매점을 설계하는 사람들이 찾는 성배^{聖杯}와도 같은 이런 심리는 그냥 운 좋게 주어지는 것이 아니라 세심한 설계의 결과다. 인간이 갖고는 싶지만 꼭 필요하지 않은 물건에 가처분소득을 쓰기 시작한 이래로 상인들은 우리의 여윳돈을 최대로 빼가기 위한 경쟁에 돌입했다.

교외의 널찍한 대로변에서 '건축선후퇴^{setback}'(건물의 위층을 아래층보다 후퇴시켜서 계단 모양으로 짓는 방식 : 옮긴이)를 크게 들여 찍어낸 듯 똑같이 지은 집들이 단조롭게 늘어선 사이를 걷다 보면, 시간이 한없이 느리게 흐르고 1960년대 감각박탈 실험에 참가한 사람들의 경험과 질적으로 다르지 않은 권태가 밀려든다. 그에 반해 알록달록한 물건이 가득하고, 군침 도는 음식 냄새가 진동하고, 왁자한 사람들이 빽빽이 오가는 도심의 거리를 걷다 보면 덩달아 마음이 들뜬다. 공간에 대한 상반된 반응은 우리의 몸에서도 쉽게 읽어낼 수 있다. 자세로도 드러나고 시선과 머리의 움직임, 뇌 활동에도 나타난다. 우리가 어디를 가든 신경계와 마음은 우리의 경험에 의해 조작된다. 당연한 소리 아니냐 싶겠지만 사실 오늘날 인간의 경험은 그 어느 때보다 건축 환경에 의해 섬세하고 예술적으로 영향을 받는다. 설계자와 건축가가 그 어느 때보다 다양한 재료와 방법을 마음대로 활용할 수 있을 뿐 아니라, 인간과학(사회학·심리학·인지과학·신경과학)의 기본 원리가 설계가 적용된 세계에 점차 침투하고 있다. 신경과학의 새로운 효과적인 방법을 외과의의 메스처럼 이용하여 정신생활의 물리적 기질을 정밀하게 탐색할 수 있다.

한 세기에 걸친 인지과학 실험으로 마음의 내적 작용에 관한 새로운 지식이 쌓이면서 경험의 기본 요소에 대한 이해가 정교해졌고, 덕분에 일상생활의 복잡한 장면에서 거의 모든 행동을 설명하고 예측할 수 있게 되었다. 동시에 개인의 정신생활과 정서생활을 건드리지 않도록 일정한 거리를 두고 탐색하는 기술이 급속히 발전하고 있다. 심박수·호흡률·얼굴 표정·안구운동 양상·땀샘, 심지어 스마트폰을 사용할 때 손가락으로 누르는 양상을 통해 마음을 읽어내는 새로운 장치가 쏟아져나왔다. 연구자들에게는 귀한 선물과도 같은 기술이다. 이런 기술을 이용해 가정의 실내장식부터 도시의 거리 풍경에 이르기까지 모든 환경이 우리의 감정과 행동을 조직하는 방식을 이해할 수 있다. 또한 이러한 기술은 적어도 괴베클리 테페만큼 오래된 사업, 다시 말해서 장소에 대한 자연스런 반응을 계획적으로 수용해서 행동을 유도하는 사업에 전례 없이 새로운 혜택을 제공한다.

정서에 관한 새로운 과학

인류역사에서 마음의 구조를 이해할 때는 대체로 지각과 사고, 추론과 결정 같은 인지 영역과 감정과 충동, 정서 같은 좀 더 모호한 영역을 명확히 구별해 왔다. 지금도 일상적으로 '마음과 정신'을 나누고, 문학과 영화, 텔레비전에는 여전히 이성과 감성의 장대한 싸움을 다룬 이야기가 넘쳐난다. 언어에도 우리의 이런 편견을 드러내는 단서가 가득하다. 가령 우리는 '감정에 치우치지 않는' 사고를 말하면서, 데카르트식으로 일상에 동기를 불어넣는 충동과 예감, 욕구에서 한발 물러선 상태를 이상적인 추론으로 여긴다. 셰익스피어의 희곡과 제인 오스틴의 소설, 도스토옙스키의 위대한 문학 작품은 하나같이 감성과 이성이 갈등하는 이야기로 귀결된다. 좀 더 가까운 예로 〈스타트렉Star Trek〉에서 과학장교 스포크 같은 외계인이나 데이터 소령 같은 인조인간은 감정의 구름이 전혀 끼지 않은 상태에서 완벽히 이성적으로 행동할 수 있고, 이런 행동은 대체로 바람직한 행동으로 나온다.

역사적으로 과학이론도 이런 추세를 따랐다. 과거의 신경과학에서는 우리를 인간으로 특징짓는 요소가 '고차원적' 기능을 관장하는 뇌의 겉껍질인 신피질보다 상위에 있다고 제안했다. '고차원적'이라는 말은 순수한 합리성을 의미했다. 뇌의 맨 위에 위치한 인지 영역 아래에는 '파충류의 뇌'라고도 부르는 구조물이 꿈틀댄다. 누군가 '네 가지 F'(먹이기feeding, 싸우기fighting, 도망치기fleeing, 번식하기^{fucking})라고 부른 행동을 하려고 기회를 찾는 동물적 충동과 본능의 저장소다. 일상에서든 과학계에서든 뇌의 두 궤도(동물적 자아가 위치한 깊은 영역과 좀 더 진화된 겉껍질)는 끊임없이 밀고 당기며 대립하면서 우리가 원시 조상에게서 물려받은 답답한 공기 같은 감정 상태에서 이성을 단단히 붙잡게 만든다고 암묵적으로 전제한다.

이런 시각이 깊이 뿌리내리고 있지만 현대의 신경과학과 심리학 연구에서는 감정과 생각의 관계를 상당히 다른 그림으로 제시한다. 안토니오 다마지오^{Antonio Damasio}는 한때 이성적 사고의 최상층부로 간주된 전두엽에 국소 뇌병변이 생긴 환자들을 연구하면서, 전두엽의 뇌병변이 정서자아와 인지자아의 중요한 연결을 끊기 때문에 의사결정과 행동에 결함이 생긴다는 증거를 제시했다. 의사결정에도 간혹 이용되고 틀릴 때보다 맞을 때가 많은 '직감' 또는 다마지오의 용어로 "체감 표지^{somatic marker}"는 더 깊숙이 자리 잡은 정서적 뇌에서 발생해서 합리적 목표와 계획을 세우는 중요한 경로를 이룬다.[3] 지극히 합리적으로 보이는 판단도 정서에 깊이 뿌리박은 셈이다.

뇌를 다친 환자 연구로 정서가 이성적 행동을 조절하는 데 중요한 역할을 한다는 사실 대부분을 알아냈지만, 뇌영상과 뇌파 측정 같은 새로운 기술을 통한 연구에서도 입증되었다. 감정을 관장하는 뇌 영역은 넓게 분포해 있다. 심장을 포함해 신체 상태에 관한 감각을 수용하는 뇌간^{腦幹}부터 피질 상층부에까지 넓게 퍼져 있고, 지각과 기억을 생성하는 영역과도 풍성하게 결합되어 있다. 이와 같은 발견은 뇌가 적응 행동을 끌어내는 방식을 이해하는 데 무엇보다 중요하지만, 그중 몇 가지는 사람들에게 영향력을 행사할 방법을 찾아내려는 사람들에게도 중요하다. 이를테면 새로 떠오르는 신경경제학에서는 인간의 행동이 논리적 원칙을 따르지만, 인간이 행동을 결정하는 과정을 온전히 이해하려면 생물학적 사고 장치로서의 독특한 입장도 고려해야 한다고 전제한다. 생물학적 사고 장치란 자연선택의 원리에 따라 생존하면서도 순수한 논리를 따르기보다 번식 가능성을 높여주는 다양한 성향에 좌우되는 존재라는 뜻이다. 그리고 정서가 이런 성향에 끼치는 영향은 엄청나다. 신경경제학 원리를 시장에 적용하는 것은 아직 시기상조이지만 머지않아 이론과 실제의 간극이 좁혀질 것이다.

일상 행동에서 정서의 역할에 관한 새로운 개념은 환경이 우리에게 끼치는 영향을 이해하려는 분야인 심리지리학에도 중요하다. **장소가 감정에 영향을 주고 감정이 결정에 영향을 끼치는 연결고리가 결코 새로운 개념은 아니다. 다만 생각과 감정이 깊은 차원에서 얽혀 있는 현상을 새롭게 발견함으로써 장소가 우리의 행동과 존재를 변화시키는 정도를 그동안 과소평가해 왔다는 사실이** 드러났다. 그런데 새로운 신경과학에서는 단지 우리의 본성과 우리를 둘러싼 구조와 기술의 관계가 더 가까워진 것만 보여주지는 않는다.

거울뉴런과 유체이탈 시뮬레이션

1990년대 초에 파르마대학교의 신경생리학자 지아코모 리졸라티 Giacomo Rizzolatti는 붉은털원숭이의 전두엽 한 영역에서 특이한 뉴런 을 발견했다.[4] 미세전극으로 개별 뉴런을 기록하던 중 원숭이가 손 을 뻗어 먹이를 잡아채서 입에 넣을 때 아주 빠른 속도로 발화하 는 뉴런이 있었다. 이 뉴런은 부호화와 복잡한 행동을 조직하는 역 할을 담당하는 듯하고, 인간의 뇌를 비롯한 유인원의 뇌에서 흔히 발견된다. 다만 리졸라티가 발견한 뉴런의 특이점은 다른 원숭이 가 같은 동작을 하는 비디오를 볼 때도 같은 뉴런이 발화한다는 것 이었다. 리졸라티는 이 뉴런을 "거울뉴런mirror neuron"이라고 불렀 다. 거울뉴런을 발견할 당시 과학계에서는 이 뉴런의 중요성을 인 식하지 못한 듯하다. 실제로 리졸라티가 권위 있는 학술지《네이처 Nature》에 처음 발표하려고 연구 결과를 제출하자 딱히 흥미를 끌지 못한다는 이유로 거절당했다. 시간이 흐르고 뇌의 거울뉴런계mirror neuron system에 관한 새로운 발견이 속속 발표되면서 리졸라티의 발 견은 심리학의 여러 주요 문제를 이해하기 위한 획기적인 방법의 출발점으로 인정받았다. 말하자면 **거울뉴런을 통해 타인의 행동을 이해 하고 공감하는 섬세한 능력뿐 아니라 넓게는 마음이 환경과 연결되는 방식까 지 이해할 수 있다고 인정받은 셈이다.**

리졸라티의 발견에 따르면, 뇌는 타인을 이해하기 위해, 특히 타인의 감정을 느끼기 위해 겉으로 드러난 타인의 행동을 직접 시연하는 방식으로 조직된다. 뇌영상 연구에서는 감정이 드러난 타인의 표정을 볼 때 활성화되는 뇌 영역은 자기가 직접 표정을 지을 때 활성화되는 뇌 영역과 일치하는 것으로 나타난다. 공간을 가로질러 타인이 느끼는 감정에 공감하려면 그 사람이 감정을 드러내는 행동을 모방해야 하는 듯하다. 감정 표현의 필수 뇌 영역을 다친 사람은 타인의 표정에서 감정을 읽는 것도 힘들어한다. 따라서 **거울뉴런계는 몸의 경계를 뚫고 나가 타인이나 다른 유형의 대상과 폭넓게 만나는 방법을 제공하는 듯하다.**

'고무손 착각 실험'에서는 참가자 옆에 사람의 손 모형을 놓고 손 모형이 참가자 몸의 연장인 것처럼 취급하도록 유도한다. 유도 과정에서 참가자는 실험자가 고무손을 살짝 건드리는 모습을 보고 마치 자기 손을 건드리는 느낌을 받는다. 간단한 유도 과정이 끝나면 참가자는 외부의 손이 마치 자기 손인 양 느낀다. 예를 들어 실험자가 망치로 고무손을 내리치면 참가자는 자기 손이 망치에 맞는 것처럼 강렬한 생리적 반응을 보인다.[5]

'유체이탈 시뮬레이션'이라는 실험에서도 이와 유사한 현상이 나타났다. 유체이탈 시뮬레이션이란 참가자가 VR(가상현실) 헬멧을 쓰고 카메라에 찍힌 자기 모습을 보면서 몸에서 떨어져서 자기를 관찰하도록 설계된 실험이다. 고무손 착각 실험에서와 같은 유도 과정을 거치면 참가자는 자기 몸 바깥에 있는 것처럼 느끼게 된다.[6] 처음 이런 실험에 관한 얘기를 듣고 나는 우리 연구소의 가상현실 실험실에서 동일한 현상을 시연했다. 듣던 대로 내가 몸에서 벗어난 것 같은 설명하기 힘든 기이한 감각이 느껴졌다. 뿐만 아니라 VR 헬멧을 쓰고 나의 충실한 참가자인 실험실 의자를 나무막대로 쿡쿡 찌르는 장면을 관찰하면서 엄청난 즐거움을 맛보았다.

이처럼 뇌가 신체 공간을 즉각 재배치해서 가까이 있는 도구를 신체의 일부로 편입시키는 현상은 일상에서도 찾아볼 수 있다. 예를 들어 기다란 지시봉으로 대상을 조작할 때 뇌는 즉각 지시봉의 끝을 신체의 일부로 재배치한다.[7] 일상에서 컴퓨터 마우스를 비롯해 갖가지 기술을 사용할 수 있는 것도 바로 뇌에서 신체 공간의 지각된 경계를 즉시 재배치하기 때문인 것으로 보인다.

요컨대 거울뉴런계와 앞서 설명한 몇 가지 실험을 통해 **우리의 뇌에는 신체 외벽과 시야에 들어오는 사람이나 사물 사이의 장벽을 뛰어넘게 해주는 효과적이고 가소성 높은 기제가 존재한다**는 것을 알 수 있다. 이런 기제를 통해 연필부터 터치스크린까지 다양한 기술을 사용하는 능력이 설명될 뿐 아니라, 얼굴 표정과 같은 신체 상태를 은밀하게라도 드러내는 것이 우리가 타인과 감정을 나누는 데 중요한 수단이 될 수 있음을 알 수 있다.

행동하니까 느낀다: 원더우먼 자세

최근의 한 TED(기술, 오락, 디자인 관련 오픈강연) 강연에서 사회심리학자 에이미 커디Amy Cuddy는 신체언어 연구를 소개하면서 자세가 기분뿐 아니라 몸속에서 일어나는 화학작용에도 영향을 끼친다고 설명했다. 커디의 연구에서 참가자들에게 '파워 포즈power pose'로 원더우먼 같은 슈퍼히어로를 모방하는 자세를 취하라고 지시하자 가상의 취업 면접에서 좋은 성과가 나오고, 위험을 감수하는 성향이 높아지고, '모방'한 지 2분 만에 테스토스테론 수치가 상승하고, 스트레스 호르몬인 코티솔 수치는 줄어든 것으로 나타났다. 커디의 연구 외에도 우리가 어떻게 움직이고 어떤 자세를 취하는지가 우리의 생각과 기분, 행동과 반드시 연결된다는 실험이 최근에 다수 발표되었다.[8]

한 연구에서는 스마트폰을 들여다볼 때는 등을 똑바로 펴고 앉아서 커다란 노트북이나 태블릿 화면을 바라볼 때보다 지배적인 성향이 줄어드는 것으로 나타났다.[9] 또 한 연구에서는 따뜻한 음료를 손에 들고 있으면 더 친근하고 다정해지는 것으로 나타났다.[10] 어떤 연구에서는 흔들리는 의자에 앉아 있으면 현재의 연인이나 배우자와의 관계를 덜 안정적으로 평가하는 경향을 보였다.[11] 전반적으로 이와 같은 결과는 단지 실험실의 호기심에서 나온 것이 아니다. 얼굴 표정부터 자세와 동작까지 우리의 모든 행동과 심리 상태는 양방향으로 연결되어 있음을 보여준다. 다시 말해서 **이전에는 우리가 행복해서 웃는다고 보았지만 '체현 상태**embodied state**'에 관한 연구에서는 우리가 웃어서 행복해지기도 한다고 주장한다**(실제로 이 같은 효과를 구체적으로 보여주는 통제 연구도 있다).

지아코모 리졸라티가 처음으로 밝힌 거울뉴런계에 관한 사실에 비추어볼 때, 이상의 실험 결과는 일리가 있을 뿐 아니라 신체 상태가 우위에 있음을 시사하는 뇌 구조라는 관점에도 부합한다. 우리는 행동하기 때문에 느낀다. **타인을 관찰하든 실험자에게 지시를 받든 감정 상태를 드러내는 동작을 모방하면 직접 그 감정을 경험하는 동시에 생리작용과 화학작용, 호르몬 상태에도 광범위하게 변화가 일어난다.**

그런데 이 효과가 어떻게 건축물과의 관계로 확산될 수 있을까? 베를린의 홀로코스트 기념관을 예로 들어보자. 외부에서 보면 아무런 특징 없이 삭막하다. 크기와 높이가 제각각인 육면체의 검은 콘크리트 덩어리들이 격자 모양의 좁은 통로를 사이에 두고 완만한 물결 모양의 지반에 규칙적으로 배치되어 있다. 이 기념관의 기운이 멀리서는 느껴지지 않지만 격자 통로를 돌아다니면 온전히 전해진다.

이 기념관을 방문할 때 아내와 나는 잠시 격자로 배치된 콘크리트 덩어리들 밖에 앉아 기념관의 의미를 되새겨보았다. 그러고 나서 안으로 들어가 탐색을 시작했다. 둘이 나란히 걸을 수 없을 만큼 통로가 좁아서 따로 떨어져 다녀야 했는데, 눈으로만 겨우 서로를 놓치지 않을 정도였다. 통로가 교차하는 지점에 이르자 길고 좁고 휑한 통로 저 멀리 기념관 밖이 보였다. 기념관 밖에 있는 사람들 눈에는 우리가 꼬챙이에 꿰어 있는 것처럼 보일 터였다. 우리는 외부세계가 보이지 않는 콘크리트 덩어리들 틈에서 방향감각을 잃어 서로를 놓치고 상실감에 빠졌으며, 이따금 휑하게 뚫린 긴 통로가 시야를 뚫고 들어와 공포와 불안, 슬픔과 외로움 같은 강렬한

● **홀로코스트 기념관** 베를린에 있는 유대인 학살 추모공원. 수백 개에 이르는 직육면체 조형물은 유대인의 무덤 또는 관을 형상화한 것이다.

감정에 휩싸였다.

이 기념관을 설계한 피터 아이젠먼$^{Peter\ Eisenman}$은 2차 세계대전 중에 박해당한 유대인들이 느꼈을 법한 감정이 작지만 강렬한 메아리로 울리는 구조물을 지으려고 했고, 체현을 통해 느껴지도록 작업을 완성했다. 이곳에 들어서면 기념관과 연결된 채 걷다가 길을 잃지 않을 수 없었다. 그리고 그 순간 슬픔과 공포가 또렷이 전해졌다.

아이젠먼의 기념관은 관람객들에게서 정서 반응을 끌어내서 그곳에서 희생된 영혼들을 기억하고 애도하도록 정교하게 설계된 장치에 가깝다. 이 책에서는 이런 본능적인 반응을 끌어내는 건축물의 힘이 결코 특이한 현상이 아니라는 사실을 살펴볼 것이다. 설계에 의해서든 우연에 의해서든 건축물은 아이의 행복한 미소를 보고 따라 웃으면 덩달아 기분이 좋아지는 현상과 유사한 방식으로 우리를 행동하고 느끼게 만들어준다. 이런 연결은 원래 우리가 경험을 서로 나누고 자연의 위험과 기회에 적절하게 반응하도록 설계된 신경회로의 작용으로, 우리의 신경계에 깊이 새겨져 있다.

무엇이든 디스플레이가 된다: 스마트 건축 세계

수천 년 동안 전통적인 벽은 건축 설계로 인간의 행동에 영향을 끼치는 완벽한 방법이었다. 벽은 사람들의 이동을 막고 시야를 가린다. 벽은 사생활을 보호하고 안전을 보장한다. 존 로크*John Locke*는 저서 《도청: 내밀한 역사*Eavesdropping: An Intimate History*》에서 벽은 인간이 농경사회의 소규모 정착촌에서 큰 마을로, 결국에는 누가 누구에게 무슨 짓을 하는지 추적하기 어려운 도시로 옮겨가는 과정에서 낯선 사람들의 행동을 파악해야 하는 인지적 부담을 덜어주도록 설계되었다고 주장했다.[12] 벽은 사회적 관습과 문화적 규준을 강화하거나 새로 만든다. 집 안에 잠자는 공간을 따로 마련하자 성생활을 보는 관점이 달라졌다. 전통적인 이슬람의 주택과 거리 설계에는 성별과 세대를 구분하는 신념까지 구체적으로 드러난다. 한 세기 전만 해도 벽을 세워 생긴

공간의 기하학적 구조와 형태만 고려해서 건축 환경의 설계가 주는 심리적 효과를 거의 다 설명할 수 있었다.

하지만 지금은 건축공간과 상호작용하는 방식에 극적인 변화가 일어나 목수가 세운 벽은 여러 중요한 측면에서 구시대의 유물로 간주된다. 이런 변화의 시작은 뿌리가 깊다. 전화와 라디오, 텔레비전 같은 통신기술이 출현하면서 인류는 처음으로 서로 마주 보지 않고도 원거리에서 실시간으로 소통할 수 있게 되었다. 수천 수백만 시청자가 인기 프로그램이나 스포츠 경기를 텔레비전으로 시청하는 것처럼 익명성을 띠고 일방적일 경우가 많기는 하지만, 이런 대중매체의 출현으로 전혀 모르는 사람들이 동시에 같은 경험을 나눌 수 있게 되었다. 그러나 이런 기술도 최근에 부상하는 새로운 세계, 그러니까 위치와 움직임을 추적하고 비슷한 장치를 가지고 다니는 사람들끼리 자유로이 소통할 수 있는 강력한 컴퓨터인 스마트폰 세계에 비하면 한물간 것처럼 보인다. 지금은 스마트폰을 통해 서로 연결되고 방대한 정보 저장소에 얼마든지 접속할 수 있다. 그리고 스마트폰은 양방향으로 연결되어 있어 익숙한 길이든 새로운 길이든 우리가 그 길에 손쉽게 접근할 수 있는 정보를 지구상에 퍼뜨린다. 우리는 우리의 위치와 활동뿐 아니라 각종 건강 보조장치를 통해 건강정보까지 전송하는 애플리케이션을 몸에 지니고 다닌다. 개인정보의 신호등이 깜빡거리면서 우리가 누구이고 어떤 기분이고 무엇을 하고 있는지, 어디서든 신호를 전송한다.

하지만 스마트폰의 경이로운 기능에는 우리의 움직임과 생각으로 전파를 채우는 것만 있는 것은 아니다. 건축세계에는 갈수록 센서가 넘쳐난다. 감시카메라가 세상에 나온 지는 오래됐지만, 요즘은 감시카메라에 얼굴 표정과 시선, 심박수와 호흡률, 체온까지 측정하는 기술을 결합할 수 있다. 급성장하는 '사물인터넷Internet of Things'(생활 속 사물들을 유무선 네트워크로 연결해서 정보를 공유하는 환경 : 옮긴이)[13]은 사람들과 일상생활의 관계를 끊임없이 관찰하고 측정하고 조정하는 방대하고 복잡한 전자정보를 바탕으로 가정의 온도조절장치부터 교통제어 시설과 대중교통 승차권 시스템에 이르기까지 갖가지 장치와 구조를 결합시킨다.

몸에 착용하는 컴퓨터 장치의 최신판이자 우리가 날마다 장소와 맺는 관계에 가장 강력하게 영향을 끼치는 것은 바로 눈에 착용하는 장치다. 인간은 시각에 가장 크게 지배받는 동물이다. 다른 신체감각은 우리가 장소에 몰입해서 연결되도록 도와주지만 시각은 건축공간의 경계를 가장 효과적으로 정의해 준다. 우리가 무엇을, 그리고 누구를 보는지를 알고, 우리가 남에게 어떻게 보이는지를 이해하는 능력은 건축 환경에서 우리의 행동을 결정하는 가장 중요한 요인이다. 따라서 구글 글래스Google Glass 같은 장치는 단지 새로운 휴대용 컴퓨터 인터페이스라기보다는 가장 원초적인 연결에 침투하는 기술의 출발점이다. 현재의 구글 글래스는 눈을 위로 들기만 하면 주변 환경에 관한 주석이 줄줄이 들어오는 일종의 헤드업 디스플레이에 지나지 않는다. 시야에 좀 더 완성도 높은 디지털 오버레이를 제시해서 우리의 움직임을 추적하고 움직임에 따라 눈에 보이는 장면을 갱신하는 장치에서 조금 발전한 형태일 뿐이다. 이런 증강현실augmented reality(현실의 이미지나 배경에 3차원 가상 이미지를 겹쳐서 하나의 영상으로 보여주는 기술 : 옮긴이)은 한동안 과학 연구에 사용되었다.

그리고 스마트폰 이용자들이 사용할 수 있는 몇 가지 기초적인 형태도 있다. 이런 기술이 우리 생활에 완전히 침투하면 적어도 시각적 측면에서는 기존의 수많은 건축 원리가 무용지물이 될 것이다. MIT 시각미디어연구소의 조셉 파라디소Joseph Paradiso는 이렇게 설명한다. **"무엇이든 디스플레이가 될 수 있다. 광자光子가 곧바로 망막에 맺혀서 우리가 실제로 무엇을 보는지는 그리 중요하지 않아질 수도 있다. 환경은 실제 보이는 이미지와 가상 이미지의 조합이 될 것이다."[14]**

이런 전자 벽의 위력(과 위험)은 몇 년씩 걸려서 계획하고 완성하는 석벽과 달리 광자로 이루어지므로 순식간에 만들었다 허물고 새로 만들 수 있다는 데 있다. 게다가 전자 벽은 완전한 개인 맞춤형으로 만들 수도 있다. 당신과 내가 같은 물리적 공간에서 있으면서도 각자 전혀 다른 풍경을 보는 것이 가능하다는 뜻이다. 각자의 성격과 기호, 그리고 씁쓸하게도 구매 이력에 따라 다른 풍경이 펼쳐지는 것이다.

사실 우리는 개인에게 맞춰진 세계에 살고 있다. 우리가 보는 장면과 일상의 감각 사건에 반응하는 방식은 언제나 각자의 고유한 역사에 좌우된다. 그런데 개인의 이력이 우리의 눈앞에 보호장치를 칠 수 있는 기술업체들에게 들어간다면 우리의 이력이 우리의 발목을 잡을 것이다. 세계는 신선함과 새로움을 무한히 제공하는 원천이 아니라 웹페이지의 검색 이력과 유사한 정보를 기반으로 하는 자기강화 피드백 루프에 지나지 않을 수 있다. 우리에게 보이는 것은 모두 이미 본 것이라는 거울을 통해 들어올 것이기 때문이다.

우리 앞에 놓인 길

신기술 반대론자로 비치고 싶지는 않으니 이쯤에서 나는 인간이 황야에서 불가에 둘러앉아 자기 앞의 보잘것없는 재산을 지키려고 끊임없이 서로를 감시하던 시절로 돌아가기를 바라지 않는다는 점을 밝혀야겠다. 나는 기술을 향한 건강한 욕구를 가지고 있고, 남보다 먼저 기술을 받아들이는 편이며, 세상에는 우리 삶을 더 편리하고 건강하게 만들어주는 기술이 많다고 믿는다. 게다가 실제와 가상의 세계를 결합하는 새로운 설계 기술을 활용해 노약자와 소외계층의 삶의 질을 향상시킬 방법을 상상한다. 앞으로 이 책에 나올 테니 솔직히 밝히자면, 모바일 데이터 수집, 생체 인식을 위한 내장 센서 네트워크, 가상현실과 증강현실을 비롯한 앞서 소개한 발전상은 이 책에서 소개하는 연구를 수행하는 과학자들에게는 풍부한 자료의 보고다. 한마디로 이런 도구들 덕분에 나 같은 과학자들은 물리적 환경이 우리의 모든 행동에 어떤 영향을 끼치는지 더 풍부하고 완벽하게 이해할 수 있다.

반면에 새로운 기술을 향한 나의 열망, 그리고 기술이 우리와 환경의 관계를 변화시킬 가능성에는 우리가 기술을 남용할 위험이 도사리고 있다. 인지신경과학에 관한 이해가 깊어진 동시에 현장에서 개인의 행동에 관한 정보를 즉각 수집하고 분석하는 기술이 함께 발전하면서, 방대한 자료를 수집하고 뇌에 접속해서 우리와 우리가 건설한 세계 사이의 관계를 완전히 새롭게 설정할 수 있는 기회가 주어졌다. 이런 가능성이 가장 첨예하게 드러난 영역이 바로 오늘날 우리의 많은 행동을 설명해 준다고 밝혀진 정서와 감정 영역이다.

이 책은 위험을 피해 물러나라고 경고하기보다는 우리 앞에 펼쳐진 새로운 영역의 지도를 그려보려 한다. 이 책과 함께 우리 삶의 구석구석에 스며든 위대한 과학의 발전을 적극 활용해서 지식으로 무장하고 지혜가 따르기를 바라는 편이 더 바람직하다고 생각하기 때문이다.

1장

공간 속의 자연

자연을 선호하는 성향은 우리가 어디에서 걷고 어디에 앉을지 선택하는 것부터 무엇을 보고 싶어하고 어떻게 생활하고 싶어하는지에 이르기까지 행동의 거의 모든 측면에서 집중력을 끌어내는 기술로 나타나기도 하고 자연 장면의 회복탄력성으로 나타나기도 한다. 자연을 향한 우리의 갈망은 가장 중요한 심리지리학적 구조의 토대가 된다.

오지에서 생긴 일

연구자가 되고 얼마 후 나는 조금은 충동적인 결정과 얼마간의 운에 이끌려(그때는 행운인지 불운인지 몰랐지만) 린지 에이트킨 Lindsay Aitken 이라는 점잔 빼는 영국인 신경과학자와 함께 오스트레일리아 오지를 헤매고 있었다. 우리는 거친 스피니펙스 가시덤불을 헤치며 초조하게 나아갔다. 덤불 속에 진드기가 우글댄다는 말을 들어서 잔뜩 겁을 먹은 데다 악어도 생각나고 뱀이 나올까 봐 바짝 긴장한 채 앞서가는 가이드의 점점 멀어지는 발소리를 놓치지 않으려고 온 신경을 집중했다.

우리의 가이드를 맡은 노련한 현장생물학자 존 넬슨 John Nelson 은 40년 동안 오지를 겪은 사람이라 우리에서 풀려난 산토끼마냥 앞장서서 신나게 뛰어다녔다. 우리는 빽빽한 수풀 속에서 태즈메이니아데빌 Tasmanian Devil 과 친척뻘인 노던유대고양이 Northern Native Cat 라고 노던 준주 Nothern Territory 농부들에게 농사에 해로운 동물로 오해받는 작은 육식성 유대류를 찾고 있었다. 우리는 그저 덫을 놓고 몇 마리를 포획해서 남쪽으로 수천 킬로미터 떨어진 멜버른의 연구소로 가져가면 되었다.

솔직히 고백하자면 그때 나는 자연경관을 감상하기보다는 우리를 내팽개치고 혼자 신나게 돌아다니던 넬슨에게 무슨 욕을 퍼부을지 생각하기 바빴다. 생명에 대한 사랑이니 자연이 주는 평온한 원기 회복의 효과니 하는 건 안중에도 없었다. 여느 도시화된 인간처럼 나는 나와 전혀 어울리지 않는 곳에서 겁먹고 혼란에 빠진 상태였고, 몸에서 아드레날린이 솟구쳤다. 내 한 몸을 안전하게 지키려는 강렬한 욕구가 샘솟기는 했지만 잔뜩 겁에 질려 이리저리 두리번거리느라 여념이 없었다. 숲속에는 온갖 위험이 도사리고 있는 줄 알면서도 위험을 피하려면 뭘 어떻게 해야 할지 전혀 감을 잡지 못했다.

에이트킨과 나는 벌건 얼굴로 가쁜 숨을 몰아쉬며 마침내 넬슨을 따라잡았다. 부츠를 신은 그는 한 발로 그루터기를 딛고 의기양양하게 서서 실실 웃고 있었다. 그가 둘둘 휘감긴 거대한 무언가를 가리켰다. 어찌나 크던지(내 다리보다 굵었다) 내 눈에 들어온 정보를 처리해서 내가 보고 있는 것이 거대한 뱀이라는 사실을 깨닫기까지는 시간이 걸렸다. "비단뱀이에요. 원한다면 사진을 찍어도 좋아요. 자고 있으니까. 혹시 오면서 악어는 봤어요?" 넬슨은 우리를 놓친 적이 없다며, 뒤에서 이리저리 부딪치고 비틀거리는 소리를 듣고 '그럭저럭' 안전하다는 걸 알고 있었다는 말로 우리를 달래려 했지만, 에이트킨과 나는 넬슨과 다시 말을 섞고 싶어지기까지 한참 걸렸다.

이 장면은 현대의 어느 도시인이 진짜 야생에 들어가면서 겪은 극단적인 상황이지만, 자신이 처한 상황에 따라 인간은 어떤 상태가 되는지에 관해 흥미롭고 중요한 사실을 잘 보여준다. **우리는 우리의 육체와 정신이 진화해 온 환경과는 동떨어진 환경을 구축해 왔고, 다시 야생으로 돌아가면 대개는 평소에 장소와 상호작용하는 데 쓰이던 거의 모든 기제가 무용지물이 된다**는 점 말이다. 어떻게 움직일지, 어디로 가야 할지, 심지어 어디를 봐야 할지조차 모른다.

인간을 만들어준 환경에서 멀리 떨어져 살면서도 대다수 현대인은 여전히 자연과의 접촉을 갈망한다. 다만 내가 오스트레일리아 노던 준주에서 접한 자연보다는 온건한 형태의 자연이다. 인간은 본능적으로 조상들의 생사를 갈랐을 장소를 이루는 자연의 요소에 끌린다. 가장 비싼 부동산은 언덕 꼭대기나 드넓은 바다를 마주 보는 절벽 양옆에 많다. 도시에서도 자연경관이 잘 보이는 전망에 높은 점수를 준다. 낯선 도시를 여행할 때는 자연스레 푸른 광장과 공원이 있는 곳으로 발길이 간다. 예를 들어 동쪽으로 로키산맥과 서쪽으로 태평양 사이에 위치한 밴쿠버에서 부동산 개발업자들은 법에 따라 자연과의 신성한 연결을 보장하기 위해 산과 바다의 풍경을 가로막지 말아야 한다.

과학계에서도 텍사스A&M대학교의 연구자 로저 울리히^{Roger Ulrich}의 관찰 연구에 따르면, 병상에서 풀과 나무를 볼 수 있는 환자는 벽돌과 모르타르만 볼 수 있는 환자보다 회복이 빠르고 통증 치료를 덜 요한다.[1] 이후 30년간 우리가 직관적으로 아는 사실, 곧 자연은 위안을 주고 기분을 좋게 해주며 원기를 회복시켜 줄 수 있다는 증거를 제시하는 연구 결과가 쏟아져나왔다. 이런 연구들의 증거가 사실이라면 평범한 도시인은 자연환경의 문법과 어휘를 낯설어하면서도 여전히 인간을 만들어준 환경과 원초적인 차원에서 어렴풋이나마 연결되어 있다는 뜻이다. 앞으로 이 책에서 살펴보겠지만 **이런 어렴풋한 연결은 우리의 몸과 신경계에 깊이 각인되어 우리가 여러 장소를 이동하는 양상, 특정 위치에 끌리거나 혐오하는 상태, 우리의 감정, 스트레스 수준, 나아가 면역계의 기능을 형성하는 데 일정한 역할을 한다.**

서식지 선택의 생물학

'동물이 어떻게 서식지를 선택하느냐'는 생물학에서 가장 근본적이고 중요한 질문으로, 많은 연구에서 주목해 온 주제다. **먹이를 구하고 포식자로부터 보호해 주고 짝짓기할 은신처를 고르는 능력은 생물체로서의 성공(생식 연령까지의 생존과 번식으로 측정한다)을 결정하는 가장 중요한 요인이다.** 많은 연구에서 동물에게는 생존의 필수조건에 가장 적합한 장소를 찾아내는 놀라운 능력뿐 아니라 어떤 장소가 미래의 요구를 어떻게 충족시킬지 내다보는 능력도 있는 것으로 밝혀졌다.

예컨대 북미 동부의 가문비나무숲에 서식하는 작은 명금류 검은목초록울새는 초여름에 숲속의 붉은가문비나무숲에 영역을 정한다. 주위의 흰가문비나무보다 먹이가 적게 나는데도 굳이 붉은가문비나무를 선택하는 것이다. 나중에 둥지를 틀고 배고픈 새끼들에게 먹이가 필요할 때 먹이를 더 쉽게 얻을 수 있는 것이 붉은가문비나무다. 어떤 이유에선지 울새는 당장의 요구보다 나중에 새끼를 키우는 데 필요한 요구에 적합한 자리에 둥지를 튼다.[2]

서식지 선택에 관한 여러 연구에서 새가 둥지를 트는 과정에 주목한 것은 우연이 아니다. 둥지를 트는 데는 상당한 노력이 들어간다. 둥지는 번식기 내내 안정적이고 안전해야 하며, 나중에 새끼들을 낳으면 생존에 필요한 자원을 얻을 수 있어야 한다. 다른 동물들에게는 서식지 선택 문제가 이보다 단순하다. 어떤 위치에서 좋은 먹이를 구할 수 없으면 더 푸른 초원으로 이동하면 된다. 엘크나 카리부 무리가 이끼를 찾아 서리선frost line을 따라 이동하는 것처럼 말이다.

동물이 서식지를 정할 때 다양한 환경 변수를 고려한다는 증거는 많지만 실제로 어떤 기제가 작용하는지에 관해서는 거의 밝혀지지 않았다. 검은목초록울새가 붉은가문비나무숲을 선택하게 만드는 기본적인 지각과 운동 요인은 무엇일까? 울새는 왜 이런 환경을 선호할까? 동물이 특정 서식지를 선택하는 구체적인 기제에 관해 거의 밝혀지지 않은 이유는 동물의 생각을 현장에서 알아내기 어렵기 때문이기도 하다.

실험실 연구에서는 환경의 외적 조건에서 단순한 차이에 주목해서 동물에게 선택조건이 주어질 때 한 영역에 머무는 시간을 기준으로 그 동물이 무엇을 선호하는지 알아냈다. 가령 마니니(《어번 딕셔너리*Urban Dictionary*》[3]에서는 "아주 포악하고 [⋯] 기막힌 인간"으로도 정의한다)라는 재미있는 이름으로 불리는 검은쥐치의 한 종류를 대상으로 한 실험에서 마니니는 수족관에서 깊거나 열린 장소보다 덮개로 가린 얕은 장소에서 더 오래 머물고 싶어하는 것으로 나타났다.[4] 여러 종류의 아놀도마뱀을 연구한 다른 실험에서는 아놀도마뱀이 막대를 타고 올라가 주변 환경을 유심히 살핀 뒤 마음에 드는 풀밭을 찾기 시작한다고 밝혔다.[5] 이들 실험에서 서식지 선택을 유도하는 기제를 이해하는 데 좀 더 다가가긴 했지만 동물들이 특정 장소를 서식지로 선택하게 만드는 기제는 여전히 이해하지 못했다.

인간은 거주지를 어떻게 고르는가

사람들이 거주하고 건강하게 성장할 수 있는 장소는 천차만별이지만 놀랍게도 서식지 선택에 관한 가장 중요한 몇 가지 증거는 인간을 대상으로 한 실험에서 나왔다. 인간은 간단한 자기평가(그냥 질문하기!)부터 다양한 장소를 접할 때의 생리적 변화를 측정하는 방법까지 갖가지 실험방법으로 한 유형의 장소를 다른 유형보다 선호하는 것까지 측정할 수 있기 때문이다.

인간이 특정 자연경관을 선호한다는 사실은 고대부터 철학자, 예술가, 지리학자, 조경사, 심리학자 등 많은 전문가의 관심을 끌어왔다. 미국의 지리학자 제이 애플턴^{Jay Appleton}은 권위 있는 저서 《풍경의 경험^{The Experience of Landscape}》[6]에서 이런 초기의 관심사를 총망라했다. 새와 도마뱀, 기타 여러 동물의 서식지 선택에 관한 생물학 연구로 시작한 애플턴은 동물이 서식지를 선택하는 결정적인 요인은 "보는 것이지 보이는 것이 아니다"라는 독일의 생태학자 니코 틴버겐^{Niko Tinbergen}의 주장에 주목했다. 사냥꾼이든 사냥감이든 자기는 노출되지 않으면서 주변에 무엇이 있는지 알 수 있는 위치가 유리하다. **애플턴은 인간과 다른 동물들 사이의 진화적 연속선을 주장하면서 '조망^{prospect}'과 '피신^{refuge}'이라는 두 가지 기본 원리로 인간이 심미적으로 특정 자연경관을 선호하는 성향을 설명할 수 있다고 제안했다.** 어쩌면 애플턴의 주장은 서식지 선택에 관한 생물학 연구에서 빠진 고리의 일부일 수도 있다. 울새와 아놀도마뱀, 마니니는 실제로 기분이 좋아져서 그들에게 적합한 서식지로 이끌려가는 걸지도 모른다. 애플턴의 주장에는 현대의 다양한 건축 장치를 두고도 인간이 여전히 자연스런 충동의 어렴풋한 메아리에 이끌려 어떤 장소를 찾아간다는 의미가 담겨 있다. 이런 충동에 이끌려 찾아간 환경이 더 이상 인간에게 타당하지 않다고 해도 말이다.

오늘날 골프장에서 적이나 포악한 포식동물과 맞닥뜨릴 위험은 거의 없지만 골프장은 조망과 피신 원리에 따라 교묘히 설계되어 있다. 그래서 아침나절 조그만 흰색 공 하나 때문에 그렇게 벌을 받고도 계속 그 풍경에 머물고 싶어하는 것이다. 일각에서는 프랭크 로이드 라이트Frank Lloyd Wright의 설계, 특히 그의 주택 설계가 꾸준히 인기를 끄는 이유는 그가 조망과 피신의 기하학이 인간을 안락하게 하는 데 중요한 역할을 한다는 것을 직관적으로 알아챘기 때문이라고 주장하기도 한다.[7]

애플턴의 조망과 피신 이론은 미학부터 조경과 실내 설계에 이르기까지 모든 영역에서 우리가 특정 장면을 선호하는 생물학적·진화적 기초에 주목하게 만들었다. 애플턴의 연구를 시작으로 수백 편의 연구에서 우리가 무엇을 보고 싶어하고 어디에 머물고 싶어하는지를 결정하는 데 이런 공간의 중요성을 확인했다. 하지만 애플턴의 주장이 타당한지 확인하기 위해 굳이 복잡한 실험실 연구를 실시할 필요는 없다. 거의 모든 공적인 장소를 잠깐만 들여다봐도 알 수 있기 때문이다.

유럽의 오래된 광장을 살펴보면 사람들이 대체로 광장 가운데로 들어가지 않고 가장자리에 앉아 휴식을 취한다. 직접 자리를 선택하는 술집과 식당에서도 가장자리에 놓인 테이블이 먼저 찬 다음에 가운데 자리가 채워진다. 미술관용 검은 파티션을 제외하곤 아무것도 없는 공간에서의 가상현실 시뮬레이션에서도 사람들은 자기는 노출하지 않고 주변이 잘 보이는 유리한 위치를 선호하는 것으로 나타난다.[8] 누구나 이런 위치를 선호하는 현상이 합리적으로 보일지 몰라도(누구나 이런 위치에서 더 편안함을 느낀다), 기능적으로 볼 때 우리가 사냥당하지 않고 사냥할 수 있는 위치를 선호하는 태도는 현대의 일상에서 벌어지는 우연한 사건들과는 어울리지 않는다. 실제로 광장에서 가운데보다 가장자리가 더 안전하지는 않으며, 심지어 가운데에 있어야 주변의 행동이 더 잘 보일 수도 있다. 그리고 광장처럼 사람이 중심인 공간에서는 다른 사람의 움직임이 잘 보여야 오래 머물고 싶어진다. 이것이 바로 애플턴 주장의 핵심이다. 요컨대 **풍경의 기호는 대체로 오늘날 우리의 일상과 무관한 위험과 혜택에 대한 원초적인 반응으로 이해할 수 있다**는 것이다.

자연풍경을 접할 때 우리가 얻는 것

특정 환경에 대한 기호를 직관적으로 납득하기는 어렵지 않지만 원시시대에는 생존에 바람직하던 기호가 현대인의 행동에 나타나는 이유를 설명해 주는 명확한 증거는 없다. 예를 들어 일부 연구자는 환경의 선호도에 관한 실험실 연구에서 아프리카 동부 사바나와 유사한 장면에 대한 선호도가 높게 나타난다는 결과를 발표했다.[9] 우리는 듬성듬성 흩어진 수풀을 좋아하고 나뭇가지가 넓고 낮게 우거지고 몸통이 굵은 나무, 그러니까 아프리카에 흔한 아카시아와 비슷한 나무를 좋아한다. 이런 풍경에 대한 기호가 문화에 뿌리를 둔 것 같지는 않다. 이런 풍경이 영국의 전통적인 조경과 흡사해서 서양인에게는 낯설지 않다고 해도 우리가 이런 풍경을 선호하는 성향이 문화에 뿌리를 둔 것은 아니다. 나이지리아의 열대우림과 오스트레일리아의 사막을 포함해 각기 다른 환경에 거주

하는 참가자들을 대상으로 한 비교문화 실험에서도 사바나 장면에 대한 기호가 유사하게 높게 나타났다.[10]

이런 연구를 토대로 한 '사바나 가설'에서는 우리가 본능적으로 인류의 조상이 거주하던 아프리카 동부의 인간을 둘러싼 환경을 선호한다고 주장한다. 이런 성향이 초기 인류를 사바나로 이끌었고, 사바나는 다가오는 기후 변화 앞에서 변화에 주목하는 사람들에게 선택적으로 진화의 혜택을 제공했을 것이다. **애플턴의 조망과 피신 이론처럼 사바나 환경을 선호하는 성향은 인간이 7만 년 전에 생존 가능성을 높여주었을 장소에 거주하도록 유전적으로 설계되어 있음을 보여준다.** 하지만 애플턴의 '보면서 보이지는 않는' 광범위한 기하학적 이론과 달리 나무의 형태와 배치에 대한 기호는 단순한 공간의 영역을 뛰어넘어 색깔과 질감, 형태의 영역으로 확장된다.

요즘은 각종 매체에서 자연의 회복탄력성에 관한 보도가 쏟아진다. 주로 나무보다 숲에 주목하기는 하지만 이런 보도는 대부분 어떤 형태로든 자연의 이미지(존 컨스터블John Constable의 아름다운 풍경화라도)를 보면 몸과 마음에 눈에 띄는 효과가 나타난다는 풍부한 연구를 바탕으로 한다. 이런 관점에 관한 초기의 주요 연구로는 담낭 수술을 받은 환자들의 회복 비율을 살펴본 로저 울리히의 연구가 있다. 울리히는 병상에서 창문으로 자연풍경을 내다볼 수 있는 환자는 콘크리트 벽만 볼 수 있는 환자보다 기분이 더 좋아지고 빨리 회복된다고 밝혔다. 나아가 어떤 형태로든 자연을 보여주기만 하면 환자의 각성 수준이 낮아지고 심장 활동이 더 건강해지고 뇌 활동이 더 평온해지고 긍정적인 효과에 관한 심리검사에서 높은 점수를 받는 것으로 나타났다. 뿐만 아니라 자연경관에 빠져들면 인지기관이 다르게 작동하는 것으로 나타났다.

안구운동 측정 검사에서는 자연을 보는 동안에는 눈동자가 도시 장면을 볼 때와 다르게 움직이는 것으로 나타났다. 어느 한곳에 시선을 고정하는 시간이 짧아지고 눈동자가 이리저리 더 빠르게 움직인다. 도시를 볼 때와 달리 눈길이 자잘한 부분에 고정되지 않고 기분 좋게 이리저리 배회하는 것 같다.[11] 심리학자 스티븐과 레이철 캐플런 부부Stephen & Rachel Kaplan는 이런 차이에 주목해서 '주의회복이론Attention Restoration Theory'을 내놓았다. 캐플런 부부는 《자연의 경험: 심리학적 관점The Experience of Nature: A Psychological Perspective》[12]에서 오늘날의 평범한 환경에서는 일상의 과제(일상적인 사무직 업무부터 보행자로서 길을 건너는 일까지)에 세심하게 주의를 기울일 필요가 있다고 주장한다. 이들의 주장에 따르면, 이런 과제는 많은 노력을 요하기 때문에 시간이 지나면 인지 역량이 소진된다. 일상의 환경에서 벗어나 자연경관을 접하면(숲속을 거니는 모습을 상상해 보라) 애써 주의를 집중할 필요 없이 주변 환경의 물리적 요소에 매료되어 자연히 주의를 기울이게 된다. 이렇게 자연에 매료되면 말라버린 우물에 물이 다시 채워져 기분이 좋아지고, 신경계가 이완되고, 집중력과 주의력이 향상되어 문명세계의 일상적인 경쟁 사회로 복귀할 수 있다.

그런데 자연을 접할 때 단지 기분과 사고력만 영향을 받는 것은 아니다. 프랜시스 쿠오Frances Kuo와 윌리엄 설리번William Sullivan[13]의

풀과 나무의 양이 각기 다른 도심의 거주구역 연구를 시작으로 쏟아져나온 여러 연구에서는 풀과 나무가 많은 환경에서 사는 사람들이 더 행복하고 안전하다고 느낀다고 보고했다. 실제로 통제가 잘된 몇몇 현장 연구에서도 초목이 많은 동네에서는 반[1]문화행위와 범죄율이 낮은 것으로 나타났다. 초목이 많은 환경에 사는 주민들은 서로를 알고 지내고 대화를 많이 나누며 사회적 결속력도 높아서, 특정 정신병리에 시달리지 않을뿐더러 경범죄 피해도 덜 입는다. 이상의 모든 연구에서는 **자연에 대한 원초적인 반응이 현대의 거주지 선택에 필요하지 않은 진화적 요인과 관계되지만, 여전히 도시환경의 범죄율과 거주적합성, 행복을 비롯해 심리적으로는 중요한 영향을 끼치는 것으로 나타났다.**

자연의 수학: 프랙털과 공간 주파수

몸과 마음이 건강해지는 효과부터 이웃과의 관계가 좋아지고 주거환경이 행복하고 안전해지는 효과에 이르기까지 자연풍경을 접하면 갖가지 혜택이 따른다는 증거는 많이 나와 있다. 애플턴과 캐플런 부부 같은 연구자들의 연구는 인간이 애초에 이런 장소를 찾도록 설계되어 있다고 보고한다. 아마도 이들 연구자들은 나무와 풀밭에 적당히 둘러싸여 있으면 성인이 될 때까지 살아남아 자식을 낳을 가능성이 높던 시절을 돌아보았을 것이다. 그런데 자연의 정확히 어떤 요소가 이런 효과를 낳고 우리가 정확히 어떤 뇌 경로로 푸른 초지를 찾는지에 관해서는 아직 충분히 밝혀지지 않았다.

우리의 뇌가 선호하는 자연풍경의 심오한 수학적 구조에 뭔가 있다는 의견이 있다. 일부 학자들은 우리가 자연풍경에 끌리는 이유는 자연의 프랙털^{fractal}(전체 구조와 비슷한 형태의 세부 구조가 끊임없이 반복되는 형태 : 옮긴이) 속성과 관계가 있다고 본다. 프랙털이 무엇인지 알려면 양치식물 잎사귀를 떠올려보라. 잎 모양에서 수많은 계층 구조를 볼 수 있다. 우선 나뭇가지 하나로 시작해서 아주 작은 '잎사귀'까지 서서히 줄어드는 구조다. 하지만 형태를 자세히 들여다보면 아주 큰 잎사귀부터 작은 잎사귀까지 계층마다 기본적인 형태가 반복해서 나타난다. 이것을 '자기유사성$^{self-similarity}$'또는 공식적인 명칭으로는 '규모불변성$^{scale\ invariance}$'이라고 한다. 규모불변성은 자연의 많은 영역에서(나뭇가지가 뻗어나가는 양상부터 해안선의 모양에 이르기까지) 나타나고 건축물이나 예술품 같은 인공물에도 나타난다. 사실 잭슨 폴락$^{Jackson\ Pollock}$의 작품은 다채로운 색깔의 선과 방울이 무작위로 조합된 것처럼 보이지만 수학 루틴에 대입하면 강력한 프랙털 속성을 갖는다.[14]

자연의 시각적 장면이 프랙털 속성을 띠는 정도는 프랙털 차원이라는 숫자를 도출하는 많은 수학 루틴으로 측정할 수 있다. 주어진 프랙털 차원을 정확히 해석하는 방법을 제대로 이해하려면 복잡한 수학으로 깊이 들어가야 하지만, 단순히 기하학적 대상의 차원 수를 생각하는 쉬운 방법도 있다. 선은 1차원이다. 면은 2차원이다. 구는 3차원이다. 어떤 장면의 프랙털 차원은 1과 2 사이에 있으므로 정확히 1차원도 아니고 2차원도 아닌 기하학적 대상이다. 사실 '프랙털fractal'이라는 이름도 정수整數 사이의 어딘가에 놓인 소수小數의 차원을 갖는 속성fractional dimensionality을 의미한다. 이해하기 어렵겠지만 프랙털 대상은 기존의 비非프랙털 기하학의 몇 가지 규칙을 거스른다는 뜻이다.

프랙털 차원 공식을 처음 만든 폴란드의 수학자 베누아 만델브로트Benoit Mandelbrot는 삐뚤빼뚤한 해안선을 측정자를 사용해 측정하는 방법을 고민했다. 자잘한 굴곡과 각진 곳이 많아서 해안선의 측정 길이는 측정자의 길이에 따라 달라진다. 측정자의 길이가 짧을수록 해안선의 길이가 길어질 것이다. 프랙털 차원은 측정자의 길이와 해안선의 측정 길이 사이의 관계를 설명해 준다. 해안선이 완벽한 직선이라면 프랙털 차원은 1이 되므로 결코 프랙털이 아니다.

크기가 다양한 측정자로 이미지를 측정하는 것과 같은 원리의 수학 도구를 활용하면 어떤 이미지의 프랙털 차원을 나타내는 숫자를 도출할 수 있다. 이 도구를 자연풍경에 적용하면 프랙털 차원의 값은 대체로 1.3에서 1.5 사이로 도출된다. 흥미롭게도 다양한 자연풍경을 대상으로 한 연구와 인공 이미지(프랙털 아트, 추상적 패턴, 심지어 잭슨 폴락의 그림)를 대상으로 한 연구를 비롯한 여러 심리학 연구에 따르면, **사람들은 자연에서 발견되는 프랙털 차원과 비슷한 범위 내에 있는 이미지를 선호하는 것으로 나타났다.** 이처럼 이미지의 프랙털 속성과 우리의 선호도가 일치하는 현상과, 나아가 이런 이미지에 대한 생리적 반응(자연풍경에 반응해서 나타나는 회복탄력성과 같은 반응)을 기반으로 우리의 뇌가 자연을 인지하는 방식은 수학적 속성의 도움을 받는다는 개념이 나왔다.[15]

우리가 자연에 끌리는 성향을 프랙털 수학 개념으로 설명하는 방식은 특히 매력적이다. 우선 프랙털 차원은 간단히 수량화할 수 있다(물론 구체적인 수량화 방법에 관해서는 학자들 사이에 논란이 많다). 게다가 우리가 자연에 끌리는 성향을 수학으로 설명하고, 나아가 자연의 대상이 포함되는지 여부와 상관없이 모든 장면에 끌리는 성향을 예측할 수도 있어서 우아해 보이기까지 하다. 하지만 많은 학자들이 시각세계의 정보를 처리하는 뇌 영역의 생리적 속성을 오랫동안 집중적으로 연구해 왔지만, '프랙털 탐지기fractal detector'의 존재를 밝혀낸 연구는 한 편도 없다. 따라서 프랙털 개념이 매력적이기는 해도 뇌가 프랙털 패턴을 어떻게 탐지하는지를 본격적으로 설명해 주는 증거가 없으므로 프랙털 개념에는 생물학적 타당성이 결여된 셈이다.

나의 대학원생 제자 델초 발차노프Deltcho Valtchanov는 이런 심각한 문제를 조금 다른 방향에서 가닥을 잡았다. 인간이 이미지에 끌리는 성향을 예측하는 데 이미지의 수학적 속성을 활용할 가능성에 주목하는 동시에 시각정보를 처리하는 신경 경로에 도움을 준다고 알려진 속성을 찾으려 했다. 멀리서 찾을 필요가 없었다. 이미지를 특징짓는 또 하나의 방법은 공간 속성과 상관이 있다. 우선 모든 이미지는 폭과 대비가 각기 다른 선과 윤곽으로 이루어진다는 점을 이해하면 된다. 말하자면 실제 사물의 이미지(시지각 실험실에서 만들어낸 기이한 이미지와 반대로)에는 대체로 크고 뚜렷하지 않은 윤곽(초점이 맞지 않은 사진을 생각해 보라. 이런 이미지에는 저주파 윤곽만 표시된다)과 세밀하고 구체적인 윤곽(무수히 많은 미세한 선이 촘촘히 붙어 있는 정교하고 세밀한 렘브란트의 동판화를 생각해 보라)이 있다. 모든 이미지에는 세밀한 윤곽부터 모호하고 큼직한 윤곽까지 다양하게 들어 있다. 그리고 모든 이미지에 최종 형태를 부여하는 것은 이런 윤곽의 조합과 비율이다. 실제로 이런 수학적 설명은 우리가 두께와 대비가 각기 다른 밝고 어두운 줄무늬의 추상적인 패턴을 적절히 조합해서 머릿속에 모든 이미지를 만들 수 있다는 사실을 입증했다.

　알고 보면 우리의 시각계에는 이런 유형의 구체적인 이미지를 계산하도록 설계된 신경회로가 가득하다. 망막부터 시각피질 상층부에 이르기까지 시각계의 모든 차원에 분포한 세포는 특정 해상도의 윤곽선을 찾도록 특수하게 조율되어 있고, 뇌 영역마다 이렇게 조율된 세포의 조합은 다를 수 있다. 따라서 정밀도가 각기 다른 이미지에 다양한 정보가 담겨 있고, 뇌의 다양한 영역이 각기 다른 유형의 정보를 분류하는 역할을 담당하는 것도 당연하다.

　발차노프는 이미지의 전체 윤곽선 유형(이미지의 파워스펙트럼)이 우리가 선호하는 패턴과 관련이 있느냐는 질문을 던졌다. 그러고는 질문의 답을 찾기 위해 다양한 종류의 이미지를 수집해서 어도비 포토샵^{Adobe Photoshop} 같은 이미지 처리 소프트웨어로 파워스펙트럼을 조작했다. 그런 다음 이미지 세트를 우리 실험실의 참가자들에게 보여주고 선호도를 평가해 달라고 요청했다. 그리고 놀랍게도 **어떤 이미지의 파워스펙트럼은 그 이미지가 아무리 알아보기 힘들 정도로 뭉개졌다고 해도 선호도의 강력한 예측인자라는 결과를 얻었다. 이보다 더 흥미로운 결과는, 자연풍경이 전혀 없고 도시의 거리만 담긴 이미지를 비교할 때도 이미지의 파워스펙트럼으로 우리가 그 이미지를 얼마나 보고 싶어하는지 예측할 수 있다는 점이다.**[16]

윤곽선과 인간의 선호도를 연관시키는 발차노프의 이론에는 프랙털 이론과 같은 장점이 있다. 바로 이미지의 수학적 속성에 기반을 두기 때문에 우리가 무엇을 좋아하는지를 강력하게 예측하는 수단으로 활용할 수 있다는 점이다. 더욱이 발차노프의 이론에는 예측에 사용되는 수학적 속성에 강력한 생물학적 타당성이 있다. 1960년대 이래로 시각계의 많은 세포가 윤곽선의 두께(과학 문헌에서는 이를 가리켜 '공간 주파수'라고 부른다. 그 이유를 설명하는 것은 우리의 논의를 훌쩍 벗어날 테니 넘어가겠다)와 관련된 것으로 알려져왔다. 게다가 장면 선호도를 시각 장면의 기본적인 수학 속성과 관련짓는 과정에서 빠진 고리가 공간 주파수라고 제시하는 발차노프의 이론은 장면 지각에 관한 다른 여러 연구의 결과와 일치한다. 따라서 이미지의 파워스펙트럼을 다양한 장면을 신속히 인식하는 능력의 핵심으로 간주할 수 있다. 장면 지각 실험에서는 우리가 눈 깜빡하는 시간보다 더 짧은 약 20밀리초 안에 장면의 요점을 추출하는 것으로 나타났다(놀랍도록 짧은 시간 안에 복잡하게 얽힌 숲속인지, 분주한 거리 풍경인지 알아본다).[17] 이처럼 대상의 요점을 신속히 파악하는 능력은 이미지의 파워스펙트럼과 연관된 시각 처리 기제로 설명할 수 있다.

자연을 선호하는 성향은 뇌의 어디에서 관장할까?

환경 선호도와 관련하여 '가장 중요한 시각 처리를 뇌의 어디쯤에서 담당하느냐'는 문제는 아직 풀리지 않았다. 하지만 최근의 뇌영상 연구에 따르면, 뇌 측두엽의 해마주변 위치영역parahippocampal place area, PPA이 사물의 시각 정보를 복합적으로 처리하는 영역들 사이에 위치하는 것으로 밝혀졌다. PPA는 장면, 곧 실제 세계에서처럼 자연적으로 배치되어 있는 사물의 집합에 관심이 많다. PPA 세포에는 몇 가지 흥미로운 속성이 있다. 우선 PPA는 울타리로 둘러싼 속성에 잘 반응하므로 애플턴의 피신 개념의 신경학적 근거로 볼 수 있다. 다만 이 책의 목적에 더 부합하는 특징은, PPA는 발차노프가 인간의 기호를 가장 강력하게 예측한다고 제시한 '범위의 공간 주파수'가 높은 비율로 포함된 장면에서 가장 만족한다는 점이다.

여기에 더해서 PPA를 어떤 장면에 대한 정서 반응을 관장하는 회로의 본부이자 인간의 거주지 선택에 작용하는 생물학적 기제에서 오랫동안 찾아온 빠진 고리의 유력한 후보로 만들어주는 또 하나의 흥미로운 특징이 있다. PPA에는 '아편 수용체opiate receptor' 가 많이 분포한다는 점이다. 고통에 대한 지각을 통제하고 '러너스 하이runner's high'(달리면서 맛보는 황홀감이나 도취감 : 옮긴이) 같은 자연 스런 진통 효과를 일으키는 뇌 기제와 연관된다고 오래전부터 알려진 아편 수용체는 뇌의 보상경로에 집중적으로 분포한다. 신경계 차원에서 기분이 좋아지는 이유는 맛있는 음식을 먹든, 사랑하는 사람과 성관계를 맺든, 헤로인 같은 약물을 복용하든 뇌에서 아편 수용체가 활성화되기 때문이다. **아편 수용체가 장면의 시각 정보를 처리하는 기능과 연관된 뇌 영역에 분포한다는 점을 감안하면 이제 장소에 대한 쾌락적 반응과 연관된 경로를 찾는 길에 제대로 들어선 셈이다.**[18]

자연을 시뮬레이션하다

우리 실험실에서는 자연의 심리적 효과를 연구하기 시작하면서 인간이 자연경관에 끌리는 근본 원리를 정확히 알아내자는 야심찬 목표를 세웠고, 어느 정도 진전도 있었다. 우리에게는 다른 목표도 있었다. 대형 화면에 장면을 표시하고 이런 장면을 양방향으로 흐르게 하는 기술이 엄청나게 발전한 지금, 우리는 이런 마술 같은 기술을 활용해서 실제 자연을 사진으로 찍어서 보여주지 않고도 강력한 회복 효과를 유도할 방법을 찾고 싶었다.

우리는 자연과 도시의 이미지를 기괴하게 손상시켜서 참가자들에게 제시하는 실험을 실시하기 한참 전에 강력히 몰입되는 자연 경험을 제공하는 가상현실 환경을 설계했다. 참가자들에게 걷거나 고개를 돌릴 때마다 반응하는 작은 화면이 장착된 헤드셋을 씌워주고 참가자들을 장면과 소리와 자연의 냄새까지 풍부한 가상의 열대우림과 밀림, 해변으로 데려가서 현재 서 있는 실제 공간(비품과 컴퓨터 여러 대와 전선이 어지럽게 널려 있는 실내)을 간간이 잊게 만들 수 있었다. 그리고 참가자들에게 불쾌했던 경험을 떠올리게 하거나 공장 소음을 들려주거나 어려운 산수문제를 암산으로 풀게 해서 의도적으로 스트레스 수준을 높였다. 그런 다음 기분 좋은 가상의 숲으로 데려가자 채 10분도 안 되서 심리측정 지표가 모두 긍정적으로 바뀌었다. 그리고 자연 장면이 도시를 보여주는 통제 장면보다 훨씬 더 효과적인 것으로 나타났다. 이것은 단순히 스트레스에서 벗어난 결과도 아니고 근사한 장치를 조작해 보는 새로운 경험의 결과도 아니었다. 실제로 우리 실험에서는 참가자들을 실제 자연에 몰입하게 해서 '회복'시킨 다른 연구자들의 유사한 실험보다 효과가 더 크게 나왔다.[19]

이런 결과를 얻고 심경이 복잡했다. 한편으로는 화면의 픽셀로 자연의 회복 효과를 재현할 수 있으므로 이런 효과를 이해하는 강력한 도구를 얻어서 다행이라는 생각이 들었다. 그러나 한편으로는 이런 결과로 인해 특히 도시에서 실제 자연을 신묘한 기술로 대체할까 봐 걱정되었다(여전히 걱정스럽다). **자연의 심리적 혜택**

을 얻는 데 굳이 자연이 필요하지 않다면, 자연을 아예 없앤 뒤 건물 전면에 폭포 소리와 새소리를 삽입한 대형 컬러화면을 부착해 도시를 건설하면 되지 않을까?

자연이 개인의 심리에 끼치는 효과를 재현하는 기술이 우리에게 큰 혜택을 안겨주는 상황도 물론 상상해 볼 수 있다. 병에 걸려서 자연을 접할 방법이 없는 환자들이 누릴 수 있는 혜택을 생각해 보라. 휠체어를 타야 하는 노인, 바깥출입이 불가능한 사람, 병이 위중해서 숲길을 자유로이 거닐 수 없는 사람도 기술의 도움으로 자연의 회복탄력성을 누릴 수 있을 것이다.

그 밖에도 자연풍경을 시뮬레이션하는 기술에 완벽히 적합한 특수한 환경이 있다. 예를 들어 내 동료는 가상현실의 자연풍경을 치과 수술의 무통 보조장치로 활용하는 분야를 개척하는 데 도움을 주었다. 일부 실험에서는 테크노 숲에 몰입하면 이런 의료 절차의 불안과 통증을 모두 줄여주는 효과가 있다고 보고했다.[20] 미국의 스카이팩토리Sky Factory라는 회사는 자연을 찍은 사진이나 역동적인 자연경관을 보여주는 고해상도 동영상으로 만들어진 인공 천창天窓을 출시했다. 이 장치는 병원과 화학요법실, 의사의 진료실을 비롯해 고통과 스트레스가 심한 치료를 받으면서 자연으로 각종 수치를 향상시킬 수 있는 장소에 설치할 수 있다.

아니면 초고도로 도시화된 환경에서 아름답기는 해도 일반 방문객에게는 심각한 위험을 초래할 수 있는 자연에 둘러싸인 경우를 상상해 보라. 예를 들어 말레이시아에서 쿠알라룸푸르처럼 인구가 밀집한 대도시의 거주자들은 수풀이 우거진 밀림에 둘러싸여 자연과 교감하면서 풍부한 혜택을 누릴 수 있다. 하지만 내가 오스트레일리아 노던 준주의 오지에서 생명을 위협하는 요인들을 제대로 인지하지 못해서 고생했듯이, 쿠알라룸푸르를 방문한 사람들도 강한 독을 품은 파충류와 벌레뿐 아니라 가벼운 산책을 방해할 만한 거친 포식동물과 마주해야 할 것이다.

끝으로 도시에서 자연풍경과 수풀을 화면으로 대체하자고 제안하지는 않더라도, 자연 이미지의 치유 효과를 충분히 이해한다면 실제 자연의 요소를 들여놓기 어렵거나 불가능한 도시 환경이나 건물 인테리어에서 도시 자연을 보완할 수 있을 것이다.

심리학자이자 작가인 피터 칸[Peter Kahn]은 저서 《기술적 자연: 적응과 인간 삶의 미래[Technological Nature: Adaptation and the Future of Human Life]》[21]에서 실제 자연을 대체하는 기술의 전망과 한계를 알아보는 실험을 통해 몇 가지 개념을 논의했다. 예를 들어 한 실험에서는 일부 참가자들에게 유리창 너머로 정원을 보여주고 다른 참가자에게는 실험실에서 웹캠으로 찍은 같은 장면을 창문과 같은 위치에 부착된 플라즈마 화면으로 보여주었다. 놀랍게도 화면으로 정원을 본 참가자들은 회복 반응을 의미하는 생리적 징후를 전혀 나타내지 않았다. 그런데 인테리어 사무실에서 실시한 후속 실험에서는 창문 하나 없는 공간에서 일하는 직원들에게 기술장치(이번에도 벽에 부착한 화면)를 제공하자 긍정적인 효과가 나타났다. 참가자들은 화면으로 자연풍경을 보고 나서 기분이 좋아지고, 화면 덕분에 사무실에서 보내는 시간의 질과 생산성이 향상된 느낌이 들었다고 보고했다.

　요컨대 다른 대안이 없는 환경에서는 자연을 시뮬레이션한 장치만으로도 도움을 받을 수 있지만, 실제 창문으로 자연을 내다볼 수 있는 환경에서는 화면 속의 자연이 주는 효과가 미미하다고 해석할 수 있다. 현재의 기술로 제작된 이런 화면에는 몇 가지 중요한 속성이 빠져 있기 때문일 수 있다. 칸은 시차視差라는 속성이 빠져 있다고 의심한다. 창밖 장면은 창문 앞에서 사람이 움직임에 따라 조금씩 다르게 보인다. 화면으로 보는 장면에는 이런 시차가 결여되어서 실제 장면으로 받아들이기 어렵다. 게다가 참가자들이 실제 장면이 아니라 자연의 이미지를 보고 있다는 사실을 알고 있기 때문에 어떤 식으로든 그 장면의 가치와 의미를 축소하고 그 장면에 심리학적으로 진지하게 반응하지 않을 수도 있다. 그리고 인테리어 사무실 실험에서는 자연풍경을 볼 수 없는 환경에 익숙한 직원들은 보통 사람들과 기저선baseline 자체가 다르므로 음산한 업무 환경에 화면을 투입한 것이 감성적인 반응을 이끌어냈다고 해석할 수 있다.

　칸의 실험에서 나타난 효과를 어떻게 해석하든, 자연을 좋아하는 반응 중 적어도 일부는 순전히 자연 장면의 시각적 속성에서 비롯된다는 나의 주장에도, 이미지와 동영상, 심지어 추상적 프랙털 설계에도 어느 정도 회복 효과가 있다고 제시하는 다수의 연구에도 부합하지 않는다. 따라서 칸의 실험은 자연풍경을 기술로 대체하려면 세심한 주의를 기울여야 한다는 경고 정도로 받아들여야 한다. 이처럼 기술로 재현한 자연은 다른 대안이 없는 특수 환경에서만 실제 자연에 몰입하는 경험과 동일한 효과를 일으킬 수 있다.

주의력의 문명화: 우리는 어떻게 자연을 등졌나

기술과 자연의 관계에 관해서는 단순한 디스플레이 기술을 훌쩍 뛰어넘는 심오한 질문이 있다. 이 질문을 개관하려면 먼 과거로 거슬러 올라가서 우리가 한정된 인지자원을 활용하려고 날마다 싸워야 하는 현대세계를 어떻게 구축해 왔는지부터 고찰해야 한다. 스트레스도 줄어들고, 심리적으로 매료되고, 주의력이 강화되고, 기분이 좋아질 만큼 자연환경이 우리에게 좋다면, 우리는 왜 그 좋은 조건을 버렸을까? 왜 바꾸었을까?

칸은 기술과 자연의 관계를 다룬 저서에서 먼저 전통적인 생활양식을 유지하는 칼라하리 부시맨들의 척박한 삶을 소개한다. 기후가 몹시 나쁘고 사력을 다해 사냥감을 쫓아다니거나 멀리까지 가서 먹을 만한 풀뿌리를 캐서 가져와야 하는 척박한 환경에서 사는 부시맨들은 평생 광장이나 길모퉁이, 포장도로나 인도를 본 적이 없다. 어떤 면에서는 부시맨의 삶이 현대인의 삶보다 나을까? 칸에 따르면, 그리고 인류학의 선구자인 로런스와 로너 마셜[Laurence, Lorna Marshall][22] 부부의 딸로 부시맨의 삶을 조금은 목가적으로 고찰한 엘리자베스 토머스[Elizabeth Thomas]에 따르면, 부시맨의 생활양식은 지금까지 존재한 인류의 문화 중 가장 성공한 문화라고 한다. 부시맨은 자연에서 '자유롭게 제멋대로' 살면서 3만 5,000년 동안 하나의 문화로 존재하는 데 필요한 모든 것을 제공해 준 환경과 평화롭고 사이좋게 공존해 왔다.

그런데 왜 달라졌을까? 이 질문의 완벽한 답을 찾는 것은 우리의 역량을 벗어나지만 어느 정도는 기후 변화와 농업 발전에 따른 정착 형태의 변화와 관련이 있을 것이다. 소규모 유목집단으로 모여 사는 부시맨과 달리, 곡식을 재배해서 식량을 얻던 농경사회의 정착민들은 곧 더 큰 정착지를 이루면서 기간시설에 노동력을 투자하느라 유목생활을 유지하기가 현실적으로 불가능했다. 이렇게 정착집단의 규모가 커지면서 새로운 사회질서와 교역, 정치적 위계가 발생했고, 루이스 멈퍼드Lewis Mumford의 백과사전《역사 속의 도시The City in History》23에 따르면, 대규모 정착지의 주민들에게는 야생의 자연에 대항해 스스로를 수세로 몰아넣은 '성채城砦' 사고방식이 나타났다.

수세기에 걸쳐 이런 방어적인 입장에서 성벽과 성루, 무기(한마디로 기술)를 개발하자 도시 환경은 부시맨 같은 원시적인 유목 수렵 문화를 특징짓던 야생에 몰두하는 생활양식과 철저히 반대되는 방식으로 번성했다. 그러나 낯선 사람들, 사람들 사이의 갈등, 그리고 무엇보다도 원시시대의 인류가 적응했던 삶의 조건에서 더 멀어지게 만드는 물리적 구조물이 들어찬 더 큰 도시로 발전하는 사이 우리가 자연에서 서서히 멀어진 자취를 추적하기는 어렵지 않다. 하지만 여기에는 다른 더 많은 이야기가 얽혀 있고, 그 이야기는 최초의 도시들의 발전보다 훨씬 최근의 도시 형태와 관련이 있다.

그 이야기는 여러 갈래가 있다. 마음의 구조를 보는 관점의 변화에 관한 이야기도 있고, 산업화와 대량생산을 가능케 한 기계화에 관한 이야기도 있다. 조너선 크래리Jonathan Crary는 저서《지각의 보류: 주의, 광경, 현대문화Suspensions of Perception: Attention, Spectacle and Modern Culture》[24]에서 이런 여러 갈래의 이야기를 명쾌하게 풀었다. 우선 과학적 심리학의 출현과 함께 감각이 어떻게 구성되는지에 대한 관점이 바뀌면서 과학 분야에 발생한 중요한 변화를 소개한다. 지각심리학과 감각기관의 생리학 모두에서 외부세계와 정신적 표상의 관계가 생각보다 일시적이라는 사실이 밝혀지기 시작했다.

철학에서는 감각 영역과 궁극적으로 불가지의 외부 현실을 구별하는 것이 새로운 관심사가 아니다. 그러나 지각심리학의 새로운 실험실 연구에서는 '소박한 실재론naïve realism' 개념, 이를테면 우리가 지각하는 것을 지각하는 이유는 그것이 거기에 있기 때문이라는 개념 대신에 지각하는 사람은 감각기관에서 전달하는 정보를 합리적으로 해석하는 능동적인 관찰자라는 개념을 제시한다. 이처럼 지각하는 사람의 역할을 바라보는 관점이 변화함에 따라 우리는 마침내 세상과 동떨어져 연구하던 초창기 심리학자들의 실험실을 벗어났다. 무엇보다도 인간은 감각기관에 들어온 사실을 일관된 이야기로 엮어서(대개 감각의 일부에 주목하고 나머지는 무시하는 식으로) 지각된 세계를 존재하는 세계로 만들려 한다. 한

마디로 '집중^{attention}'한다.

심리학 연구에서 우리가 감각기관으로 들어온 세계를 이해하는 방식을 완전히 새롭게 보기 시작한 즈음, 산업화와 대량생산에 의한 경제적 변화로 인해 노동자들을 바라보는 시각도 달라졌다. 노동자들이 작업현장에서 점차 상품으로 취급받듯이 노동자들의 지각체계와 일상의 작업을 수행하는 능력도 상품화되었다. 말하자면 인간의 집중력이 상품화된 것이다.

토머스 에디슨^{Thomas Edison}이 전구를 발명했다는 것은 거짓 신화일지 몰라도, 인간 정신의 구조와 대량생산 원리의 필수불가결한 연결성을 이해한 데서만큼은 그의 천재성이 빛을 발했다. 에디슨은 대규모 산업에서 신속하고 풍부한 전력망의 가치를 알아챈 것처럼 노동자에게도 적절한 과학원리를 적용하면 생산성을 끌어올릴 수 있다는 점을 놓치지 않았을 것이다. 게다가 에디슨은 우리의 소비습관을 만드는 매체의 힘을 간파했다. 마셜 매클루언^{Marshall McLuhan}[25]이 우리의 사고를 형성하는 매체의 힘을 새롭게 이해하기 한참 전에, 에디슨은 현대 영화기술의 전신인 '키네토스코프^{kinetoscope}'를 발명함으로써 주식시세 표시기 같은 정보통신 기술에 기여하면서 텍스트와 이미지의 표상을 이용해 계획적으로 집중 행동을 유도하는 방법을 창안했다. **에디슨은 이 기술로 우리의 생각을 포착하고, 삶의 서사에 영향을 끼치고, 강력한 소비욕구를 창출해서 지난 2세기 동안 일어난 새로운 추세를 가속화하는 데 기여했다.**

자연이 정신건강에 좋다는 증거가 쏟아져나온 오늘날에도 우리는 여전히 업무에 중점을 두고 생산성을 끌어올리는 활동에 고도로 집중하는 능력을 최고로 여긴다. 중간에 자연공간에서 보내는 상쾌한 시간은 생산과 소비 중심의 '실제 생활'에서 잠시 벗어난 휴식 정도로 여긴다. 정신이 유연하게 변화하는 초등학교를 비롯한 교육제도에서는 정규교육의 목표를 교실에 가만히 앉아 한 가지 활동에 주의를 집중할 수 있는 인간을 길러내는 것으로 삼는다. 이런 활동을 힘들어하는 아이들은 따로 분류되거나, 환자로 취급당하거나, 약물로 뇌 기능을 변형해서 고도의 선택적 집중을 강화하는 치료를 받아야 한다. 유치원부터 대학교 강의실에 이르기까지 모든 교실이야말로 부자연스럽고 유도된 집중력을 강화하도록 설계되어 있다. 하지만 이런 집중력은 금방 떨어진다.

뉴욕 타임스퀘어의 대형 전광판부터 단말기와 노트북, 태블릿과 스마트폰에 이르기까지 모든 화면 중심의 기술은 인류의 가장 중요한 인지자원인 집중력을 끌어내서 잡아두도록 설계된 기술의 결과물이다. 벽도 세계의 특정 요소를 감추거나 드러내는 식으로 우리의 주의를 집중시키고 유도하는 역할을 한다.

마찬가지로 인간이 벽돌, 모르타르, 회반죽, 창문을 배치하기 시작한 시대부터 세상을 보는 효과적인 인공 창문의 역할을 하는 전자화면의 발명에 이르기까지, **환경 설계의 역사는 우리가 세계를 보고 세계에 존재하는 자연스러운 방식에 대한 체계적인 도전의 역사로 볼 수 있**다. 우리의 타고난 집중 습관과 힘든 일상에서 잠시 숨 돌릴 틈을 찾는 습관 대신에 고도로 집중하고 선택적으로 주목하는 지각 상태가 자리잡았다. 두 가지 모두 우리의 욕구를 끌어내고 충족시키는 데 도움이 되지만 궁극적으로 우리를 정신적으로 고갈시킨다. 집중력을 끌어내는 기술이 발전하면서 우리는 자연의 질서에 융합된 칼라하리 부시맨의 삶처럼 기술 이전의 사회에서 누리던 생활양식에서 멀어질 수밖에 없었다. 대신 우리는 주어진 환경에서 최적의 생산자와 소비자가 되도록 단련된 신경장치가 되었다. 사실 우리가 인류를 존재하게 해준 원시적인 야생 환경을 (나날이 복잡해지는 물질적 욕구를 만들어내고 만족시키는) 소비지상주의의 집착에서 벗어나기 위한 임시 탈출 밸브로 여기는 것은 역설적이다.

현대인으로 산다는 의미가 이렇게 급격히 달라진 점을 감안할 때 초기 인류의 흔적이 현재의 감정, 현재의 기호, 현재의 행동에 여전히 영향을 끼친다는 뚜렷한 증거가 있다는 사실은 더욱 놀랍다. 나와 마찬가지로 현대의 건축 환경이 주는 안락을 거친 야생의 생활과 바꾸고 싶은 사람은 거의 없겠지만, **우리가 여전히 수천 년 전에 떠나온, 인류의 생존 가능성을 높여주던 환경과 자연의 기하학을 갈망하는 것도 명백한 사실이다.** 자연을 선호하는 성향은 우리가 어디에서 걷고 어디에 앉을지 선택하는 것부터 무엇을 보고 싶어하고 어떻게 생활하고 싶어하는지에 이르기까지 행동의 거의 모든 측면에서 집중력을 끌어내는 기술로 나타나기도 하고 (실제 자연이든 시뮬레이션 자연이든) 자연 장면의 회복탄력성으로 나타나기도 한다. 자연을 향한 우리의 갈망은 가장 중요한 심리지리학적 구조의 토대가 된다.

2장

사랑의 장소

집이 가족의 일상을 담는 조용한 벽이 아니라 좀 더 적극적인 역할을 할 수 있다면 어떨까? 집이 우리의 사랑에 보답해서 우리가 집과 사랑에 빠지게 만들어줄 수 있다면 어떨까? 이것이 바로 미래의 반응형 주택 설계의 전망이다.

살아 있는 조각상, 사랑하는 건물

양치식물이 우거진 고요한 작은 숲속에 들어서니 심장박동이 느려지고 근육이 이완되는 느낌이 들었다. 혼잡한 고속도로를 정신없이 달려오느라 머릿속에 요동치던 단편적인 생각들이 사라지고 대신 그 자리에 차분한 충만감이 차올랐다. 나는 내 안의 조용한 중심으로 들어갔다. 자연환경에 대한 반응을 연구하는 학자들의 용어를 빌리면, 나는 마치 일상에서 "동떨어진" 느낌이었다. 시간이 느리게 흘렀다. 시선이 이리저리 한가로이 배회하는 사이 나는 매력적인 자연에 완전히 빠져들었다.

눈높이에 보이는 잎사귀를 잡으려고 손을 뻗었다. 처음에는 잎이 살짝 오므라드는가 싶더니 이내 내 쪽으로 뻗쳐왔다. 여기서부터 얘기가 조금 이상해진다. 이곳은 보통의 숲이 아니었다. 내가 밀치면 숲은 뒤로 밀려났다. 내가 움찔하자 숲이 흥미로운 양 내 쪽으로 다가왔다. 숲은 내가 거기 있는 줄 아는 것 같았고, 내 기분이 어떤지도 조금 아는 것 같았다. 주변 환경에 흡수되는 것 같은

● 〈물활론의 땅〉 캐나다의 건축가이자 시각예술가인 필립 비즐리가 2010년 베니스 건축 비엔날레에서 선보인 설치미술 작품 연작.

첫 느낌이 조금 낯설어지기 시작했다. 불확실하고 놀랍고, 심지어 위협감에 가슴이 두근거리기도 했다. 숲속을 거닐다 보면 온갖 생물에 둘러싸인 느낌에 익숙해지게 마련이다. 새들이 지저귀고 풀벌레들이 찌르릉거리고 수풀이 바람에 일렁인다. 그런데 이 숲은 달랐다. 어느 숲이든 들어서는 순간 그 사람의 존재가 알려지는 게 이상할 건 없지만(새와 벌레들도 인간의 위협을 감지하고 움직임을 멈추니까), 여기서는 내가 관심의 초점이 된 것만 같았다. 내가 움직일 때마다 예의 주시하는 느낌이 들었다. 나는 노출된 기분이었다.

내가 서 있던 작은 숲은 놀랍게도 인공 숲이었다. 그 숲은 건축가 필립 비즐리Philip Beesley가 작업실로 쓰는, 녹음이 우거진 토론토 교외의 고풍스럽고 아름다운 저택에 있었다. 시각디자이너인 비즐리가 3D 프린터와 각종 간단한 마이크로 프로세서와 센서, 그리고 전류에 반응해 확장하고 수축하는 '저항선resistance wire'이라는 특수 전선을 이용해서 플라스틱 양치식물 숲을 설계한 것이다. 섬세하게 세공된 아크릴 꽃잎은 그가 2010년 베니스 비엔날레를 비롯해 여러 국제 박람회에서 설치한 주요 설치작품의 샘플이었다.

수많은 관람객이 비즐리의 〈물활론의 땅Hylozoic Soil〉이라는 대규모 연작작품 속을 거닐며 지금 그의 작업실에서 나를 엄습하는 듯한 묘한 감정에 사로잡혔다. 그의 작품은 그야말로 선풍적인 반응을 불러일으켰다. 비즐리는 방문객에게서 친밀하게 연결된 감정을 끌어내 공감과 관심을 받는 느낌을 전달하면서도 "내가 무엇이고 어떤 사람인지의 경계, 그러니까 나와 동물과 바위의 차이가 모호해지는 공간에서 교류하는 느낌"[1]을 느끼게 해주는 데 목적이 있다고 말한다.

내가 비즐리를 처음 만난 건 그의 작업실을 방문하기 몇 해 전이었다. 그때 나는 지역 보건소에서 새로운 기술로 감정과 행동을 측정하는 연구 프로젝트를 위한 기금 마련 사업에 관여했다. 나는 비즐리의 건축사무소가 몇몇 보건소 설계에 참여했다는 말을 듣고 그의 사무소에서 일하는 건축가의 추천을 받아 비즐리에게 프로젝트에 참여해 달라고 요청했다. 첫 번째 회의를 소집하고 여러 분야의 전문가들과 회의 탁자에 둘러앉아 전략을 논의할 준비를 마쳤다. 늦게 도착한 비즐리는 회의실에 밝고 환한 미소와 전염성 강한 기운과 열정을 퍼뜨렸지만, 한꺼번에 너무 많은 일을 진행하는 사람답게 약간 부산해 보였다.

회의에 참석한 전문가들이 대부분 서로 모르는 사이라서 나는 간단히 자기소개부터 하고 회의를 시작하자고 제안했다. 다들 보통의 자기소개 양식에 따라 학과와 자격을 소개하고, 자기가 이 프로젝트에 부합한다고 생각하는 이유를 설명했다. 비즐리 차례가 되자 그는 자기가 우리 모임에 잘 어울리는지는 모르겠지만, 요즘 주된 관심사는 생물과 무생물의 경계를 구현하는 특수 조각상을 설계해서 관람객이 그 안에 휘말리고 궁극적으로는 온전히 이해받아서 매력과 혐오가 묘하게 뒤섞인 감정을 느끼게 해주는 것이라고 말했다. 잠시 침묵이 감도는 사이(말 잘하는 사람들이 모인 자리에서 흔치 않은 일이었다) 비즐리는 우리가 건물은 이러저러해야 한다는 식의 따분한 소리를 하면 가만 놔둘 사람이 아니라는 느낌이 들었다. 비즐리는 미래를 향한 비전을 품고 고대에 단단히 뿌리내린 채 다른 세계에 사는 사람 같았다.

1980년대 중반에 토론토대학교를 졸업한 건축가가 어떻게 주택단지와 학생센터, 보건센터와 식당을 설계하는 건축사무소에 들어가지 않고 스스로 "정서와 낭만주의, 그리고 모더니즘의 대안으로서의 21세기 영성. 타성他性, otherness과 분열. 크소니언 행성과 우주에 대한 확장된 정의. 고대성"[2]이라고 소개하는 흥미로운 작업을 시작했는지는 비즐리의 이력을 잠깐만 살펴봐도 알 수 있다.

비즐리는 1995~1996년의 권위 있는 로마대상 건축 부문Prix de Rome in Architecture에서 수상하고 연구비를 지원받아 프로젝트를 진행하면서 인생의 전환점을 맞았다고 말한다. 고고학자 니콜라 테레나토Nicola Terrenato와 함께 로마 팔라틴 언덕의 고대 유적에서 발굴 프로젝트를 진행하면서 비즐리는 고대에 희생으로 바쳐져 유적지 아래 깊이 묻혀 있던 갓난아기 무덤의 환경을 재현하는 작업을 맡았다. 기원전 8세기에 고대 로마의 세 개의 문 중 하나인 포르타 무고니아에서 치러진 아기의 장례식은 도시에 거주하는 가족의 아이들이 도시의 경계에서 희생된 최초의 사건으로, 도시 외부의 황량한 땅과 도시 내부를 구별하는 문턱을 정의하던 당시의 일반적인 의식을 잘 보여준다. 비즐리는 여기서 아기의 무덤을 조심스럽게 분해하고, 공들여 만든 건축을 살펴보고, 그 의미를 음미한 뒤로 평생 생물과 무생물의 경계에 천착했다. 그래서 인간의 건축의 그물망에서 생명력을 포착하고 결국에는 토목용 섬유(땅에 작용하는 섬유)로, 여기서 다시 〈물활론의 땅〉(살아 있지도 않고 죽지도 않은 채로 살아 있는 존재에 반응해서 그 존재의 가장 내밀한 속성, 곧 공감과 보살핌을 띠는 구조물)으로 나아가는 작업에 심취한다.

비즐리 작품의 특징은 신중한 학문과 심오한 생각, 그리고 언뜻 동떨어져 보이는 논의와 이해의 영역(최근에 진행한 프로젝트 중에는 레이디 가가의 의상 디자이너인 아이리스 판 헤르펜과 함께 의상을 디자인한 적도 있다)을 연결하는 놀라운 상상력에 있다. 그의 이런 능력은 창조적인 작품활동뿐 아니라 일상에서도 빛을 발한다. 비즐리의 언어와 몸짓, 표정 덕분에 그의 말을 듣다 보면 고차원적인 이론에서 기초적인 건축 작업으로 이어지는 흥미로운 아이디어를 따라가게 된다.

비즐리가 우리 대학의 가상현실 연구소에 왔을 때 나는 평소 자랑스럽게 여기던 평범한 주택 건축을 재현한 몰입형 시뮬레이션에 그를 들여보냈다. 다들 그 속에 들어가면 가만히 서서 주위를 둘러보다가 멈칫거리며 대상 쪽으로 몇 걸음 옮기고 이따금 손을 뻗어 만져보려 하고 이것저것 물어보았다. 그런데 비즐리는 곧바로 시뮬레이션으로 뛰어들어가 그 안에서 직접 도전했다. 시뮬레이션을 통제하고 장비를 연결하는 전선을 관리하던 학생이 깜짝 놀랄 정도로 이리저리 뛰어다니고 바닥에 엎드려 사물 밑으로 들어가고 바닥에 등을 대고 누워 천장을 바라보면서 해맑은 아이 같은 호기심으로 내 시뮬레이션을 지배했고, 그사이 주변에 있던 사람들은 종종걸음을 치면서 전선과 컴퓨터를 점검해야 했다.

비즐리의 예술작품은 감동을 주고 생각을 불러일으키긴 하지만 학교, 은행, 사무실, 주택 같은 건물의 기본 설계와는 거리가 멀어 보였다. 보통 사람은 길에서 입고 다니기 힘든 옷을 입은 오트 쿠튀르 패션쇼 런웨이의 모델들처럼 비즐리의 반응형 조각품은 미래의 이정표라고 볼 수 있다. 이를테면 인터넷 세상이 우리에게 마련해 준 최첨단 설계이자 이 책의 주요 주제다. 〈물활론의 땅〉은 사물이 인간과 어느 정도까지 양방향으로 정서적 관계를 나눌 수 있는지를 강렬하게 보여주는 사례다. 비즐리의 공감하는 조각들 사이를 걷는 동안 올라오는 조금 불안한 감정에는 인간 감정의 태피스트리에서 우리가 '사랑'이라고 알고 다른 모든 상태 위에 신성하게 존재하는 가느다란 감정의 가닥이 엮여 있다.

모든 것이 살아 있는 것만 같아!

세상에 나온 책들 중에는 인간의 모든 능력이나 느낌, 감정 중 사랑이라는 감정 상태를 다룬 것들이 가장 많다. 사랑이라는 단어를 정의하려는 시도는 아주 오래전으로 거슬러 올라간다. 과학자들은 자료를 수집하고 혈액 샘플을 채취하고 뇌파를 측정하면서 사랑의 진정한 의미를 숫자로 환산하려고 시도해 왔다. 다만 대개의 연구는 대인관계의 사랑에 초점을 맞추었다. 다시 말해서 배우자와 자녀를 낳고 살면서 미니밴을 구입하고 주택 융자를 내게 하는 사랑에 중점을 두었다. 대상이나 사물에 대한 사랑을 표현하는 경우도 많지만, 구두 페티시와 같은 이상성욕이 아니고서는 친구에게 "나 저 드레스 완전 사랑해!"라고 말할 때와 연인에게 영원한 사랑을 고백할 때는 사랑의 의미가 사뭇 다르다.

그런데 건축물과 낭만적 사랑을 나누는 사람들이 있다. 스웨덴 북부의 에이야 리타 에클라프^{Eija Riita-Eklaaf}는 베를린장벽(또는 장벽의 잔해)을 사랑한다고 선언하고 실제로 결혼식과 비슷한 의식을 치르고, 이름도 '발 발터^{Wall Walther}'(독일어로 Wall은 성벽이다 : 옮긴이)로 개명했다. 에리카 에펠^{Erika Eiffel}(결혼 전 이름은 에리카 르브리^{Erika LeBrie})은 2007년에 에펠탑과 결혼하면서 에펠탑의 길고 복잡한 곡선을 향한 열렬한 사랑을 공개했다. 미국의 에이미 울프^{Amy Wolfe}는 펜실베이니아 크노벨 놀이공원의 아찔한 놀이기구와 결혼했다. 이런 이른바 사물성애자^{Objectum-Sexual}를 별난 사람으로 치부하기 쉽지만 사실 대다수 사람들이 특정 대상이나 형태, 특징에 강렬하게 끌리는 현상을 부정하기는 어렵다. 한때 나도 독립해서 첫 번째 집으로 이사하기 전에 선물로 받은 근사한 빨간색 통조림따개에 설명할 수 없는 강한 애착을 느낀 적이 있다. 통조림따개가 녹이 슬어 더 이상 쓰지 못하게 되어서야 내가 그 물건을 얼마나 좋아했는지 알았다. 그 뒤로 통조림 콩 맛이 예전 같지 않았다.

스포츠카 마츠다 미아타^{Mazda Miata}의 아름다운 곡선의 매력은 난데없이 생긴 것이 아니다. 스포츠카의 기하학적 형태에 대한 원초적 반응은 우리의 신경계에 깊이 각인된 것이다. 과학자들은 우리가 예리한 각도보다 곡선을 선호하는 성향(살면서 경험을 통해 칼이나 가위 같은 날카로운 물건의 위험을 습득하기 훨씬 전인 유아기부터 나타나는 성향)을 입증했을 뿐 아니라, 우리의 이런 성향이 시각피질에서 대상 인식과 관련된 영역의 신경세포 속성과도 관련이 있는 것 같다고 보고했다. 한마디로 **날카로운 물체보다 곡선을 이루는 물체의 미묘한 차이를 분석하는 기능을 담당한 피질 세포가 더 많다**는 뜻이다. 이런 세포는 첫인상을 형성하고 위협을 평가하는 아주 신속한 신경 처리 기제의 일부다. 낯선 사람의 첫인상도 어느 정도는 형태와 관련된 단순한 얼굴 특징을 분석한 결과다. 그리고 우리는 이런 사실을 모른 채 39밀리초도 안 되는 짧은 시간에 낯선 사람의 외모를 보고 특정 유형의 얼굴에 대한 선호도를 형성한다. 39밀리초는 인간의 심장이 한 번 뛰는 데 걸리는 평균 시간의 20분의 1 정도에 해당한다.[3]

하지만 비즐리의 움직이는 조각상은 감정과 형태를 연결하는 단순한 지시문을 활용하는 수준을 훌쩍 뛰어넘는다. 전반적으로 자연의 숲과 닮은 유기체적 특징, 곧 환경심리학에서 휴식을 주고 치유를 촉진한다고 알려진 특징이 엿보이지만, 조각상과 관람객을 연결하는 감정의 핵심은 기하학적 구조보다는 움직임이나 상호작용과 더 관계가 깊다.

1944년에 스미스대학교의 지각심리학자인 프리츠 하이더Fritz Heider와 그의 제자 매리언 짐멜Marianne Simmel은 인간이 짧은 비디오에 나오는 단순한 색상의 기하학적 형태에도 의도(목적의식)와 같은 고차원적인 정신 상태를 부여하는 경향이 있다는 연구 결과를 발표했다. 화면에는 삼각형 두 개와 원 하나가 움직이는 장면만 나온다. 참가자들에게 무엇을 보았는지 설명하라고 하자 화면에서 벌어진 사건을 지극히 인간적인 어휘로 설명하면서 사물에 인지 및 정서 상태를 부여했다. 예컨대 한 참가자는 삼각형 하나를 "공격적인 골목대장"이라고 불렀고, 다수의 참가자가 형태들 사이에 삼각관계가 생길 가능성을 제기했다. 자주 언급되는 이 실험은 모든 대상의 행동에 지극히 인간적인 감정과 생각을 부여하는 성향을 가정하는 '마음이론theory of mind'이라는 심리학의 기초가 되었다. 최근 연구에서는 단순한 지각 현상을 마음이론으로 설명하는 능력은 아주 어릴 때부터 발달한다고 밝혔다. 갓난아이에게도 하이더와 짐멜이 설명한 일부 효과가 발견된다.[4]

　　같은 맥락에서 벨기에의 심리학자 알베르 미쇼트Albert Michotte 는 1947년에 '개시 효과launching effect'를 보고했다. 미쇼트의 실험에서는 참가자들에게 하이더와 짐멜의 화면보다 훨씬 더 단순한 화면을 보여주었다. 빨간색 점이 초록색 점을 향해 움직이는 화면이었다. 빨간색 점이 초록색 점에 닿자 초록색 점이 물러났다. 참가자들은 인과관계를 적용하지 않고는 설명할 수 없는 장면이라고 생각했다. 빨간색 점이 어떤 식으로든 초록색 점을 이동시켰다고 본 것이다. 여러 후속 연구에서도 강력한 개시 효과가 나타났다. 그리고 사람들은 단순한 화면을 보면서 화면에 펼쳐진 사건이 비록 점

두 개의 움직임에 지나지 않더라도 사건들 사이의 인과관계를 반드시 설정해야 한다고 생각하는 것으로 나타났다. 하이더의 연구 결과와 마찬가지로 미쇼트가 말하는 지각의 인과관계는 갓난아이에게도 나타났다.[5]

미쇼트와 하이더의 실험 모두 인간은 단순히 움직이는 물체를 사랑과 질투 같은 복잡한 감정을 느낄 수 있는 존재로 생각하도록 설계되었다는 결론에 이른다. 이런 결과는 우리가 어떤 장면을 볼 때 우선 그 장면에 포함된 모든 대상을 확인하고 분류한 다음에 그 대상이 무엇인지 파악하려 한다는 상식적인(그리고 잘못된) 관점에 어긋난다. **우리는 심장이 한 번 뛰는 시간보다도 훨씬 짧은 시간에 장면을 빠르게 훑어보면서 인지와 감정, 의도를 자동으로 추론한다.** 신경계를 형성하는 데 기여한 진화적 압력의 측면에서 보면 왜 이런 일이 일어나는지 이해하는 것이 어렵지 않다. 인간의 뇌는 세계를 이해하려 할 때 엄청난 문제에 부딪힌다. 정보량이 방대해서 보통의 장면에서 주어지는 모든 자료를 일일이 살펴볼 수 없다. 그뿐 아니라 생물학적 컴퓨터 또는 '고깃덩어리 기계'라고 불리는 인간의 뇌는 처리 속도가 놀랍도록 느리다. 인간이 만든 인공 컴퓨터 장치에 비하면(자동차가 부드럽게 달리게 해주는 장치나 아이팟으로 노래를 재생할 수 있게 해주는 장치처럼 비교적 단순한 컴퓨터 장치와 비교해도) 뇌는 안쓰러울 정도로 느리게 돌아간다.

이런 나태를 보완하고 우리에게 접근하는 포식자(예리한 칼날 같은 이빨을 드러낸 호랑이부터 무섭게 돌진하는 스포츠카에 이르기까지)를 재빨리 피할 수 있도록 뇌에서는 조언과 속임수, 지름길이라는 일종의 맥가이버 칼을 활용한다. 이런 마술 같은 묘기 가운데 무엇보다 중요한 것은 우리의 뇌가 평소 '외부에' 무엇이 있는지를 기준으로 무엇이 있을지 예측하도록 설계되어 있다는 점이다. 이런 예측 능력은 주로 과거의 경험을 바탕으로 습득하지만 그 과정 자체가 느리고 힘들다. 대개 제2의 기회가 주어지지 않아서다. 우리에게는 코앞에 있는 위협을 재빨리 피하지 않아서 벌어진 결과를 통해 배울 여유가 없다. 대신, 신경계의 추정 과정은 처음부터 나타나고 자동적으로 일어나는 과정이라서 무시하려고 해도 무시할 수 없다. 그래서 우리는 하이더의 움직이는 삼각형을 보면서 두 사람이 배우자를 차지하려고 결투하는 장면으로 해석하고, 미쇼트의 색깔이 다른 동그라미를 보고 당구공 두 개가 서로 부딪치는 것으로 생각한다. 사실은 모두 화면 위의 단순한 형태에 지나지 않는다.

다시 비즐리의 설치미술 〈물활론의 땅〉으로 돌아가보면 방문객이 물결처럼 흔들리는 아크릴 양치식물과 마주할 때 불안해지는 이유를 이해하기가 조금 수월해졌다. 그 안에서 마법이 벌어지는 이유는 양치식물이 우리 뇌의 변연계에 깊이 파고들 수 있어서가 아니라, 우리가 아주 짧은 시간에 현실세계의 주어진 상황을 이해하는 데 도움이 되는 진화 기제를 활용하기 때문이다. 이런 기제는 사물성애, 나아가 평범한 물품에 강렬한 정서적 애착을 느껴 버리지 못하고 쌓아두는 저장장애 같은 병리현상을 설명하는 데도 도움이 된다. 어느 저장장애 환자가 빈 플라스틱 용기를 버리려고 한 경험을 예로 들어보자. 그는 싱크대에서 플라스틱 용기를 깨끗이 씻어서 내다버렸지만 플라스틱 용기가 물기 때문에 축축해서 불쾌할 거라는 생각에 사로잡혀 다시 밖으로 나가 용기를 찾아서 뚜껑을 열고 꼼꼼히 말린 뒤에야 걱정을 가라앉혔다고 했다.[6] 이런 기이한 사고양식은 순식간에 판단하고 결정하도록 설계된 우리의 신경계에서 생성된 물활론적 믿음을 고수하려는 보편적인 성향이 극단적으로 드러난 사례다. **신경계에 내재된 물활론적 성향은 비즐리가 연구한 고대 희생의식의 수수께끼를 푸는 열쇠가 될 수 있다. 인류는 이런 희생의식을 통해 산 사람을 새로운 도시의 새로운 땅과 결합한 것이다.**

홈 스위트 홈

비즐리의 작품처럼 대인관계를 조각상으로 복제하는 작업이 아주 간단해진다면 우리가 사는 집에서는 어떤 일이 벌어질까? 집이 사생활을 위해 지어진 공간이라면 직장에서 고단한 하루를 보내고 들어와 휴식과 구원, 보호를 구할 수 있어야 한다.

집에도 정서가 있을 수 있다는 개념은 예전부터 문학작품에 자주 등장하지만 대부분 행복한 결말로 이어지지 않는다. 에드거 앨런 포Edgar Allan Poe는 《어셔 가의 몰락The Fall of the House of Usher》이라는 섬뜩한 소설에서 이야기의 배경이 되는 고딕양식의 음산한 저택이 주요 등장인물이라는 사실을 끊임없이 환기한다. 화자는 저택 실내의 음울한 장면을 상세히 소개하면서, 저택이 섬뜩한 심리 상태를 유발하지만 "평범한 이미지가 불러일으키는 상상이 얼마나 낯선지 알고 놀랐다"[7]고 말한다. 필립 비즐리가 관찰자와 환경의 구분을 모호하게 만드는 '공간에서 소통하는' 장치를 설계하는 데 목적을 두었듯이, 포의 소설 속 화자는 등장인물과 배경이 서로를 잡아먹으면서 섬뜩한 결말로 치달을 수밖에 없는 무서운 역동을 기술한다. 최근 미국에서 크게 인기를 끈 케이블 텔레비전 시리즈 〈아메리칸 호러 스토리American Horror Story〉는 피로 칠갑한 장면이 가득하지만 사실상 이와 같은 주제를 다루었다.

하지만 우리를 공포에 떨게 하는 경우를 제외하고 집이라는 공간은 긍정적인 가치와 연관될 때가 훨씬 많다. **우리는 집에서 사생활과 수용, 안락과 친밀감을 얻으리라고 기대한다.** 이런 연관성은 서아프리카 말리의 전통가옥에서 아름다우면서도 단순하게, 그리고 생생하게 구현된다. 말리의 가옥은 노골적으로 여성의 형상으로 설계되고, 중앙의 생활공간은 문자 그대로 자궁 안에 들어 있다.[8]

서구의 집은 설계의 심리학보다는 경제와 관련된 복합적인 이유에서 주변에서 구하기 쉬운 재료로 살 집을 직접 설계하는 전통적인 건축양식에서 벗어난 방향으로 발전해 왔다. 그럼에도 여러 가지 면에서 주거공간의 설계가 집 안에서 우리의 행동양식, 특히 한집에 사는 사람들의 소통 양식에 여전히 영향을 끼친다는 사실을 확인할 수 있다. 비톨트 립진스키Witold Rybczynski는 베스트셀러가 된 저서 《집^{Home}》에서 이동식 가구를 들여놓고 사생활이라고는 상상하기 힘든 방 한 칸짜리 소박한 공간부터 부자들의 웅장한 대저택에 이르기까지 집이 발전해 온 과정을 기술한다. 그리고 이런 발전 과정에는 인류가 원시의 주거공간에는 결여된 안락함의 중요성을 발견한 것이 크게 작용한다고 주장한다.[9]

주거공간의 배치와 사생활 및 사회생활의 관계를 다양한 측면에서 명확히 설명한 사람들도 있다. 예를 들어 부부만을 위한 수면 공간이 따로 마련된 획기적인 사건은 성생활과 사생활에 대한 생각이 변화하는 과정에서 중요한 이정표였다. 하지만 새로운 수면 공간을 마련하는 것만으로 부부의 성생활에 대한 욕구가 충족된 것은 아니었다. 그보다는 양방향으로 일어난 과정이었다. 말하자면 침실이 별도로 마련되자 닫힌 문 안에서 벌어지는 성생활의 가치가 높아지고 부모와 자식의 관계를 보는 관점도 달라진 것이다. 마찬가지로 음식을 준비하는 공간이 따로 마련되어 음식을 준비하는 책임을 맡은 사람을 위한 개인 공간이 생기자 가정에서 남편과 아내, 자식의 역할이 공고해졌다. 실제로 《주거공간의 역사^{A History of Domestic Spaces}》를 쓴 **공간사회학자 피터 워드**^{Peter Ward}는 서구의 가정 공간이 사생활과 자기 영역, 각자의 방을 수용하는 방향으로 복잡해지면서 서구문화가 집단보다는 개인에게 더 가치를 두는 방향으로 발전해 왔다고 설명한다.[10] 남들과 떨어져서, 심지어 가족 구성원과도 떨어져서 생활할 수 있게 되자 독립성과 자율성에 높은 가치를 두기 시작했다는 것이다.

집 안 배치가 달라지면서 새로운 행동양식이 나타나고 우리가 원대한 계획 안에서 우리의 위치를 생각하게 되는 예는 눈에 띄든 아니든 무수히 많다. 20세기 초 런던으로 파견된 독일 외교관이자 《영국의 주택 *Das Englisch Haus*》이라는 두 권짜리 영국의 주택 건축 역사서를 쓴 헤르만 무테지우스 Hermann Muthesius 는 영국이 독일보다 경제적으로 앞서는 이유로 주거공간의 배치를 꼽았다. 그는 영국의 주택이 내밀한 공간과 손님을 맞는 공적인 공간을 격식에 얽매이지 않고 편안하게 구별하도록 설계되었다고 지적했다. 반면에 독일의 주택은 손님이 엄격히 정해진 방식에 따라 호화로운 방에서 다음 방으로 안내받으면서 각 행동이 이전 행동을 능가해야 하는 라스베이거스의 화려한 관광명소에 와 있는 것 같은 경험을 하도록 설계되어 있다고 주장했다.[11]

가상 주거공간 실험: 어떤 집에 반할까?

주거공간의 모양과 배치가 우리의 감정에 영향을 끼치고 자기에게 꼭 맞는 집을 만나면 사랑에 빠진다는 말이 사실이라면 이런 상호작용을 과학적으로 측정할 수 있어야 한다. 얼마 전까지만 해도 적당한 측정 도구가 없었다. 지난 세기에는 심리학 실험이 주로 참가자가 딱딱한 실험실에 가만히 앉아 있고, 연구자가 참가자에게 질문을 던지거나 가끔 과학적인 도구로 자극하면서 근긴장도·심박

수·안구운동·뇌파 따위를 측정하는 식으로 진행되었다. 지금은 움직이는 사람을 지속적으로 관찰할 수 있는 정교한 기술이 나와서 좀 더 정밀한 방법으로 공간에 대한 반응을 측정할 수 있다.

그중에서 가장 효과적인 실험방법으로 '몰입형 가상현실immersive virtual reality'에 기초한 방법이 있다. 이 실험에서는 참가자에게 장소의 이미지를 보여준다. 헬멧에 부착된 소형 디스플레이에 이미지를 띄울 수도 있고 벽면에 이미지를 비출 수도 있다. **가상현실의 진정한 매력은 참가자의 움직임에 따라 디스플레이에 이미지가 바뀌어 나타난다는 데 있다.** 정교한 센서가 포착한 참가자의 눈과 머리, 몸의 모든 움직임에 따라 디스플레이의 이미지가 달라진다. 이와 같은 동작 추적 기법으로 참가자를 컴퓨터 모형 안으로 들여보내서 3차원의 광경을 보고 다른 현실에 들어간 것처럼 느끼게 해줄 수 있다. **참가자는 시뮬레이션 공간이라는 자각을 잃지 않으면서도 여러 가지 면에서 현실세계를 떠나 프로그래머가 설계한 공간에 들어간 것처럼 행동한다.** 예를 들어 높은 곳을 무서워하는 사람은 가상의 옥외 엘리베이터에 들어가면 불안해하는 것으로 측정된다.

이렇게 효과적인 시각화 기법은 앞서가는 건축가들에게 필수적인 수단이 되고 있다. 건물을 짓기 전에 컴퓨터 픽셀로 간단히 복제본을 만들어서 고객에게 보여주고 오류를 수정할 수 있기 때문이다. 한편 인간이 공간과 어떻게 상호작용하는지에 관심을 둔 연구자들도 이런 새로운 기술을 활용하기 시작했다. 환경심리학자들은 이런 기술을 이용해서 장소에 대한 우리의 반응을 연구했다.

최근 몇 년간 가상현실 기법이 크게 늘어나자 좋은 시뮬레이션 시스템 비용이 크게 떨어졌다.

워털루대학교의 우리 실험실에서는 새로운 기술을 이용하여 사람들이 다양한 주거공간에서 어떻게 반응하는지 연구하기로 했다. 우리는 세 가지 주거공간의 컴퓨터 모형을 제작했다. 첫 번째는 1936년에 프랭크 로이드 라이트가 설계한 제이콥의 저택 모형이었다. 실내는 아주 넓지 않은 L자형 구조에 따뜻한 느낌의 자연 재료를 많이 쓰고, 실내 장식과 자잘한 장식품과 외부 장식을 최대한 자유로이 활용해서 집은 그 안에 사는 사람의 자유와 자율성을 축복해야 한다는 라이트의 철학을 반영했다. 다음으로는 미국의 유명한 건축가이자《그리 크지 않은*Not So Big*》시리즈의 저자로, 작지만 기능적이고 편안한 설계에 중점을 두는 새러 수산카*Sarah Susanka*가 설계한 집의 모형을 제작했다.[12] 세 번째로는 오늘날 북미 교외의 전형적인 규격형 주택의 모형을 제작했다.

우리는 참가자들에게 가상현실 헬멧을 씌우고 집을 구입한다는 마음으로 세 모형에 방문하라고 요구했다. 참가자들은 세 집을 찬찬히 둘러보고 원하는 곳에 마음대로 드나들었다. 그사이 실험자가 따라다니면서 몇 가지 질문을 던졌다. 우리는 참가자들이 집을 보고 어떤 인상을 받았는지 궁금할 뿐 아니라, 그들이 가상공간을 돌아다니면서 구체적으로 어디를 걷고 어디를 보는지 면밀히 추적하고 싶었다.

실험이 시작되고 얼마 지나지 않아 참가자들은 단지 컴퓨터 모형을 탐색하는 중이라는 사실을 잊고 시뮬레이션을 실제 세계처럼 대하기 시작했다. 예를 들어 한 참가자는 제이콥스 저택에서 길게 이어진 전망창 앞을 지나갈 때 따스한 햇살이 손에 닿는 느낌이 들었다고 보고했다. 모형 안의 '태양'은 가짜이고 열을 전혀 발산하지 않았다. 다른 참가자들은 조심스럽게 몸을 수그리면서 가상의 주방 찬장 밑을 구석구석 살폈다. 집에서 가장 마음에 드는 공간이 어디냐고 묻자, 대다수가 거실 중앙 널찍한 공간이 끌린다면서 주변에서 벌어지는 상황을 볼 수 있는 위치라서 마음에 든다고 대답했다. 다음으로 소중한 가보를 어디에 두고 싶은지 묻자 참가자마다 제각각 다른 장소를 선택했다. 가장 눈에 잘 띄는 곳에 놓아두겠다는 사람도 있고 뒷방의 후미진 구석에 숨겨놓겠다는 사람도 있었다.

집을 둘러보는 동안 참가자들의 이동경로를 추적한 우리는 아무도 들어가지 않은 방이 있는 걸 알고 깜짝 놀랐다. 그중에서도 교외 주택의 넓고 형식적인 거실은 양쪽 문에서 들여다보기만 할 뿐 아무도 들어가지 않았다. 그 방이 마음에 든다고 말한 참가자는 많았지만 그 안에 들어가보고 싶을 정도로 마음에 들지는 않은 모양이었다. 이런 결과는 형식적인 공간은 잘 활용하지 않으며, 소중한 1층 공간을 낭비하는 주택에 사는 사람들의 불만을 반영한다.

가장 놀라운 결과는, 참가자들에게 세 집 중 어느 집을 제일 사고 싶으냐고 묻자 교외 주택이라는 답이 가장 많이 나왔다는 점이다. 대다수가 제일 마음에 드는 집으로 교외 주택을 선택하지 않

있는데도 말이다! 참가자들은 창조적인 공간 활용과 사생활·사교 생활·실용성에 중점을 둔 수산카의 주택에 감탄했다. 라이트의 저택에서는 전체적으로 자연의 재료를 사용한 점과 대형 난로를 중심으로 사람을 끌어모을 듯한 독특한 거실 공간을 높이 평가했다. 하지만 다들 두 집을 사고 싶지는 않다고 말했다.

　　집에서 보고 느끼는 것과 직접 소유해서 사는 것 사이의 괴리는 무엇보다도 참가자들의 과거 경험과 관련이 있다. 참가자들은 건축가의 집들이 흥미롭고 매력적이긴 하지만 현재 시장에서 가장 구하기 쉬울 것 같은 집에 더 끌렸다고 보고했다. 이런 우울한 괴리를 참가자의 상상력 부재로 해석할 수도 있었다. 우리가 무언가를 원할 때는 그것밖에 소유할 수 없다고 여기기 때문이다. 하지만 나는 수치를 살펴보다가 더 심오한 요인이 작용하는 게 아닌가 하는 의문이 들었다. 우리가 어떤 집에서 살아왔는지, 그 집에서 어떤 일들을 겪었는지, 살아온 방에서 어떤 추억을 쌓았는지는 주거공간에 대한 감정에 어떤 영향을 끼칠까? 집을 사랑한다면 정확히 집의 무엇과 사랑에 빠질까? 집에 처음 들어갈 때 경험하는 공간과 외관은 일부만 설명해 줄 것이다.

　　흔히 부동산 중개업자는 고객들에게 사고 싶은 집이 나타나면 느낌이 오기 때문에 곧바로 알아볼 거라고 말한다. 아마 집을 구입하는 사람들을 무수히 만난 경험에서 하는 말일 것이다. 그리고 우리의 가상현실 체험이 인공적이긴 하지만 실제로 우리도 일부 참가자에게서, 특히 수산카 모형에 들어선 참가자들에게서 이런 반응을 보았다. 그 공간에 들어선 순간 매료되는 모습이 눈에 띄게 나타났다. 일단 걸음이 느려지고 주변을 더 많이 둘러보면서 그 안에서의 경험을 찬찬히 즐겼다. 그들이 하는 말이나 동작만 관찰해도 그들이 그곳에 머무는 동안 우리가 수집한 수치를 알 수 있었다. 그런데 무엇을 알았을까? 어떤 집에 처음 들어설 때 첫눈에 반하는 것 같은 아찔한 기분은 어디서 오는 것일까?

프랑스의 철학자이자 시인인 가스통 바슐라르^{Gaston Bachelard}는 저서 《공간의 시학^{The Poetics of Space}》에서 주거공간의 현상학을 자세히 다룬다. 바슐라르는 이 책에서 유년기의 집에 대한 경험이 어떻게 삶을 형성할 수 있는지 설명한다. 집은 무엇보다도 우리의 공상을 담는 그릇이라고 바슐라르는 말한다. **첫 번째로 살던 집에서 생각과 기억의 틀이 처음 갖춰지고, 이런 생애 초기의 경험과 이후 행동의 연결은 사실상 끊어지지 않는다.** 바슐라르는 이렇게 말한다.

> 우리는 오랜 세월 기나긴 여정을 마치고 옛 집으로 돌아오면 가장 여린 몸짓, 가장 어린 시절의 몸짓이 여전히 온전하게 문득 되살아나는 것을 알고 몹시 놀란다. 한마디로 우리가 태어난 집은 우리 내면에 주거와 연관된 다양한 기능들의 위계를 아로새겼다. 우리는 특정한 그 집에 거주하는 데 따른 기능들의 설계도이며, 다른 모든 집은 단지 기본 주제의 변주일 뿐이다.[13]

맨 처음 살던 집과 현재의 주거 환경이 무의식 차원에서 연관되는 것은 흔한 일이다. 삶의 경험과 기억, 그리고 그 경험이 일어나는 장소 사이에는 특수한 연관성이 있다는 사실은 고대부터 알려져왔다. 기원전 55년 키케로Cicero는 《변론가론De Oratore》[14]에서 세상에서 가장 오래된 기억술인 '장소법method of loci'을 처음으로 소개했는데, 이는 기억을 장소와 연결해서 장소에 대한 기억을 향상시키는 전략이다. 현대의 심리학과 신경과학에서는 다양한 실험으로 키케로의 주장을 입증해 왔다.

일례로 노트르담대학교의 심리학자 가브리엘 라드반스키Gabriel Radvansky는 일상에서 물건에 대한 기억과 그 물건이 있는 환경 간의 놀라운 의존성을 발견했다. 라드반스키와 그의 연구팀은 간단한 기억 실험을 설계하여 참가자들에게 여러 물건 중 몇 개를 다른 방으로 가져가고 다른 물건은 남겨두게 한 다음에 다른 방에 가서 또 다른 물건들을 만나게 했다. 라드반스키는 문지방을 넘으면 하나의 '사상 지평선event horizon'에서 다른 사상 지평선으로 넘어가므로 그전에 방에 남겨둔 물건을 기억하기 힘든 상황을 연출했다. 잘 통제된 실험에 따르면, 기억은 단지 시간의 경과나 한 장소에서 다른 장소로의 물리적 이동에만 영향을 받는 것이 아니다. 예를 들어 같은 방에서는 복잡한 경로로 물건을 옮겨놓아도 기억이 침해받지 않았다. 문지방을 넘는 과정에 특별한 뭔가가 있었다. 그리고 이 효과는 현실세계에서 장소를 이동하든 가상 환경에서 이동하든 동일하게 나타났다. 참가자들이 컴퓨터 화면의 3차원 환경에서 마우스로 이동할 때도 동일한 효과가 나타난 것이다.[15] 라드반스키의 연구는 가스통 바슐라르 같은 철학자들의 현상학적 관찰을 인지과학의 현미경 아래 놓고 경험과 기억, 집 안의 방들 사이에 일어나는 상호작용을 면밀히 살펴보는 방법을 제시했다.

집의 정신적 표상이 우리가 보고 기억한 것의 혼합으로 구성된다는 개념은 심리학에 기반을 둔 설계의 과학에서 중요한 함의를 갖는다. 무엇보다도 설계자가 사랑받는 집을 짓고 싶다면, 인간의 지각 기관을 만족시킬 만한 물리적 특징의 목록을 만드는 것만으로는 불가능하다. 고객의 이력, 지금까지의 주거 유형, 기억의 장소에서 경험한 사건까지 알아야 하기 때문이다.

하지만 삶의 사건과 장소는 기억에 남은 사건의 목록이나 카탈로그를 훨씬 뛰어넘어 영향을 끼친다. 우리가 느끼는 감정은 기억과 불가분하게 연결되어 주거공간에 대한 애착에 상당한 영향을 끼칠 수 있다. 몇 해 전에 나는 '공간과 장소의 이용과 이해'를 주제로 한 라디오의 시청자 전화 참여 프로그램에 게스트로 나간 적이 있다. 그때 어떤 시청자가 처음 언뜻 보고는 이상하게 끌려서 집을 샀다고 말한 사연이 기억난다. 그 남자는 나중에 알고 보니 자기가 그 집에 끌린 이유가 어릴 때 살던 집과 비슷해서였다는 것이다. 그러나 안타깝게도 어린 시절 집에서 충격적인 일들을 겪은 터라 얼마 지나지 않아 그 집이 가족들이 벽난로 앞에 둘러앉은 행복하고 따뜻한 기억은커녕 끔찍한 장면만 떠올린다는 걸 깨달았다. 그는 이런 사실을 스스로에게 감추기 위해, 어떻게든 정상적인 집의 기능을 지키면서 어린 시절의 불행한 기억과 거리를 두기 위해 완전히 다른 분위기를 만들려고 집을 리모델링하는 일에 매달렸다. 우리는 기억에 집을 저장할 수 있고, 집을 떠나도 기억을 안고 간다. 운이 좋으면 그 기억이 어른이 된 후 행복한 삶의 근간이 될 수 있지만 별로 좋은 기억이 아니라면 기억이 마음속에 똬리를 틀고 있다가 예상치 못한 순간에 불쑥 튀어나와 포의 소설 속 불쌍한 희생자들의 감정과 같은 불안한 감정을 유발할 수 있다.

미술치료 전문가들은 집의 정신적 표상에는 불행한 과거의 단서가 담겨 있을 수 있다고 여긴다. 폴란드의 정신과의사이자 유명한 '로르샤흐 검사'를 만든 헤르만 로르샤흐Hermann Rorschach의 동료 프랑수아즈 민코프스카Françoise Minkowska는 나치 치하에서 박해당한 유대인 아이들이 그린 집 그림을 연구했다. 민코프스카는 아이들이 좁고 기다란 것 말고는 별다른 특징이 없는 으스스한 집을 그렸다고 설명했다. 최근의 여러 연구에서도 학대받은 아이들이 그린 집 그림에서 독특한 특징을 찾아냈다. 학대받은 아이들의 집에는 문이 없고 윤곽선이 뾰족뾰족하고 이상할 정도로 중앙부가 넓다. 집 위로 먹구름이 드리우고 비가 내리는 그림이 많은데, 이 모든 특징은 학대받지 않은 아이들의 집 그림에서는 거의 나타나지 않는다. 아이도, 아니 아이라서 더더욱 집을 심리와 경험의 대리자로 여긴다. 그리고 집은 바로 이런 식으로 우리의 상상 속에 표상된다.[16]

정신분석의 선구자 칼 융Carl Jung은 자서전 중 〈탑The Tower〉이라는 장에서 자기 자신을 위해 집을 설계한 과정을 기술했는데, 이 책은 건축학도들의 필독서가 되었다. 융은 이 글에서 집을 짓는 과정과 그가 발전시키던 인간 정신의 구조에 관한 이론 및 그의 인생의 발달 사이의 상호작용을 흥미롭게 설명했다. 그는 우선 집을 모성애의 내밀한 복제본을 표상하는 공간으로 이해하고, 둥근 모양의 탑은 인간 형상을 한 서아프리카의 집처럼 자궁과 같은 환경을 의미하는 커다란 벽난로의 형태로 보았다. 세월이 흐르면서 원래의 둥근 탑에 몇 가지 요소를 추가해야 했고, 마침내 완성했다고 여기기까지 10년 이상 걸렸다. 탑의 주요 요소들은 각각 융의 포괄적 정신 이론의 구조적 단계를 의미했다.[17]

자서전에는 자세히 언급되지 않았지만, 탑에 얽힌 융의 이야기는 그가 남긴 방대한 분량의 노트에서 끌어모을 수 있다. 융은 평생에 걸쳐 어려운 문제를 직접 헤쳐나가는 습관을 들였다. 가장 가까운 친구이자 가장 중요한 정신적 스승인 지그문트 프로이트 Sigmund Freud와 고통스럽게 결별한 이후, 융은 살아남으려면 어린 시절의 기억을 철저히 파헤치는 방법밖에 없다고 판단했다. 어린 시절 기억의 중요한 요소가 다양한 형태의 작은 성을 이루었고, 융은 그 뒤로 뷜링겐 호숫가로 돌아가 인생의 대부분을 보낼 집을 짓기 시작했다. 그가 마침내 자기가 살 집으로 지은 탑은 어린 시절의 기억들을 실물 크기로 형상화한 것이었는데, 그 탑의 구조물 안에는 자신의 삶에서 중요한 사건과 생각, 사람들에게 바치는 것으로 보이는 요소가 많았다. 그는 이렇게 말한다.

내게는 말과 종이가 실재하는 것으로 보이지 않았다. 나의 환상을 탄탄한 토대 위에 쌓으려면 뭔가가 더 필요했다. 나는 가장 내밀한 생각과 내가 습득한 지식의 돌로 일종의 표상을 얻어야 했다. 말하자면 나는 내 믿음을 돌로 고백해야 했다. 이것이 볼링겐에서 나를 위해 지은 집인 탑의 시작이었다.[18]

평범한 사람들의 주거공간

내면 심리를 반영하는 주거공간을 지을 자원이나 기회를 처음부터 가진 사람은 거의 없다. 우리 연구소의 주거공간 가상 실험에 참가한 사람들처럼 집을 구할 때는 마침 주어진 몇 가지 선택지 내에서만 선택할 수 있다. 앞서 보았듯이, 뇌에서 우리가 단순한 습관의 힘에 이끌려 기호에 어긋나는 선택을 하고 있다고 어렴풋한 신호를 보내더라도 우리는 익숙한 것에 이끌릴 수 있다. 운이 좋으면 어린 시절의 기억에 어울리는 집을 구하기도 한다.

하지만 전 세계를 기준으로 본다면, 내가 이 책에서 소개하는 주거공간에 관한 실험이나 관찰이 대다수 사람이 주거공간과 맺는 관계를 모두 반영하는 것은 아니다. 주거공간은 상하이의 고층 아파트부터 뭄바이 시내의 고가도로 아래 길바닥에 이르기까지 모두를 포함한다. 실제로 퓨리서치센터에서 실시한 연구에 따르면, 미국처럼 초고도로 발전한 선진국에서도 인구의 4분의 1 정도가 현재 살고 있는 공간을 '집home'으로 받아들이지 않는 것으로 나타났다.[19] 한마디로 **보통의 대다수 사람들은 집을 선택하지 않는다. 집이 우리에게 떠안겨질 뿐이다.**

개인적인 취향이나 경험에 어울리는 집을 선택할 기회가 주어지지 않는다면 어떻게 주거공간과 애착을 형성할까? 많은 경우에 이사할 때 가지고 다니는 물건에서 애착이 싹튼다. 다른 대륙으로 이주하면서 옷가지 외에는 짐을 거의 가져가지 않는 이민자들조차 가정용 성경책이나 성물함 같은 종교와 관련된 물건과 사진첩, 그 밖에도 조상의 집과 새로운 집 사이의 연관성을 찾기 위해 꼭 필요한 물건을 넣을 공간을 마련한다. 이들이 고향의 집과 연결성을 찾으려면 이런 단순한 소지품을 통하는 수밖에 없다. 이런 소지품은 새로운 거주지에서 뿌리내리기 위해서만이 아니라 달리 개인화할 기회가 주어지지 않는 주거공간에 통제력을 행사하기 위한 수단이다.

아무리 척박한 환경에서도 사람들은 집을 개인화해서 통제력을 행사하려 한다. 뭄바이 최대의 빈민가인 다라비를 걷다 보면 뭐든 끌어다 모아서 지은 알록달록한 집들이 제멋대로 늘어서서 (연간 6억 달러 이상의 매출을 올리는 풍성한 경제를 비롯한) 상업으로 활기찬 지역사회를 이룬 모습을 볼 수 있다. 다라비는 여러 모로 열악한 환경이지만(물과 전기 공급이 일정하지 않고 위생 상태가 엉망인 곳도 많다) 주민들이 스스로 환경을 통제하려고 최선을 다한 흔적이 역력하다.

전혀 다른 맥락에서 미국의 건축가 오스카 뉴먼Oscar Newman은

● **다라비 거리** 뭄바이 최대의 빈민가. 주민들이 스스로 상업지구로 환경을 조성해 열악한 환경이지만 경제의 창출구 역할을 톡톡히 하고 있다.

대표적인 논문 〈방어공간^{Defensible Space}〉에서 세인트루이스의 악명 높은 공공주택단지 '프루이트아이고^{Pruitt-Igoe}'처럼 인구밀도가 높은 거주지에서의 공동 영역에 대한 소유의식과 통제력의 중요성을 강조했다.[20] 뉴먼은 공공주택단지의 안전성과 거주적합성을 높일 수 있는 설계 원리를 설명하고, 프루이트아이고가 몰락한 이유는 이런 원리를 구현하지 못했기 때문이라고 주장했다. 뉴먼은 주거 환경을 개인화하고 소유권을 얻으려는 세입자의 욕구를 방해하는 환경에서, 다라비 주민들이 자기네 공간을 소유하려고 안간힘을 쓰듯이, 장소에 대한 애착을 끌어올릴 방법을 찾는 데 목적을 두었다.

최근에 프루이트아이고가 몰락한 원인을 재검토한 결과 설계만큼이나 만성적 재정 부족에도 원인이 있는 것으로 나타났다. 하지만 뉴먼의 원리에도 장점이 있어서 요즘도 인구밀도가 높은 빈곤지역에서 범죄율을 낮추는 데 적용된다.

작은 집에 많은 사람이 복작복작 모여 사는 환경은 집에 대한 정의에 새로운 문제를 제기한다. 넓은 집에 사는 서구 사람들은 집을 진심으로 사랑하든 아니든 대체로 집을 사생활을 위한 은신처로 생각한다. 우리가 뭄바이에서 세계 주요 도시의 도시문제에 중점을 두고 순회하는 BMW 구겐하임 연구소^{BMW-Guggenheim Laboratory}와 공동으로 심리지리학 연구를 실시하던 중, 나는 흥미로운 변칙을 하나 발견했다. 참가자들을 박물관 주차장이나 교회 경내처럼 인적이 붐비지 않는 공공장소로 데려가자 집이나 아름다운 잔디공원 같은 조용하고 사적인 공간에서 나타나는 휴식 반응을 보여주는 강력한 증거가 나타난 것이다. 생리적 각성 상태를 측정하는 센서로 측정해 보니 실제로 텅 빈 장소에서 차분해지는 반응이 나타났다.

서구 사회에서는 공공장소가 비어 있으면 실패로 간주될 수 있다. 공공장소를 계획할 때는 주로 공간에 활력을 불어넣는 데 중점을 두기 때문이다. 그런데 다라비에서 아내와 두 자녀, 부모와 남동생 둘과 함께 단칸방에 거주하는 내 조수 마헤시에게는 이런 결과가 놀랍지 않았다. 그는 평화를 찾거나 친구와 조용히 대화를 나누거나 고독의 순간을 음미하려면 시끌벅적한 주거공간을 벗어나

시내 어디서든 조용한 공간을 찾는 수밖에 없었다. 내가 마헤시 개인에게서 관찰한 현상은 내 연구와 유사한 연구로 BMW 구겐하임 연구소의 아이샤 다스굽타[Aisha Dasgupta]가 뭄바이의 도시문제를 연구하는 지역 연구 공동 사업체인 PUKAR와 공동으로 실시한 연구에서도 입증되었다. 이 연구의 설문조사에서는 응답자의 54퍼센트가 집을 가장 사적인 공간이라고 응답하기는 했지만, 한편으로 공공장소에서 고독을 찾는 경향도 나타났다. 다만 특히 여자들에게는 안전한 공공장소가 상대적으로 드물기 때문에 이런 장소에 접근하기 어려운 것으로 나타났다.[21]

전 세계를 기준으로 보면 우리가 '집'이라고 부르는 공간의 배치 유형이 워낙 광범위해서 간단히 분류하기 어렵지만, 여기에 작용하는 심리적 원리는 좀 더 쉽게 이해할 수 있다. 몇 가지 설계상의 특징이 거의 보편적으로 나타난다. 우리는 특히 자연에서 발견되는 요소와 동일한 특정 형태와 색깔에 끌리는데, 여기에는 창밖 풍경과 같은 요소가 포함될 수 있다. 우리는 사생활을 보장하고 안전하다는 느낌을 주는 공간의 형태에 끌린다. 우리가 주거공간에 끌리는 현상을 개인의 역사로도 설명할 수 있다. 유년기의 경험과 그 경험이 일어난 장소는 유년기 경험과의 유사성에 따라 특정 유형의 공간 배치에 매력을 느끼거나 혐오하는 식으로 성인기 이후의 기호를 형성한다.

끝으로 집에 대한 애착은 공간에 대한 통제감에 의해 좌우된다. 가족의 소중한 가보부터 포스터나 그림, 벽지 같은 단순한 장식에 이르기까지 모든 요소를 이용하여 심리적 통제감을 형성할 수 있다. 이런 식의 통제감을 얻기 위한 싸움에서 패하면 집에 대한 애착이 꽃피지 못하고 시들어버린다.

집의 미래

그러면 미래는 어떨까? 우리는 언제까지나 넉넉지 않은 경제사정 때문에 우리의 감각을 건드리는 몇 가지 흥미로운 요소는 설계에 반영할지 몰라도 그것 말고는 반질반질한 부동산 책자에 실린 2차원의 단순한 이미지처럼 더 이상 우리의 정신작용과 교감하지 않는 일반적인 구조의 고만고만한 주택이나 아파트에 살아야 할 운명일까? 아니면 이보다 더 심각한 경우로, 인구가 밀집하고 값비싼 미래의 도시에서는 지금보다 더 좁은 공간밖에 차지할 수 없어서 각자의 기호와 경험, 내면 심리에 맞게 설계된 개인화된 주거공간이라는 개념 자체를 포기해야 할까?

미래 지향적인 건축가들이 비슬리의 움직이는 조각상에서 영감을 받아 길을 열어간다면 주택 설계의 미래는 완전히 달라질 것이다. **집이 가족의 일상을 담는 조용한 벽이 아니라 좀 더 적극적인 역할을 할 수 있다면 어떨까? 집이 우리의 사랑에 보답해서 우리가 집과 사랑에 빠지게 만들어줄 수 있다면 어떨까? 이것이 바로 미래의 반응형 주택 설계의 전망이다.**

건물에도 감각이 있어서 사방의 벽 안에서 벌어지는 사건에 적응하는 식으로 반응할 수 있다는 개념은 결코 새롭지 않다. 난방과 에어컨을 제어하는 온도조절장치도 일종의 반응장치다. 온도조절장치는 단순한 형태의 욕구를 나타내는 정보(우리가 설정한 온도)를 입력받아 피드백 루프라는 마법을 통해 욕구를 충족시키도록 작용하는 복잡한 기계장치를 가동시킨다. 집에는 화재와 침입자 감지 장치부터 조명과 오락용 미디어 시스템까지 단순한 제어 장치는 많지만 분산되고 인간의 통제에 의존하는 시스템이라서 감지 및 반응 시스템을 강력히 결합해서 거주자의 욕구를 끊임없이 살피고 그 욕구에 맞게 집을 적응시키는 지능형 에이전트의 통제를 받는 집의 개념과는 질적으로 다르다.

MIT의 유명한 미디어 연구소의 사이버네틱스 권위자이자 설립자인 니컬러스 네그로폰테Nicholas Negroponte는 건축을 사용자에게 반응하고 소통할 수 있는 컴퓨터 시스템으로 간주할 수 있다고 제안한 최초의 인물이다. 네그로폰테는 1970년대에 쓴 글에서 건축물이 안팎에서 벌어지는 사건에 지능적으로 반응하는 방식으로 컴퓨터 기능과 건축 자재를 결합할 수 있다고 예견했다.[22] 지금까지 이 분야의 연구는 대부분 탄소발자국carbon footprint(온실효과를 유발하는 이산화탄소 배출량 : 옮긴이)을 최소로 줄이는 기능을 설계해서 건물에서 환경을 지속적으로 개선할 방법을 찾는 데 중점을 두었다. 예를 들어 워털루대학교 건축학부에서 처음 시작하고 비즐리가 주도적으로 설계한 '노스하우스North House'는 북부의 기후에서 탄소발

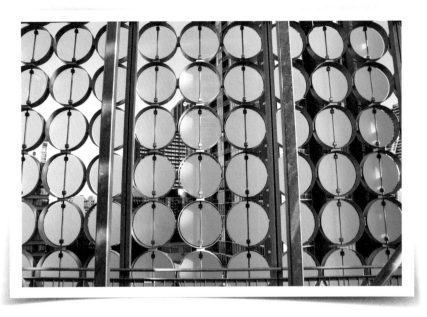

● **디자인 허브** 태양을 따라 회전하는 수천 개의 원반으로 이루어져, 환경에 반응해서 에너지 비용을 최대한 줄이도록 설계되었다.

자국이 0인 집을 짓는 도전의 결과였다. 노스하우스는 바깥 날씨뿐 아니라 실내 환경과 거주자의 위치와 움직임, 활동에도 반응하는 감지장치를 통해 도전에 성공했다. 넓게 보면 주요 건물의 반응형 외피는 환경 사건에 반응해서 에너지 비용을 최대한 줄이도록 발전해 왔다. 왕립 멜버른공과대학의 '디자인 허브Design Hub'는 태양을 따라 회전하는 수천 개의 광택 나는 원반으로 이루어졌다. 건물의 에너지 비용을 줄이고 장차 광전지 배열을 이용해 발전소 역할을 할 곳이다. 마찬가지로 시카고의 건축가 트리스탄 데스티 스테르크Tristran D'Estee Sterk는 유기적인 곡선을 이룬 보기 좋은 외양에서 버크민스터 풀러^{Buckminster Fuller}가 "텐세그리티^{tensegrity}"(tensional integrity, '긴장 상태의 안정성'을 가리키는 건축용어 : 옮긴이)라고 부른 원리를 활용하여 센서의 무선 송신에 반응해서 스스로 형태를 바꾸는 형태 변형 건물을 설계한다. 지금까지 이런 센서는 기온과 햇빛 같은 요소를 측정해서 에너지 소비를 최대한 줄이면서도 쾌적한 실내 환경 조성을 목표로 설계되었다. 이런 건물은 현대적 감지장치와 자재를 활용해 친환경 주거공간을 제공하기는 하지만, 가정용 보일러 온도조절장치의 단순한 피드백 시스템에서 약간 발전한 형태일 뿐이다. 이런 건물은 거주자에 관한 특정 정보를 안다고 해도 거주자의 정신적·신체적 건강 상태까지는 알지 못한다. 오늘날 집집마다 있는 게임기에도 이용자의 심박수와 스트레스 수준, 얼굴 표정과 안구운동, 호흡수와 뇌파를 측정하는 간단한 센서가 붙어 있다. **이론적으로 보면 거주자의 생리적·정신적 상태를 이런 센서가 장착된 건물이 거실에 같이 있는 친한 친구보다 더 자세히 알 날이 머지않았다.**

MIT 미디어 연구소의 최근 몇 가지 프로젝트에서도 이런 방향의 전망을 제시한다. 그중에서 켄트 라슨^{Kent Larson}이 이끄는 공간변형모임^{Changing Places Group}에서 만든 '시티홈^{CityHome} 프로젝트'는 이용자의 생리 상태뿐 아니라 행동 이력을 추적하는 컴퓨터가 장착된 움직이는 벽으로 아파트 크기의 공간을 이용자가 직접 자신의 요구에 맞게 설정할 수 있는 수많은 모듈로 이루어진다. 이런 주거 실험실을 통해 거주자에 관한 방대한 생체 정보는 물론, 특히 몸과 마음의 상태에 관한 합리적인 이론을 도출하는 데 필요한 정보를 충분히 수집할 수 있다. 시티홈 체험은 거주자의 요구에 지속적으로 반응해서 거주자의 모든 움직임을 예상하고 더 편리하게 준비해주고는 (무엇보다 중요한 요소로) 손뼉 한 번만 치면 언제든 벽 속으로 사라지는 입주 집사를 두는 것처럼 보일 수 있다.

기온과 조명을 거주자가 안락하게 느끼도록 조절할 수 있고, 벽면을 포함해 실내의 모든 표면도 개인 맞춤형으로 제작할 수 있다. 워털루대학교 체리턴 컴퓨터과학부의 컴퓨터과학자이자 예술가인 대니얼 보겔Daniel Vogel은 손동작이나 자세 변화에 반응하는 대형 인터렉티브 디스플레이 패널을 이용해서 연구해 왔다. 마이크로소프트의 키넥트Kinect 같은 저렴하고 신속한 동작 추적 기술이 나오면서 이런 정도의 디스플레이는 애호가라면 쉽게 구할 수 있고 전문가들은 간단히 조립할 수도 있다(최근에 나는 나의 지인인 컴퓨터과학자가 일주일 정도 만에 설계한 전신 동작 추적과 음성 인식 기능을 갖춘 가상 미술관에 가보았다). 보겔의 말처럼 "집 안이 타임스퀘어가 되기를 바라지는 않겠지만",[23] 그럼에도 **이제는 침실 천장에 바깥 날씨를 표시하고, 욕실 거울에 뉴스를 표시하며, 거실 벽면에 근처 공원이 보이는 전망창을 표시할 수 있는 초박형 디스플레이 장치를 구하는 것이 불가능한 목표는 아니다.** 우리가 특정 이미지(예: 자연)를 좋아한다는 사실과 더불어 색깔과 양식, 이미 알려진 이미지가 심리에 끼치는 효과를 고려할 때, 우리의 감정을 파악해서 적절히 외양을 바꾸는 '민감한 집sentient home'은 분명 가능한 목표다. 기분이 나쁜가? 그러면 집이 조도를 낮추고 해 질 녘 바닷가의 철썩이는 파도를 보여주어 당신의 마음을 달래줄 것이다. 코앞에 닥친 마감 날짜를 맞추기 위해 영감을 찾는가? 그러면 집이 조명을 환히 밝히고 분주한 도시 광장에서 바삐 오가는 사람들의 활기찬 장면을 보여주고 커피를 내릴 것이다. 이런 수준의 쌍방향성과 지극히 단순한 장치를 보고도 움직이는 생명체로 인지하는 인간 정신의 성향을 결합해 보라. 머지않아 집과 새로운 관계를 형성할 날이 오지 않겠는가. 건물의 기본 구조가 나름의 정신과 성격을 가지고 그 안에 사는 사람과 오랜 세월 감정을 나누는 생명체가 될 것이다.

이런 집은 특히 몸과 마음이 병든 사람들에게 혜택을 줄 것으로 예상할 수 있다. 당신이 언제 우울해질지 파악해서 기분을 북돋우는 대화를 시작하거나 기분이 좋아지는 활동을 제안하고, 더 나아가 당신의 친구들에게 상황이 좋지 않아 보인다고 알리는 등 적절히 반응하는 집을 상상해 보라.

최근에 시중에 나온 스마트폰 애플리케이션은 사회관계망의 이용 양상과 터치스크린을 사용하는 습관에 따라 이용자의 기분을 감지해서 의료인에게 알리기도 한다. 민감한 집은 우리의 습관을 익히고 우리의 생리 상태를 살펴서 우리를 보살피는 데 도움이 될 만한 대책을 세울 수 있다. 특별한 요구가 있는 사람들을 위해 날로 정교해지는 인식 시스템을 갖춘 집은, 특히 비용이 많이 드는 미국의 의료제도하에서, 노인이나 환자가 시설보다는 가정에서 독립적으로 거주할 수 있는 환경을 만드는 데 중점을 두는 추세에서 큰 관심을 끌어왔다. 하지만 특수한 요구가 없는 사람들에게도 우리를 느끼고 반응하는 집은 그 나름의 매력이 있고, 그것도 매우 섬세할 수 있다. 앞서 설명했듯이 인간은 단순한 기하학적 형태나 선에서도 생명과 복잡한 정서를 찾으려는 성향이 강하다. 따라서 이런 성향을 활용해서 긍정적인 정서를 부각시키고 부정적인 정서를 약화시키는 데 도움이 되는 완전한 정서적 보철로 삼을 수 있다.

민감한 집이 주는 혜택을 상상하는 것은 어렵지 않지만 HAL 9000(스탠리 큐브릭의 영화 〈2001: 스페이스 오디세이2001: A Space Odyssey〉)나 MU-TH-R 182(리들리 스콧의 영화 〈에일리언Alien〉) 같은 자동화된 감독관의 디스토피아적 비전을 품은 사회에서는 단점을 상상할 수 있다. 현대 공상과학소설이 가르쳐주듯이, **인공지능 컴퓨터 인터페이스는 실수를 범하거나 명령을 잘못 해석하거나 범죄를 목적으로 해킹당할 수 있다.** 다만 이런 위험은 우리의 생명과 안녕을 좌우할 수 있는 기술을 다룰 때 언제나 수반되는 위험이다. **인간의 본성을 이루는 핵심 기능을 기술로 대체할 때는 어떤 위험이 따를지 더 진지하게 고민해 봐야 한다.** 일각에서 GPSGlobal Positioning System 신호로 가득한 세계에서 우리의 선천적인 길찾기 능력이 손상되고 강력한 검색 엔진 탓에 기억력이 감퇴한다고 주장하듯이, 만일의 사태에 대비해 완충 장치로 기능하는 집도 마찬가지로 우리가 특정 유형의 현실에 노출되는 것에 무감각해지게 만들 수 있다.

어떤 기술이든 처음 나올 때는 우리의 생활과 현실 사이에 균열을 일으킨다. 우리가 새로운 기술을 반기는 이유는 시간과 정신적 에너지를 절약해 다른 활동을 할 수 있는 자유를 주기 때문이지만, 이런 자유를 얻기 위해 다른 무엇을 포기했는지는 알아채지 못하는 듯하다. 삶이 정말로 우리가 세계에 집중하고 서로에게 집중하며 우리 자신을 이해하는 데 집중하는 일과로 이루어진다고 가정하자. 그렇다면 **최첨단 기술이 은신처의 마지막 보루, 흔히 가장 내밀하고 사적인 공간을 만드는 데 사용되는 재료에 침투할 수 있다는 것은 무슨 의미일까?** 상징적으로 집을 자궁의 생명성과 연결할 수 있지만, 과연 우리는 자궁으로 돌아가고 싶은 걸까?

주거공간의 새로운 설계 개념이 정보기술의 놀라운 가능성과 결합하여 집의 정의가 달라지고 있다. 그사이 우리는 여전히 공상과학소설처럼 보일 법한 이런 질문과 씨름할 것이다. 하지만 인터넷으로 연결된 세계가 우리의 일상에 더 깊이 파고들면서 진위의 위기에 논의의 초점이 맞춰질 것이다. 센서 설계, 디스플레이 장치, 텐세그리티 구조, 가상현실, 3D 구조물과 같은 몇몇 발전하는 분야에서 저렴하고 손쉬운 기술이 급속히 발전하면서 우리는 앞으로 프랑스의 시인이자 철학자인 폴 발레리Paul Valéry가 "유비쿼티의 정복"이라고 부른 현상의 최첨단을 경험할 것이다.

이 개념을 더 자세히 설명한 독일의 비평가이자 철학자 발터 벤야민Walter Benjamin은 《기술 복제 시대의 예술작품The Work of Art in the Age of Mechanical Reproduction》이라는 에세이에서 예술품을 정교하게 대량 복제하려면 '진짜'라는 말의 의미를 새롭게 생각해야 하고, 한편으로 기술과 사회연결망이 새롭게 발전하면서 사생활과 자율성, 권위와 같은 개념도 고민해야 한다고 제안한다.[24] 삶의 이야기가 펼쳐지는 배경이 우리의 행동이 일어나는 수동적인 무대로 남기보다는 변화 과정에 적극 참여하는 행위자의 역할을 하는 방식으로 변화가 일어난다. 획기적인 변화가 일어날 때는 그저 상황에 휩쓸려 무슨 일이 일어나든 그냥 받아들일 수도 있고, 토론하고 논의하고 열린 마음으로 실험하는 등 희망을 품고 낙관적으로 대응할 수도 있다.

독일의 철학자 마르틴 하이데거Martin Heidegger는 거의 평생 동안 태어난 곳에서 멀지 않은 '검은 숲Black Forest'의 작은 오두막에서 지내면서 연구에 몰두했다. 《존재와 시간Being and Time》을 비롯한 그의 주요 저서는 그가 아내와 두 아들과 함께 지낸 작은 오두막에서 썼다. 하이데거는 세상과 동떨어져 고향의 언덕과 산봉우리 사이에 살면서 철학하는 어려움에 대한 은유를 발견하고 "산꼭대기에서 산꼭대기로 말하기"에 비유했다. 그는 당시 독일 학자들에게 전형적인 고상한 태도와 복장을 거부하고 주변 환경에 맞는 투박한 차림과 화법을 유지했다. 새로운 조어나 다른 단어들을 조합해서 만든 용어가 다수 포함되어 있어서 난해하기로 유명한 그의 언어는 그가 산책하던 오두막 주변의 복잡하고 혼란스러운 산길을 연상시킨다. 영어로는 《기본 작문Basic Writings》이라는 단순한 제목으로 알려진 《숲길Holzwege》이라는 그의 가장 중요한 저서는 문자 그대로 번역하면 '숲길Woodpaths'이지만, 독일어로는 한 장소에서 다른 장소까지 일직선으로 이동하는 것을 몹시 어렵게 만드는 숲속의 복잡한 길을 의미한다. 나무꾼들은 'holzwege'를 가리켜 '나무를 찾기 위해

(아마도 땔감을 구하기 위해) 따라갔다가 다시 집으로 돌아가려면 따라가야 하는 길'이라고 말한다.

이런 제목을 선택한 것으로 보아, 하이데거는 그의 글이 그가 글을 쓰는 환경에 얼마만큼이나 얽혀 있는지를 충분히 이해했던 것 같다. 그리고 이 책에 들어 있는 많은 글들에는 이런 연관성에 대한 그의 이해가 반영되어 있다. 심지어 하이데거가 철학에 기여한 공헌은 다른 환경에서는 나올 수 없었거나 적어도 현재 우리가 아는 것과 상당히 달랐을 거라고 짐작할 수도 있다. 어떻게 보면 하이데거의 오두막이 곧 철학자였다. 하이데거의 아들 헤르만은 이 점을 이해한 듯 텔레비전 다큐멘터리를 촬영하기 위해 오두막을 방문해서는 아버지의 서재에 들어가 감동한 표정으로 "제가 아는 한 아버지는 아직 여기 살아 계십니다"라고 말한다.[25]

기술을 투자해서 살아난 집이 그 안에 사는 사람들과 이처럼 강렬하고 친밀하게 연결될 수 있을까? 설계 기술과 기술적 감각이 얼마나 발전해야 우리가 오랫동안 생각과 노동, 실험과 경험을 통해 조금씩 발전시켜 온 집에 대한 순수한 사랑을 대체할 수 있을까? 어머니의 자궁을 정교하게 구현해서 반응형 집을 만든다고 해도, 비즐리의 〈물활론의 땅〉의 손짓하는 잎사귀가 공감을 연상시키면서도 약간 위협적이고 마음을 심란하게 만드는 것처럼 잘못되고 기묘하고 조금 어긋나는 느낌을 줄 가능성이 더 클까? 그리고 이런 물음에 긍정적인 대답이 나오더라도 과연 그것이 우리가 정말로 원하는 미래일까?

마찬가지로 중요한 질문은, 우리가 연결되고 반응하는 주거공간을 위해 새로 출현하는 기술을 광범위하게 채택해서 얻어지는 결과가 무엇이냐는 것이다. 입주 집사가 우리의 요구를 관찰하면서 일상의 지루하고 따분한 많은 일로부터 우리를 해방시켜 준다면, 그렇게 얻은 자유를 어떻게 써야 할까? 자유로워진 덕에 더 높이 올라갈 수 있을까? 아니면 우리를 주거공간과 인간적으로 연결해 주는 고리가 끊어져서 더 이상 집을 사랑하는 것이 불가능해질까?

3장

욕망의 장소

개별적으로도든 종합적으로도든 우리의 습관과 행동, 감정에 관한 정보를 수집하고 저장하는 좀 더 정교한 기술이 출현하면서 우리가 어디를 가든 따라다니면서 내면 깊은 곳의 자아를 침범할 수 있는 환경이 설계되었다.

전율을 추구하는 공간의 발달사

사람을 사랑하듯 건물이나 장소와 사랑에 빠지기도 한다. 사랑은 시간이 흐를수록 긍정적인 경험이 쌓이면서 커나간다. 상대와 소통하는 동안 신뢰감과 개방성과 애정이 쌓여간다. 마찬가지로 우리가 어떤 장소를 방문한 역사와 그곳에서 보낸 시간, 그곳에서 얻은 경험이 강렬한 애착으로 발전하기도 한다. 그리고 사람과 사랑할 때처럼 우리가 과거에서 현재의 관계로 끌어오는 요소는 그 장소를 처음 만날 때의 경험만큼 중요할 수 있다. 에펠탑이나 엠파이어스테이트빌딩을 처음 만날 때 외관에서 받는 영향은 일부다. 오히려 그 만남이 일으키는 복잡한 연상이 더 큰 영향을 끼치고, 그 건물의 역사가 현재의 경험과 어떻게 연결되는지가 더 중요하다. 세상의 모든 책에서 인간의 사랑만큼 많이 다뤄진 주제도 없지만, 우리는 여전히 사랑의 신비에 사로잡힌다.

하지만 우리가 사람과의 관계에서 언제나 사랑을 찾는 것은 아니다. 애정을 오래 지속하는 것이나 편안한 애착 관계에 관심이 없는 만남도 있다. 만남이 주는 강렬한 흥분과 순간의 황홀경과 아찔함을 추구하는 것 말이다. 욕정에 이끌리는 것이다. 그러면 심리지리학에서 욕정에 해당하는 것은 무엇일까?

사진작가인 아내, 털이 철사처럼 뻣뻣한 애완견 휘펫과 함께 쓰는 브렌든 워커Brendan Walker의 작업실에서 워커와 나는 차를 마시면서 이런 자극적인 주제를 논의했다. 워커는 항공엔지니어로 일을 시작했지만 군용기를 설계하는 일이 따분해져서 다른 분야에서 짜릿한 전율을 찾으려 했다. 현재는 자칭 '전율 기술자'로서 건축 환경에서 전율이 일어나는 지점을 알아내고 오금이 저릴 만큼 강렬한 전율을 원하는 사람들을 위해 흥분을 최대로 끌어올릴 방법을 찾고 있다.

이 작업을 시작할 당시 워커는 독특한 자료에서 영감을 받아 사람을 흥분시키는 공간을 만드는 방법에 관한 아이디어를 얻었다. 바로 범죄자가 범행을 저지를 때 느끼는 전율에 관한 사례였다. UCLA의 범죄학자 잭 카츠Jack Katz는 저서《범죄의 유혹The Seductions of Crime》에서 소매치기 상습범부터 냉혹한 살인자에 이르기까지 다양한 범죄자들의 범죄 동기를 분석했다. 대개의 범죄는, 특히 살인 같은 중범죄는 분노가 극에 달한 순간에 벌어진다. 그러나 기물 파손이나 소매치기 같은 재산범죄는 순전히 범행을 저지르는 동안 쾌락을 맛보기 위해 자행된다. 사실 일부 소매치기는(특히 여자 소매치기는) 범행에 성공한 직후 오르가슴에 가까운 흥분을 경험했다고 보고했다. 일상의 경험(쇼핑)이 극단적이고 상징적인 경험으로

변질되면서 일어나는 흥분이라고 한다.[1]

워커는 범죄의 쾌락에 관한 카츠의 연구를 더 깊이 파고들어 '크로모11Chromo11'이라는 프로젝트를 시작했다. 이 프로젝트에서는 사람들을 웹사이트로 초대해서 인생에서 가장 짜릿한 경험을 기술하게 했다.[2] 이 웹사이트의 인터뷰 모음에는 사람들이 흥분을 맛볼 만한 다양한 경험이 담겨 있다. 노출증, 엉덩이 때리기, 집단성교와 같은 성적으로 흥분되는 일처럼 어느 정도 예상할 수 있는 경험이 있다. 그 밖에 위험한 요소가 개입된 사례도 있고(난폭운전, 위험한 스포츠), 조금은 엉뚱한 사례도 있었다(한 응답자는 어머니와 말다툼하다가 어머니의 머리에 달걀을 깼을 때가 가장 짜릿했다고 보고했다).

《전율의 분류학The Taxonomy of Thrill》에서 워커는 범죄학자 카츠와 유사한 방법을 채택해서 전율 경험의 본질을 찾아내려 한다.[3] 우선 사람들의 전율 경험을 예측으로 시작해 여운으로 끝나는 여러 유형의 구문으로 분석한다. 그리고 전율 경험을 기발한 방정식으로 바꾼다(전율을 좇는 엔지니어에게서 달리 무엇을 기대하겠는가?). 이 방정식에서는 강렬한 생리적 각성과 높은 '정적 유인가positive valence'(유인가란 사물이나 현상이 지닌 심리적 매력, 또는 심리적으로 끄는 힘의 정도를 가리킨다 : 옮긴이)를 갖는 감정뿐 아니라 이런 감정이 시간이 지나면서 변화하는 비율도 전율의 본질에 포함된다고 제시한다. 전율 경험은 우리를 균형잡힌 일상에서 낯설고 혼란스럽고 도취된 상태로 밀어넣는 것이다.

따라서 워커는 자연히 놀이공원, 그중에서도 롤러코스터에서 영감을 얻었다. 그는 전율 실험실에서 참가자들에게 심박수와 피부전도를 측정하는 생리 반응 기록장치를 부착하고 롤러코스터를 타는 동안 그들의 몸에서 일어나는 작용을 들여다보았다. 심박수가 치솟고 손바닥이 축축해지는 것이 각성 상태를 의미할 수 있지만, 생리 반응 측정치만으로는 도취 상태인지 불안하고 불행한 상태인지 판별되지 않는다. 이를 명확히 판별하기 위해 워커는 G-포스 놀이공원에서 소형 카메라로 사람들이 놀이기구를 타고 하늘로 치솟는 순간의 얼굴 표정을 기록했다.

워커는 한밤중에 교외 주택가에서 발가벗고 뛰어다니거나 연극무대 뒤에서 장난삼아 말채찍으로 맞는 외설적인 경험이 불러일으키는 감정의 현상학적 보고를 바탕으로 만든 방정식을 사용하여 놀이기구의 전율 요소를 수량화할 수 있다고 제안했다. 그의 연구는 오락산업을 표준화하는 데 기여했다. 참가자들이 놀이공원에서 이리저리 내팽개쳐지는 동안 평균적으로 어떤 반응을 보일지 예측하는 '전율 요인'을 찾아낸 것이다.

그런데 **왜 전율에 관심을 가질까? 우선 튼튼한 도르래가 예기치 못한 방향으로 빠르게 움직이면서 우리의 감각에 영향을 끼치는 방식은 장소가 끼치는 심리적 효과의 극단적 사례로 보인다.** 다양한 공간에 몰입하면서 서서히 싹트는 느낌이 아니라 돌발적인 힘의 작용과 더 연관이 깊다. 이 연관성은 우리가 일상의 공간을 경험하는 방식을 숙고하는 데서 나온다. 우리는 날마다 같은 길로 다니고 같은 목적지에 도착하고 몇 가지 정해진 일과를 위해 생활공간을 이용한다. 날마다 집으로 돌아가 휴식과 사생활을 누리고 다시 직장에 나가 돈을 벌고 같은 슈퍼마켓에서 식료품을 산다. 이것이 삶의 전부라면 숨 막히는 권태를 견디지 못할 것이다. 의식적으로 지각하는 우리의 마음이 이런 감각 박탈 상태를 경험하면 끝내는 완전히 작동을 멈추고 단조로운 일상에 마비되어 몽유병에 걸린 상태와 비슷할 것이다.

긴 하루를 보내고 가족이나 친구들에게 어떤 이야기를 들려줄지 생각해 보라. 아마도 특이하고 새롭고 일상에서 벗어난 상황을 이야기하고 싶을 것이다. 누구도 커피숍에서 라테를 마신 이야기를 들어주고 싶지는 않을 테니까. 사람들은 바로 앞에 줄 서 있던 손님이 두유가 다 떨어졌다는 점원의 말에 고래고래 악을 쓰고 욕설을 내뱉으며 카페 밖으로 뛰쳐나가다가 의자 몇 개를 쓰러뜨린 이야기를 듣고 싶어한다. 인생의 문법에서 동떨어진 이런 예외적인 상황이 이야기의 명사와 동사를 이룬다. 여행자는 뜻밖의 상황을 만나서 여정이 중단되고 규칙이 깨지는 흔치 않은 순간에야 비로소 정신을 차리고 주의를 기울인다. 이런 경험을 통해 워커의 '전율효과' 방정식에 꼭 들어맞지는 않더라도 우리는 주변 환경과 그것이 우리에게 어떻게 영향을 끼치는지 인식한다. **롤러코스터가 배속이 뒤틀리고 아드레날린이 솟구치는 단 몇 초 동안 전달하는 것은 우리 모두가 소중히 간직하는 것, 곧 예기치 못한 경험의 은유다.**

워커가 주목하는 이런 롤러코스터가 많은 테마파크는 장소와 욕망에 관한 몇 가지 정보를 준다. 건축 환경에서 설계자는 대개 건물 고유의 주요 목적을 충족시키는 동시에 인간의 기본 욕구를 충족시키는 것을 주된 목적으로 삼는다. 테마파크의 성패는 오로지 오락과 쾌락을 얻으려는 인간의 욕구를 충족시키느냐에 달려 있다. 테마파크가 보수적이고 가부장적인 가치를 주입한다고 부정적으로 보는 시각도 많지만, 사실 테마파크는 주로 감각의 놀이터이자 감정의 실험실 역할을 수행한다. 테마파크에는 워커가 개발한 여러 가지 놀이기구가 있지만, 역사적으로는 좀 더 폭넓은 목적을 추구해 왔다.

미국에서는 유명한 도시계획가 로버트 모지스^{Robert Moses}가 코

● **코니아일랜드** 뉴욕시 브루클린 남부 해안에 자리잡은 미국 최초의 테마파크로, 인구 밀집 지역 맨해튼 주민들에게 여가와 오락의 공간을 제공해 준다.

니아일랜드를 여가와 오락의 공간으로 지정한 후 최초의 테마파크가 들어섰다. 인구가 밀집한 맨해튼 주민들에게 이곳은 배기밸브와 같은 공간이었다. 렘 콜하스^{Rem Koolhaas}는 뉴욕시의 도시 계획과 설계의 역사를 소개하는 훌륭한 해설서인《광란의 뉴욕^{Delirious New York}》에서 코니아일랜드를 맨해튼의 원형으로 소개하고, 이 섬에서는 실험적인, 가끔은 거의 카드보드로만 이루어진 구조물에 당대의 기술이 결합되어 방문객들에게 아찔한 탑승 경험과 기이한 경험, 심지어 변태 같은 관음증을 경험할 기회까지 제공한다고 설명한다.

코니아일랜드 안에 있는 테마파크 드림랜드^{Dreamland}의 릴리퍼트^{Lilliput}는 독일의 도시 뉘른베르크를 카드보드로 똑같이 재현한 곳이다. 이 도시에는 서커스 단원을 모집한다고 광고를 해서 미국 전역에서 찾아낸 소인증 사람들 300명이 살았다. 릴리퍼트는 그들만의 공공시설과 정치체제, 소방서, 상업시설도 갖추었다. 그런데 해괴하게도 릴리퍼트 사람들에게는 난잡한 성행위와 동성애, 색정증 같은 이단적인 성행위마저 은근히 권장되었다. 일종의 '사회실험'으로 포장하기는 했지만 사실은 수익을 올리기 위해 릴리퍼트에 여행객을 끌어들이려는 얄팍한 상술에 지나지 않았다.[4]

비슷한 예로 '사랑의 통^{Barrel Love}'이라는 스릴라이드는 방문객들을 움직이는 관에 밀어넣어 발을 헛디디고 굴러 넘어져 서로 부딪히게 만들어 심리적 억제와 보수적 가치관을 떨쳐내게 한다. 낯선 남녀가 때로는 서로 민망한 자세로 뒤엉키게 하여 일종의 강요

된 친밀감을 끌어내는 장치다. 건축양식의 기본 요소에 비교적 단순한 기술을 결합해서 사람들에게 당시의 인습적 가치관에서 벗어나 은밀한 욕구와 환상을 표출하도록 부추겼다. 현재는 이런 사회공학 기술을 이용하는 방법이 상당히 정교한 과학으로 발전해서, 거의 모든 계층 사람들이 바람직한 판단력이라면 제동을 걸 상황에서도 느끼고 행동하고 무엇보다도 돈을 쓰도록 유도한다.

강력한 기술력이 결합된 최첨단 테마파크로는 지난 2011년 12월부터 3개월간 대한민국 일산 킨텍스에서 선보인 라이브파크 Live Park가 있다. 이런 테마파크는 중국과 싱가포르, 그리고 미국의 아직 정해지지 않은 지역에 새로운 버전으로 조성될 계획이다(현재 플레이케이팝Play K-Pop이라는 디지털 한류체험 테마파크가 조성되고 있다 : 옮긴이). 라이브파크는 안으로 들어선 순간부터 실감나는 가상현실 체험으로 방문객을 압도한다. 방문객은 RFIDRadio frequency indentification 태그(테마파크의 전 구역에서 방문객의 움직임과 위치를 추적하는 작고 저렴한 무선인식 장치)를 부착하고 원하는 외모의 아바타를 직접 만든다. 이제부터는 아바타가 테마파크의 활동에 참여한다. 방문객은 4D 영상과 쾅쾅 울리는 서라운드사운드 시스템이 장착된 건물만 한 화면이 있는 대형 몰입형 극장에 들어가 화면 속에서 아바타가 미션을 수행하고 교류하는 모습을 지켜본다. 그리고 방문객의 동작이 앞으로 체험할 가상현실 퍼포먼스의 스크립트(와 결말)를 설정한다.

라이브파크에서는 현실과 가상의 경계가 모호하다. 공연과

● **라이브파크** 대한민국에서 문을 연 세계 최초의 4D 아트 파크를 표방한 최첨단 테마파크. 입체 영화, 홀로그램 공연, 증강현실 게임 등을 즐길 수 있다.

전시에는 더 이상 카드보드도 목재도 다른 어떤 물리적 재료도 필요하지 않다. 컴퓨터가 주어진 시간에 그곳에 머무는 방문객의 활동을 추적해서 픽셀로 이야기를 전개하기 때문이다. 이런 방식으로 **물리학의 규칙에서 완전히 벗어나 방문객에게 환상과 쾌락과 전율을 일으킬 수 있고, 방문객은 테마파크 안에서의 모든 체험에 전례 없는 통제력을 발휘할 수 있다.** 라이브파크 같은 테마파크에서는 방문객이 곧 공연이다.[5]

《광란의 뉴욕》에서 렘 콜하스는 코니아일랜드의 테마파크는 사람이 많이 찾아오고 인기가 많아지면서 한가하게 휴일을 즐기는 공간이 아니라 인구밀도가 높은 도시 환경에서 "환상적인 기술"을 실험하는 공간으로 변모했다고 주장했다. 또한 코니아일랜드의 테마파크는 훗날 맨해튼의 주요 도시계획에 적용되는 많은 설계 원칙을 낳았다. 맨해튼처럼 인구밀도가 높은 도시의 시스템을 설계하려면 고층빌딩과 엘리베이터 같은 환상적인 창작물이 필요했기 때문이다. 세계에서 가장 유명한 테마파크로서 상상력과 오락공간의 현대적인 기준을 세운 디즈니제국도 같은 맥락으로 설명할 수 있다. 미국의 디즈니파크 두 곳(캘리포니아의 디즈니랜드와 플로리다의 매직킹덤)과 파리와 도쿄의 디즈니랜드에는 모두 다양한 토의와 토론의 주제가 되는 특징이 있다. 좋든 싫든 디즈니는 어떤 장소를 좋아하게 만드는 요인이 무엇이냐는 질문에 중점을 둔 성공적인 실험실 또는 클리닉으로 볼 수 있다.

디즈니파크에 들어서면 20세기 초 미국 소도시의 메인스트

● **디즈니랜드 메인스트리트** 미국 플로리다 주에 있는 디즈니월드의 테마파크 중 하나인 '매직킹 덤'의 메인스트리트. 20세기 초 미국 소도시의 메인스트리트 거리를 재현하여 미국인들에게 과거 소박하고 행복했던 시절의 향수를 자극한다.

리트와 같은 거리가 나온다. 하지만 실제 거리 풍경(뒤죽박죽 무질서하고 먼지 날리는 비포장도로에 말똥으로 지저분한 거리)에 비하면 디즈니의 메인스트리트는 완벽한 허구다. 그래도 디즈니를 방문하는 사람들은 대부분 이런 거리 풍경이 거부할 수 없는 행복과 즐거움을 안겨준다는 데 동의한다. 디즈니의 메인스트리트는 입구의 로비가 될 뿐 아니라 방문객이 테마파크에 머무는 동안 반복해서 들르게 되는 통합공간이기도 하고, 무엇보다도 디즈니파크에 머무는 동안 대부분의 비용을 쓰는 공간이다. 디즈니 메인스트리트의 모습은 방문객들에게 최근의 미국보다 더 소박하고 행복하던 시절을 떠올리게 하는 듯하다. 하지만 메인스트리트가 연상시키는 과거의 장면에 더해서 디즈니의 거리에는 매력적인 질서와 규모, 구조가 있다.[6]

콜하스가 코니아일랜드의 환상적인 기술이 맨해튼의 본격적인 도시 계획에 영향을 끼쳤다고 주장하는 것처럼, 디즈니 메인스트리트의 설계가 미국의 도시 계획에 영향을 끼쳤다고 볼 수도 있다. 이런 영향은 디즈니가 플로리다에 설계한 '셀레브레이션Celebration'이라는 도시에 잘 드러난다. 이곳은 근처의 디즈니월드 테마파크의 메인스트리트에서 완성된 원칙과 유사한 원칙이 적용되었다. 하지만 **현실로부터의 탈출을 의미하는 테마파크와 달리 셀레브레이션은 실제 도시로 기능하도록 설계되었다. 셀레브레이션은 비록 작은 규모이지만(현재 인구 7천 명 정도) 주민들에게 테마파크의 메인스트리트처럼 과거의 즐겁고 평온한 분위기를 전달한다.** 주택가 거리는 인도를 넓혀서 걷고 싶게 만들고, 건축선 후퇴를 줄여 거리에 늘어선 집들과 거리가 교감하게 하고, 차는 집 뒤편으로만 들어갈 수 있는 차고에 주차하게 했다. 거리는 잘 정돈되고 깨끗이 청소되어 반짝반짝 윤이 났다. 셀레브레이션을 처음 건설했을 때는 수요가 많아서 판매 대리인에게 구매를 문의하는 권리까지 시에서 추첨으로 분배할 정도였다. 진정성이 결여된 스텝포드(코믹 스릴러 영화 〈스텝포드 와이프〉의 배경 도시 : 옮긴이) 같은 도시라고 보고하는 방문객들도 있지만 셀레브레이션은 여러 가지 면에서 성공적이라고 볼 수 있다.[7]

박물관에서 보낸 하룻밤

박물관은 대개 국고의 도움으로 교육하고, 문화 정체성을 확립하고, 우리의 집단생활을 정의하는 서사를 표현하도록 설계되어 있다. 공공박물관은 비교적 최근의 창작물로서 주로 부유층이 감상하려고 보관하던 공예품이나 '진열실'에 뿌리를 둔다. 대영박물관처럼 현대적으로 보이는 공공박물관도 초창기에는 정식으로 입장허가를 받은 부유층만 들어갈 수 있는 철통보안의 요새와 같은 곳이었다. 요즘은 박물관을 역사적 '물건'의 저장고로 중요하게 여기지만 실제로 박물관을 찾는 사람은 많지 않다. 2012년에 미국의 국립예술기금National Endowment for the Arts에서 미술관 방문에 관해 실시한 대규모 설문조사에 따르면, 미국인의 약 20퍼센트만 전년도에 미술관이나 화랑을 직접 방문한 반면에 문화를 향한 갈증을 디지털미디어 형태로 해소한 사람은 70퍼센트가 넘는 것으로 나타났다. 설문조사는 미술관에 국한해 실시되었지만 다른 종류의 박물관에 관한 가장 긍정적인 조사에서도 박물관 방문자 수가 2009년 이래로 변화가 없거나 조금 줄어드는 것으로 나타났다.[8]

거실 안락의자에서 편안히 즐길 수 있는 온라인 박물관의 맹공격으로 미술관이 위기를 맞자 큐레이터들은 관람객을 끌어들일 방법을 찾으려고 안간힘을 쓰고 있다. 그중 몇 가지는 테마파크 설계자의 노력을 연상시킨다. 어떻게 해야 박물관을 전율이 일어나는 공간으로 만들 수 있을까?

이 질문은 필연적으로 박물관이 언제 그리고 왜 전율이 일어나는 공간이 되기를 중단했느냐는 물음으로 이어진다. 토론토의여느 학생들처럼 나도 학창시절에는 해마다 로열온타리오박물관견학 날을 손꼽아 기다렸다. 스쿨버스가 고풍스런 옛 건물의 웅장한 입구 앞에 서면 아이들은 서둘러 버스에서 내려 고대 이집트를직접 체험하려고 아우성을 치며 앞다투어 뛰어들어갔다. 이 박물관의 명물은 누가 뭐래도 방대한 이집트 암포라(양쪽 손잡이가 달리고 목이 좁은 고대의 항아리 : 옮긴이)에 고스란히 보존된 매혹적인 상형문자를 직접 확인하는 게 아니라 석관에 누운 미라를 들여다보는 것이었다. 미라를 보는 경험에는 긴박감과 현장감이 있었다. 어린 마음에도 우리는 실재하는 무언가의 앞에 서 있다는 사실에, 말하자면 유리관 너머로 상상도 할 수 없는 까마득한 옛날의 조각과보석, 도자기를 들여다보면서 다른 식으로는 닿지 못할 시대와 생각과 공간에 접촉할 수 있다는 사실에 아무런 의심을 품지 않았다.

아이들은 경비원이 한눈파는 사이 가드레일이나 보호벽 너머로 손을 뻗어 유물을 만져보곤 했다. 이런 가벼운 규칙 위반에는브렌든 워커가 '크로모11' 프로젝트에서 얻은 증언과 같은 전율을추구하는 것 이상의 의미가 있는 듯하다. 손끝으로 수세기를 거슬러 올라가 고대의 위대한 문명과 직접 접촉하여 연결되고 싶어한것이다.

요즘 그 또래 아이들의 부모가 되어 다시 가본 박물관 경험과어릴 때 박물관을 신나게 누비던 경험을 비교해 보자. 언젠가 당일치기로 아이들을 데리고 달 표면에서 가져온 진짜 월석을 소장한 지역 과학박물관을 방문했다. 전시품으로 다가가면서 내가 아니라 우리 아이들이 느낄 감흥을 기대하면서 무척 설렜다. 나는 우주비행사가 우주공간에서 가져온 진짜 물건과 마주하면 아이들이 어떤 기분일지 상상했다. 하지만 이내 아이들의 반응에 실망하고 말았다. 아이들은 더 굉장한 무언가를 기대했다는 얼굴로 유리관 속의 회색 돌덩이를 들여다보았다. 아이들은 그 표본이 진짜 월석이라는 데서 아무런 감흥을 받지 못하는 듯했다. 그리고 얼마 전에 내가 아이들에게 박물관을 체험하면서 무엇이 기억에 남느냐고 물었더니 동물의 골격을 본떠 만든 플라스틱 모형도 좋고 눈앞에 화석으로 서 있던 공룡이 살아 움직이는 증강현실 화면도 좋았다고 말했다.

나는 유도신문이 되지 않게 애쓰면서 아이들에게 유물이 진품이라는 사실이 중요하냐고 물었다. 이를테면 쌓여 있는 뼈를 볼 때 그 뼈가 사실은 수천 년 전에 살았던 동물의 화석이라는 사실을 알면 느낌이 달라지느냐고 물었다. 아이들은 이런 질문을 받으면 대개 어리둥절해하면서 어깨를 으쓱한다. 짧은 시간 동안 중요한 무언가가 달라졌다. 아마 우리 집 아이들만 그런 것은 아닐 것이다. 진품이 주는 매력은 정확도가 주는 매력으로 대체된 듯하다. **이제는 진품인지보다 진짜처럼 보이는지에 관심이 더 많다. 이런 중요한 관점의 변화는 털북숭이매머드 뼈를 감상하는 태도는 물론, 더 넓게는 장소와 사건을 이해하고 반응하는 방식에까지 광범위하게 영향을 준다.**

상식 있는 큐레이터는 신나게 뛰어다니는 벨로시랩터를 흥미진진한 3D로 재현하거나 풀모션 가상현실의 원시 열대우림에서 돌아다니는 체험이 가능해지기 이전으로 돌아갈 수 없다는 사실을 잘 안다. 박물관이 관람객에게 전율을 선사하려면 브렌든 워커가 롤러코스터의 선구자가 된 이래로 수많은 사람들이 테마파크를 위해 개발한 흥미진진한 체험을 수용해야 한다.

최근에 호평을 받은 '데이비드 보위는David Bowie Is'이라는 박물관 전시를 보러 갔을 때 나는 문화유물 전시 방법을 개선하기 위해 도입한 멀티미디어의 몰입의 힘을 직접 체험했다. 관람객들은 전시를 온전히 체험하기 위해 위치 인식 헤드셋을 착용하고 인터뷰와 음악과 배경음을 삽입한 대형 디스플레이를 본다. 개인에게는 바로 앞의 비디오와 전시물, 자연스럽게 이어지는 청각적 자료가 제공되었다. 관람객의 움직임에 따라 프레젠테이션을 조작하는 기술 덕에 이런 유형의 전시 체험은 강력한 인상을 남긴다. 동시에 나는 사람들이 빼곡히 들어찬 공간에서 남들을 의식하지 않고 혼자서 데이비드 보위의 앳된 학창시절 사진을 보거나 머리 위의 대형 디스플레이에 나오는 희귀 콘서트 장면을 다른 수백 명과 함께 감상하면서 다양한 상태로 낯선 집단 체험을 해보았다.

실제 전시품이 디지털 복제본과 예술적으로 어우러지고 여기에 내 움직임이 서명처럼 삽입되면서, 나는 보위의 삶을 보여주는 두서없는 사실들을 새로운 시각으로 보게 되었을 뿐 아니라 흥분과 에너지에서 경외감에 이르기까지 일련의 감정에 사로잡혔

다. 무엇보다도 이런 유형의 전시에 대한 관람객의 감수성이 달라
진 데다 관람객의 동작을 추적해서 각자의 기호에 맞는 경험을 만
들어주는 기술이 발전하면서 박물관 체험 자체가 변화하기 시작했
다. 두 가지 발전(관람객이 전시에 요구하는 경험과 그것이 새로운
도구로 실현될 가능성)은 긍정적인 상승효과를 끌어낸다. 이를테
면 **모네의 그림이나 고대 로마의 정교하게 세공된 황금보석 앞에 서 있는 단
순한 위력에 익숙해지면 사람들은 점차 아드레날린을 분출하면서 고대든 현
대든 문명의 서사를 한눈에 보고 싶어한다.** 박물관 체험에서 이런 상승
효과를 더 강력하고 효과적으로 일으키는 과정을 이해하는 것은
박물관의 발전과 이론에서 중요한 요소가 될 것이다.

스위스 응용과학대학의 마르틴 트뢴들^{Martin Tröndle} 박사가 이
끄는 '이모션^{eMotion} 프로젝트'에서는 박물관에 자주 가는 사람의 심
리를 측정하는 가장 야심찬 시도로, 브렌든 워커의 전율 실험실에
서 사용한 것과 같은 최첨단 장치를 사용하여 미술관 관람객들의
이동과 시선, 생리적 각성 수준을 측정했다.[9] 개인 맞춤형 전시를
찾은 관람객은 이동경로를 추적하는 특수 장갑을 착용해야 했다. 전
시실마다 근접 센서를 설치해 관람객의 이동경로와 걷는 속도, 특정
전시품 앞에서 멈춰 서는 시간을 기록했다. 장갑은 피부전도와 심
박수를 기록해서 관람객의 정서 상태 몇 가지를 추적하고 관찰했
다. 실험자들은 또한 인구통계학적 자료와 관람객과의 인터뷰를 통
해 순수미술에 대한 관심과 경험 변수가 전시에 대한 반응에 어떤
영향을 끼치는지 평가할 수 있었다. 실험 결과는 전시장의 이동경

로에 생리 반응 기록을 표시하는 식으로 흥미롭게 시각화되었다.

첫 번째 연구는 이 방법으로 박물관에서 예술작품에 대한 생리적 반응을 측정할 수 있다는 가능성을 보여주면서도 한편으로는 미술관에서 돌아다니는 동안 우리에게 무슨 일이 벌어지는지에 관한 흥미롭고 실질적인 결론에 이르렀다. 우선 관람객의 생리 측정치와 전시품에 대한 미적 판단 사이에 강력한 상관관계가 나타나므로 생리 측정치에는 미적 반응을 이해하기 위한 예측치가 담겨 있다는 사실을 알 수 있다. 박물관 큐레이터에게는 미술관에서 혼자 다니는 관람객과 둘이나 여럿이 다니는 관람객의 경험 사이에 눈에 띄는 차이가 있다는 사실이 중요하다. 혼자 다니는 관람객은 대체로 예술품에 더 깊이 더 자주 몰입했다. 동행이나 그들과의 대화에 주의가 분산되지 않은 관람객이 전시에 더 몰두한다는 결과가 놀랍지는 않지만, 이런 효과를 수량화하면 관람객의 참여를 최대한 끌어올리려는 큐레이터에게 유용할 수 있다.

나는 데이비드 보위 전시에서 이어폰을 끼고 다른 관람객들과 떨어져서 한 작품에 진지하고 내밀하게 몰두하기도 하고, 다른 관람객들과 같은 곳을 바라보고 함께 이동하고(그리고 무엇보다도 내가 더 큰 집단의 일부라는 사실을 자각하며), 록 콘서트 시뮬레이션의 열기에 빠지기도 하는 식으로 자유로이 넘나들 수 있었다. 이모션 프로젝트에서 입증되듯이 **이런 체험의 상승하강 곡선을 정확히 파악하는 도구를 개발한다면 미술관과 박물관 같은 문화시설의 유혹적인 전율 요인을 상세히 구분하는 데 도움이 될 것이다.**

성공에 도박을 걸다

워털루대학교의 나의 이웃 연구실에는 마이크 딕슨^{Mike Dixon} 박사가 있다. 키가 크고 점잖고 나지막이 말하는 딕슨은 오랜 연구 경력을 자랑한다. 그중에는 뇌 손상을 입은 뒤 시각장애가 생긴 환자들을 치료한 연구도 있고, 숫자가 다채로운 색상으로 보이는 등 감각의 속성이 특이하게 조합되는 독특한 공감각 현상에 관한 연구도 있다. 딕슨은 두 가지 모두에서 획기적인 발견을 했다.

최근에는 도박중독으로 관심을 돌렸다. 카지노에 가는 사람이나 술집에서 비디오 게임기로 게임하는 사람은 돈 나올 가능성이 희박한 기계의 소리와 불빛에서 값싼 전율을 좇는다. 이런 기계는 사람들의 주머니에서 놀랍도록 효과적으로 돈을 빼내므로, 누군가는 쾌락에 중독되어 재산을 탕진하고 결혼생활도 파탄내고 때로는 스스로 충동을 조절하지 못한다는 절망에 빠져서 자살하기도 한다. 사실 도박중독자의 자살률은 다른 어떤 종류의 중독자들보다 매우 높다. 딕슨은 주로 앞에서 뇌와 신체의 활동을 모니터할 수 있다고 설명한 도구를 이용하여 도박중독의 몇 가지 측면을 연구했다. 우선 참가자들에게 전선을 연결해 피부전도와 시선, 심박수를 측정하고 실제 슬롯머신으로 할 수 있는 갖가지 도박 시나리오를 제시했다.

딕슨의 실험실에 가보면 실제 카지노를 방불케 하는 광적인 광경과 소리에 사로잡힌다. 딕슨의 연구는 일반적인 카지노 전략인 '승리로 위장된 패배'에 중점을 두었다. **도박기계는 이용자에게 시간이 조금만 더 지나면 사실상 돈을 잃는데도 돈을 따고 있다는 환상을 심어주도록 설계되어 있다.** 딕슨은 이길 듯 말 듯한 상황으로 심박수와 피부전도가 급격히 올라가게 만들고 도박하는 사람의 뇌를 거부할 수 없는 흥분에 빠뜨려 돈을 더 쓰도록 선동하는 기제를 밝혔다.[10]

　　나의 카지노 경험은 몇 해 전 남동생과 라스베이거스에 가본 일이 전부다. 나는 슬롯머신 앞에 앉아 지폐를 집어넣으며 나의 위치를 보여주는 깜빡거리는 디스플레이와 쩽그랑거리는 소리를 이해하려고 애쓰고 있었다. 십여 차례 시도한 뒤 기계는 내게 큰돈을 "땄다"고 말하고 내가 딴 돈을 마음대로 쓸 수 있는 칩으로 변환해서 화면에 보여주었다. 그러자 나는 곧바로 다시 자리에 앉으며 40번 정도 게임을 더 할 수 있는 칩이 생겼다고 기뻐했다. 동생이 내 뒤에 와서 가만히 보더니 나를 방해했다. "뭐 하는 거야?" 동생이 물었다. "형이 이겼네!" 그러자 내가 이렇게 대꾸했다. "나도 알아! 대단하지 않아? 이제 게임이 아주 많이 생겼어." "지금 그만두고 돈으로 바꾸면 200달러쯤 버는 거 알아?" 슬롯머신에 표시된 추상적인 숫자를 현금으로 바꿔서 밖으로 나갈 수 있다는 생각은 떠오르지 않았다. 동생이 끼어들지 않았다면 나는 분명 내 돈 200달러가 슬롯머신으로 다시 다 빨려 들어갈 때까지 그 앞에 앉아 있었을 것이다(내 동생이 회계사라는 것도 밝혀야겠다). 나는 자리를 털고 일어나 칩을 현금으로 바꾸고 카지노를 나섰다. 그 뒤로 다시는 카지노에 가보지 않았다.

이렇게 비현실적인 분위기를 조성해서 달러와 센트(또는 센스!)의 현실에서 나를 떼어내서 내 주머니에서 돈을 빼가는 라스베이거스 카지노의 능력은 욕망의 장소에서 작용하는 거대한 게임의 작은 사례일 뿐이다. **거대한 게임은 슬롯머신 게임의 기제와 프로그램을 훨씬 뛰어넘어 도박장 내부와 건물 설계의 구석구석으로 파고든다.** 딕슨의 연구는 슬롯머신 한 대의 작동과 슬롯머신이 행동에 끼치는 영향에 초점을 맞춘다. 사실 더 좋은 도박장을 설계하려는 사람들은 아주 오래전부터 카지노의 환경 설계에 관한 연구를 실시해 왔지만 딕슨 같은 연구자들은 도박중독 행동을 조절하는 데 초점을 맞춘다. 당연히 카지노에서는 딕슨 같은 연구자들의 출입을 꺼렸다. 카지노에서는 도박꾼들을 상대로 마련한 모든 비밀이 밝혀지기를 원하지 않는다. 실제로 도박중독 연구에 도움을 주는 정부의 관계부처에서 상당한 연구비를 지원받은 캐나다의 한 연구자는 캐나다의 카지노로부터 출입을 거부당해 하는 수 없이 카지노 앞에 서서 밖으로 나오는 손님들을 붙잡고 인터뷰해야 했다.

딕슨이 연구하는 슬롯머신과 같은 전자 도박기계의 출현으로 카지노 설계에 중요한 변화가 생겼다. 슬롯머신은 한때 카지노의 '아웃사이더', 이를테면 여자나 돈 없는 사람이나 카지노에 처음 놀러 온 사람들이 즐기는 것으로 여겨졌다. 그래서 거액의 돈을 따거나 대개는 잃는 룰렛과 블랙잭 같은 도박 테이블 구역에서 멀리 떨어진 가장자리에 배치되었다. 이제 이 정교한 슬롯머신 장치들은 카지노의 가장 중요한 요소이자 주요 돈벌이 수단이 되었다.[11]

하지만 **카지노 설계 작업은 사람들이 실제로 슬롯머신 앞에 앉기 한참 전 단계에 중점을 두는 것에서 시작된다.** 카지노 건축 설계는 종종 기존의 설계자와 건축가들이 실시하기도 했지만 대개는 카지노 업계의 노련한 전문가들이 다년간의 세심한 관찰과 경험을 바탕으로 실시해 왔다. 이에 관한 수십 년간의 연구에서 사람들을 도박기계로 이끄는 몇 가지 중요한 원리가 밝혀졌다.

인간은 곡선에 강한 친밀감을 느낀다. 잔잔한 물결 모양의 곡선이 들어간 화면에 끌리고 뾰족한 모서리가 나오는 화면을 싫어한다 (조금 무서워하기도 한다). 우리의 DNA에 새겨져 있고 생애 초기 경험보다 강력한 이런 선호도는 우리가 한 장소에서 다른 장소로 이동하는 중에 경험하는 감정에도 영향을 끼친다. 우리는 어떤 건물이나 방에 들어갈 때 직선보다 곡선으로 된 길을 훨씬 선호한다. 특히 직선으로 된 길이 한 방향에서 다른 방향으로 급히 꺾인다면 더욱 싫어한다. 이런 성향이 어디서 오는지 아직 완전히 밝혀지지는 않았다.

놀랍게도 길의 모양에 정서적 영향을 받는 동물이 인간만은 아닌 듯하다. 유명한 작가이자 동물행동학자인 템플 그랜딘Temple Grandin은 자폐증 환자다. 그랜딘은 자폐증 덕분에 농장의 가축을 비롯해 동물들의 정신 상태에 접근하는 특별한 능력이 생겼다고 말했다. 그랜딘은 대중서와 연구논문 두 가지 모두에서 **도살장에 끌려가는 동물들이 직선으로 난 길보다는 곡선의 길을 따라갈 때 스트레스를 훨씬 덜 받는다고 주장했다.**[12] 그랜딘의 연구 결과를 받아들여 미국의 도축장에서는 가축의 정서를 비롯한 동물복지에 관한 우려를 불식시키는 방향으로 대대적인 변화가 일어났다. 그랜딘은 곡선의 길이 효과적인 이유는 가축들이 앞으로 펼쳐질 장면을 미리 보지 못하게 막아주기 때문이라고 주장한다. 그럼 어슬렁거리며 카지노로 빨려들어가는 도박꾼은 어떤가.

빌 프리드먼Bill Friedman은 카지노 설계의 대가다. 한때 도박중독에 걸렸던 그는 수십 년간 효율적인 카지노 설계를 위한 관찰 연구를 한 뒤, 이 분야의 성서라 할 만한 《경쟁에서 우위를 차지하는 카지노 설계Designing Casinos to Dominate the Competition》라는 인상적인 제목의 책을 출간했다.[13] 이 책에서는 곡선으로 된 입구의 힘을 소개할 뿐 아니라 카지노에서 현금 수익을 올려주는 중요한 물리적 요인을 규명한다. 우선 환경심리학에서 오래전부터 장면이나 장소의 매력을 향상시키는 것으로 알려진 '수수께끼' 속성을 이용하라고 카지노 측에 조언한다. 수수께끼는 '어떤 장면을 더 조사하면 새로운 정보가 나올 가능성'으로 정의된다. **전형적인 수수께끼는 구불구불한 산길 모양으로, 저 앞의 모퉁이만 돌면 새로운 풍경이 펼쳐질 거라고 약속해서 장면을 더 알아보도록 이끌어간다.** 시골길의 이런 목가적인 즐거움과는 동떨어진 이야기이지만 카지노의 물리적 공간 배치(일부가 은폐되어 사람을 안으로 끌어들이는 배치)는 고객들을 자석처럼 끌어당겨 곧 슬롯머신 앞에 앉아서 가진 돈을 몽땅 기계에 밀어넣게 만들 가능성이 높다.

사실 프리드먼이 권하는 방법은 대체로 그의 개인적인 경험과 카지노 고객들을 면밀히 관찰해서 얻은 결과이지만, 원시적이고 선천적인 성향으로 알려진 특정 환경에 대한 인간의 보편적인 기호와도 맞아떨어진다. 조망과 피신에 유리한 위치를 선호하는 성향은 포식자와 침입자로부터 보호해 주는 동시에 주위 환경을 볼 수 있는 거주지를 선택하는 성향에서 유래한다. 프리드먼은 이와 같은 원리를 언급하면서 **슬롯머신 앞의 도박꾼은 카지노의 더 넓은 공간으로부터 은폐해 주면서도 주변과 완전히 분리되지는 않은 벽감 안쪽 자리를 선택하는 경향이 크다**고 말한다. 이런 원리의 증거는 라스베이거스 카지노뿐 아니라 다른 곳에서도 흔히 발견된다. 슬롯머신은 넓고 휑한 공간의 중앙보다는 좁은 구역을 빙 둘러서 소규모 군집을 이루며 배치될 가능성이 높다.

프리드먼의 연구에서는 카지노를 설계할 때 도박꾼이 주변의 넓은 환경보다는 도박기계에 집중하는 시간을 최대로 늘리도록 설계하라고 권한다. 프리드먼의 관점에서 벽이나 바닥이나 천장으로 주의가 분산되면 카지노는 수익성을 허비하는 셈이다.

그러나 일부 카지노에서는 최근의 새로운 설계철학을 채택하기 시작했다. 이른바 **'놀이터 카지노**playground casino**'라는 설계에서는 세계 유명 랜드마크를 대규모로 시뮬레이션하고 사람들의 이목을 끄는 장면과 소리를 제시함으로써 사람들의 기분을 고양시킨다.** 사람들은 여기서 베네치아 운하를 구경하거나 프랑스 거리의 카페에 앉아 있거나 드넓은 푸른 숲을 바라볼 수 있다. 슬롯머신으로 가는 길이나 가끔은 도박을 하는 중에도 가능하다. 놀이터 카지노의 설계 철학은 긍정

● **카지노 내부** 라스베이거스의 한 카지노 호텔. 도박의 과도한 인지적 요구로부터 사람들을 회복시켜 주기 위해 자연 요소를 설계에 도입했다.

적인 정서를 고양시키는 환경을 조성해서 카지노에 더 오래 머물고 더 자주 찾아오게 만드는 것이다. 게다가 널찍한 공간, 대칭, 부드러운 색채 계획, 카지노 안의 자연 요소는 모두 도심의 공원이 스트레스에 찌든 시민들에게 휴식을 주듯이 도박의 과도한 인지적 요구로부터 사람들을 회복시켜 준다. 카지노 시뮬레이션으로 실시한 연구 결과도 이런 철학을 뒷받침한다. 놀이터 카지노 설계의 공통 요소는 사실 쾌락과 회복의 정서를 생성하는 것이고, 실험 시뮬레이션에 몰두한 참가자들은 이런 공간에서 더 오래 머물 것 같다고 보고한다.

일반적으로 카지노 설계 요소의 가장 효과적인 조합은 쾌락과 회복을 끌어내는 대규모 요소와 특정 위치에서 정보의 가용성을 높이는 마이크로디자인 요소(각양각색의 도박기계를 한데 묶어주는 번쩍거리는 불빛)를 함께 활용하는 것이다. 흥미롭게도 갖가지 설계 요소가 도박중독을 부추기는 방식은 성별에 따라 차이가 있다. 예를 들어 여자는 사람이 적은 공간에서 더 오래 게임을 하는 경향을 보였는데, 아마도 이런 곳에서는 누가 자기를 본다는 느낌이 적게 들어서일 것이다. 반면에 남자는 사람이 많든 적든 크게 구애받지 않는다.[14]

전체적으로 카지노 시뮬레이션에서의 도박 행동 연구에서는 도박 환경이 강력하면서도 미묘하게 다른 방식으로 정서에 영향을 끼치고, 이런 영향은 카지노의 수익 증대로 이어지는 것으로 나타났다. 도박꾼을 보상을 받으려고 정신없이 막대를 눌러대는 굶주린 실험용 쥐처럼 취급하던 프리드먼의 직설적인 접근법과 달리, 현대적인 놀이터 접근법에서는 즐거운 감정의 환경심리를 적극 활용한다. 게임 몇 판에 다음 달 주택 융자금을 쏟아부으려는 도박꾼이 느낄 법한 일말의 신중함은 수많은 심리 영역에서 공략당할 수 있다.

물건을 향한 욕망

우리는 오락과 흥분, 일확천금의 막연한 가능성에 이끌려 카지노에 들어가고, 카지노 주인들은 이런 욕구를 충족시키는 시설을 제공해서 우리의 수입과 자산을 최대로 빼가는 데 도통한 사람들이다. 어찌 보면 카지노 같은 욕구와 상상의 놀이터는 사실 돈을 받고 우리 삶에 인위적인 쾌락을 주입하는 공간에 지나지 않는다. 그런데 애초에 충동이 아니라 필요해서 찾는 곳이지만 수익을 최대로 끌어올리도록 설계된 공간도 있다. 쇼핑몰은 신발이나 컴퓨터 게임을 구입하려는 단순한 목적으로 찾는 곳이지만, 사람들이 더 오래 머물고 더 많은 시간을 보내도록 유도하는 데 들어가는 설계상의 노력은 카지노에 뒤지지 않는다.

쇼핑 자체는 인간의 아주 오래된 활동이다. 유형의 재화를 필요로 하고 그 재화와 교환할 무언가를 소유하기 시작한 이래로 쇼핑은 항상 존재해 왔다. 고대문명에서 시장은 만남과 소통이 일어나는 가장 중요한 공간이었고, 이런 공간이 모두 물건을 습득하는 일과 관련된 것은 아니었다. 사실 세계 각지의 시장은 정착촌이나 도시에서 가장 중요한 공공 공간으로 간주된다. 사실은 사회자본이다. 바로 이런 이유에서 도시의 공공 공간에 가치를 부여하는 서구 도시들의 활동가들이 시장의 중요성에 주목하는 것이다.

하지만 쾌락을 위한 쇼핑, 곧 필요한 것이 아니라 원하는 것에 가처분소득을 소비한다는 개념은 최근에야 나왔다. **쾌락과 기쁨을 얻으려고 쇼핑한다는 개념은 18세기에 경제체제의 변화가 일어나면서, 말하자면 다수의 사회 구성원이 음식이나 거처 같은 기본적인 욕구를 충족시키는 것 이상으로 돈을 더 많이 소유하는 사회가 출현하면서 확고히 자리잡았**

다. 그러자 물건을 판매하려는 사람들은 소비자의 돈을 두고 경쟁할 방법을 강구하기 시작했다. 세계적으로 더 큰 소비자 파이를 차지하기 위한 싸움의 핵심은 늘 정서와 애정, 반짝이는 물건을 향한 탐욕스러운 욕구를 놓고 벌이는 경쟁에 있었다.

백화점, 곧 의류부터 음식과 가전제품까지 각종 물건을 한자리에 모아놓고 파는 거대한 건물이 생기면서 소매시장은 중요한 발달 단계에 진입했다. 런던 옥스퍼드 거리에 위치한 해리 고든 셀프리지Harry Gordon Selfridge의 셀프리지백화점Selfridge & Co.은 세계 최초의 백화점은 아니지만(파리의 봉 마르셰Le Bon Marché와 시카고의 마셜 필즈Marshall Fields가 먼저 생겼다) 고객의 쾌락을 중시하며 설계한 최초의 백화점이다. 셀프리지백화점은 쇼핑객과 물건의 긴밀한 관계, 세심한 고객서비스와 더불어 안락한 가구와 물건이 잘 보이는 넓은 유리장과 흥미로운 전시품(한 번은 셀프리지백화점 안에 비행기 한 대를 통째로 옮겨와 전시하기도 했다) 같은 물리적 설계 요소를 고집했다. 현대의 카지노 설계를 연상시키는 이런 요소는 모두 쇼핑객을 백화점에 최대한 오래 붙잡아두기 위한 시도였다.

이와 비슷한 몇 가지 설계 원리가 최초의 쇼핑몰에 적용되었다. **쇼핑몰은 미국에서 처음 생겼지만 오스트리아의 건축가 빅터 그루엔**Victor Gruen**의 건축 실행과 이론에서 큰 영향을 받았다.** 그루엔은 2차 세계대전이 발발하기 전에 젊은 건축 수련생으로 빈에서 뉴욕으로 건너가 한동안 카바레 연기자로 활동했다. 그러다 5번가에 가죽제품 매장을 소유한 지인에게서 설계 작업을 의뢰받아 당시 유행하던 설

● **사우스데일몰** 1956년 미국 미네소타 주에서 문을 연 대형 쇼핑센터. 현대적 개념의 실내 쇼핑 몰을 최초로 구현했다. 하지만 다운타운을 건설하겠다는 설계자 빅터 그루엔의 애초 목표와 달리 주거지역에서 멀리 떨어져 있는 바람에 거대한 주차장에 둘러싸인 형태가 되었다.

계 형식을 깨는 새로운 디스플레이를 고안했다. 매혹적인 소매점 이 아니라 오늘날의 은행 본사에 가까운 한 덩어리의 건물 전면을 고안한 것이다. 그루엔의 방식은 큰 성공을 거두었다. 그는 첫 번째 작업에 이어 몇 차례 비슷한 소매점 재설계 작업을 마치고 로스앤 젤레스로 건너가 직접 설계회사를 차렸다.

　얼마 후 세계 최초의 실내 쇼핑몰인 미네소타 주 에디나의 사 우스데일몰을 설계하면서 단기간에 그의 설계 개념을 대규모로 적 용할 기회를 얻었다. 그는 고향 빈의 아름다운 공공 아케이드에 기 반을 두고 사실상 미국의 모든 도시 계획의 오류를 제거한 새로운

'다운타운'을 건설할 계획이었다. 다운타운의 소매 구역(디즈니의 메인스트리트 같은 이상적인 거리의 다른 예시)은 사실 설계의 중심부일 뿐이었다. **그루엔은 소매 구역 주변부에 사무실과 주거지역, 오락 공간을 마련했다.** 안타깝게도 사우스데일에서는 그루엔의 비전이 모두 실현되지는 않았다. 아니, 쇼핑몰이 들어선 다른 어떤 도시에서도 실현되지 않았다. 사우스데일몰과 동일한 DNA를 보유한 대부분의 쇼핑몰은 사람들이 실제로 생활하고 일하는 공간에서 동떨어진, 자동차로만 갈 수 있는 위치에 자리잡아서 결국 드넓은 주차장에 둘러싸여 있다. 그래도 그루엔의 설계는 미국뿐 아니라 전 세계에서 복제되었고, 말콤 글래드웰^{Malcolm Gladwell}은 그루엔을 20세기 미국의 가장 영향력 있는 건축가로 꼽았다.[15]

　대다수 쇼핑몰에는 기본적인 특징이 있다. 우선 양끝에는 백화점이나 할인점 같은 주요 세입자가 중심을 잡고, 그 사이에 소규모 특별 매장이 줄줄이 늘어서서 '역기' 모양을 이룬다. 쇼핑객들은 '코트^{court}'에서 음식을 사 먹을 수 있다. 패스트푸드점이 주를 이루는 대규모 차고 형태로 된 시끄러운 공간이다. 푸드코트는 잠깐 머물러 허기를 달래는 공간으로, 여유 있게 식사를 즐기느라 쇼핑에 써야 할 소중한 시간을 잡아먹지 않도록 설계되어 있다. 초창기 쇼핑몰은 규모가 작은 데다 어디가 어딘지 쉽게 알아볼 수 있도록 설계되어서 보통의 쇼핑객이라면 한 번만 방문해도 모든 구역을 파악해서 육체적·인지적 자원을 소비하지 않아도 되었지만, 최근의 쇼핑몰은 방대하고 복잡해서 처음 온 사람들은 자기가 정확히 어디에 있는지조차 파악하기 어렵다.

　　실내 쇼핑몰은 대개 외부에서 보면 단조롭고 꽉 막혀 있어서 그 안의 불가사의를 완벽하게 감추고 있다. 일단 안에 발을 들여놓는 순간부터 방음 처리가 완벽하고 냉난방이 완비되고 인위적으로 섬세하게 꾸며놓은 환경 속으로 빨려들어간다. 실내는 온통 거울과 반사되는 표면으로 덮여 있다. 거울에 비친 자기 모습을 바라보면서 걷는 속도를 늦추게 하려는 설계 요소다. 구불구불한 통로가 많고 매장의 블록 사이의 교차로는 대개 비스듬하게 배치되어 있다. 이 두 가지 모두 사람들이 넓은 쇼핑몰 안에서 자기 위치를 파악하지 못하게 만들고, 또 마음을 진정시켜 주는 곡선은 카지노와 도살장에서처럼 기분 좋은 기대를 품게 한다. 마케팅 담당자들이 '각본에 정해진 방향감각 상실'이라고도 부르고, 때로는 '그루엔 전이'Gruen Transfer'(열성 사회주의자였던 그루엔이 이 용어를 들으면 참을 수 없어 했을 것이다)라고도 부르는 이러한 개입은 쇼핑객에게 정신적 변화를 일으키도록 설계되어 있다. 쇼핑객들은 신발을 사러 쇼핑몰에 들어가지만 어떤 마법에 끌려 기꺼이 안을 둘러본다. 말하자면 **유쾌하고 목적이 불분명한 탐색을 기꺼이 시작해서 필요한 물건 목록에 없는 온갖 물건을 사들일 가능성을 즐기는 것이다.**

　　그러면 욕망은 어떻게 생길까? 소매업자의 처지에서 쇼핑몰의 핵심 목표가 쇼핑객의 가처분소득을 끌어내는 데 있다고 볼 때 마케팅은 충동구매를 이끌어내느냐 아니냐에 따라 성패가 갈린다. 쇼핑몰이나 매장이 어떻게 배치되든 사람들은 신발이 떨어지면 신

● **웨스트에드먼튼몰** 캐나다 앨버타 주 에드먼튼에 있는 북미 최대의 쇼핑몰. 쇼핑센터는 물론 놀이공원, 워터파크, 아이스링크, 공연장 등을 갖추었을 뿐 아니라 테마호텔도 있어서 원한다면 주말을 이 쇼핑몰 안에서 보낼 수도 있다.

발을 사러 그곳에 간다. 그러나 쇼핑몰에서 쓰는 돈의 대부분은 처음 쇼핑몰에 들어설 때는 구입할 생각이 전혀 없던 물건을 사는 데 들어간다. 쇼핑 공간의 설계가 쇼핑객의 정서를 조작해서 강력한 효과를 끌어내는 것이다.

충동구매에 주목한 학술연구에서는 사람들이 긍정적인 정서일 때 충동적으로 물건을 구입할 가능성이 훨씬 높은 것으로 나타났다.[16] 실제로 불법약물 복용, 음식중독, 도박중독, 위험한 성행위를 비롯한 다양한 행동을 다루는 심리학 연구 분야인 충동성 연구에서 사람들이 기분이 좋을 때 충동적으로 행동할 가능성이 높은 것으로 밝혀졌다. 매장에 더 오래 머물고 상품과 가까이 있을수록 구매 유혹에 넘어갈 가능성이 크고, 거기에다 마침 그 순간에 긍정적 정서를 느끼고 각성 수준이 높다면 지갑을 열 가능성이 매우 크다. 소매업자들은 이런 긍정적 정서를 끌어내기 위해 폭넓은 전략을 동원한다. 일부 설계는 고객들이 간접광고의 영향을 받아 고가의 의상과 보석을 착용한 자기 모습을 상상하면서 환상적인 서사에 빠지게 만든다.

캐나다의 유명한 웨스트에드먼튼몰 같은 테마파크 형태의 대형 쇼핑몰에서는 뉴올리언스의 부르봉 거리 같은 유명한 장소를 대규모로 옮겨와서 상품을 진열하는 구역과 실물 크기의 롤러코스터, 살아 있는 펭귄, 실제로 작동하는 잠수함 같은 구경거리를 어울리지 않게 나란히 배치해서 쇼핑객들을 자극한다. 이런 대형 쇼핑몰 안에는 대개 테마호텔도 있어서 원한다면 쇼핑몰 안에서 주말을 보내거나 더 오래 머무를 수 있다.

충동성은 다양한 병리적 행동에서 중요한 요소이기 때문에 충동적인 행동과 연관된 인지 및 뇌 상태에 관해서는 충분히 밝혀졌다. 쥐와 인간 모두를 대상으로 한 실험과제로 피험자에게 작지만 즉각적인 보상과 나중에 나오는 보상 중에 선택할 기회를 준다. 자연히 충동성과 관련된 병리가 있는 피험자는 즉각적인 보상을 선택하는 성향이 강하고, 이들의 뇌에서는 오래전부터 중독 행동과 연관된 영역으로 알려진 편도체amygdala와 복측선조체ventral striatum, 안와전두피질orbitofrontal cortex이 활성화된다.[17] 대개의 쇼핑객은 임상적 의미에서 쇼핑에 중독된 상태는 아니지만 쇼핑몰에 머무는 동안에는 중독에 관여하는 뇌 구조의 연결망에서 의사결정을 주관한다. 그리고 소매업자들이 교묘히 조작한 환경은 이런 신경망에 반응을 일으켜 불필요한 물건을 사들일 가능성을 높인다.

환경 설계의 기본 도구로도 충동구매를 충분히 끌어내지만, 이에 더해 쇼핑객의 심리 상태와 기호를 더 세심히 탐색할 수 있는 새로운 기술이 나와서 마케터들이 소비자의 마음을 들여다볼 수 있는 새로운 기회가 열렸다. 최근에 빠르게 성장하는 분야는 스마트폰에 내장된 위치 기반 기술을 이용해 쇼핑객의 움직임을 추적하는 방법이다. 애플사는 아이폰 이용자가 애플 매장에 들어설 때마다 추적해서 방문 정보와 구매 이력의 상관관계를 파악하는 것으로 알려졌다. 하지만 현재 온라인에 나오는 다른 도구들에 비하면 어린애 장난감에 지나지 않는다.

미국과 캐나다에서는 스마트폰 업체들이 고객의 전화에서 수집한 정보를 기업에 팔고, 기업은 이런 자료를 바탕으로 소비자의 습관에 관한 유용한 정보를 얻는다. 이 정보에는 사람들이 시내에서 다니는 경로와 머무는 장소, 심지어 휴식 중의 스마트폰 조작 형태까지 담겨 있다. 때로는 소비자가 자기도 모르게 자발적으로 이런 정보를 대량으로 넘겨주기도 한다. 가령 피트니스 애플리케이션은 우리가 걷거나 뛰거나 자전거를 타거나 운전하는 동안 상세한 정보를 수집한다. 사람들의 습관에 관해 더 많은 정보를 얻기 위해 이런 자료를 구입하거나 이용하는 산업이 빠르게 성장하는 추세다.

그러나 이런 빅데이터 산업에 우리의 이동 양상만 공개되는 것이 아

니다. 심리학 연구에서는 1960년대 이후 얼굴 표정과 정서 상태의 관계에 관해 많은 사실을 밝혀냈다. 예를 들어 폴 에크먼$^{Paul\ Ekman}$의 연구에서는 모든 문화에서 보편적으로 나타나는 다양한 얼굴 표정이 있고 안면근육의 움직임으로 이런 표정을 정확히 수량화할 수 있으며, 정해진 수축 양상으로 감정을 소통하는 기능을 갖춘 이런 안면근육은 인체에만 있는 것으로 밝혀졌다. 이런 수축 양상 중 몇 가지는 순식간에 나타난다. '미세 표정^{microexpression}'이라고 부르는 이 현상은 몇 밀리초 동안만 나타나서 고도로 숙련된 관찰자가 아니면 감지하지 못한다. 최근 들어 이런 얼굴 표정의 측정은 컴퓨터로 이루어진다.

에크먼의 연구팀은 기계학습 전문가들과 함께 일반 PC와 웹캠을 이용하여 얼굴 표정을 탐색하고 판독하고 해석하는 소프트웨어를 개발했다. 현재는 마케팅 세계에서 주로 연구 목적으로 주목받는 정도지만, 나중에 시판으로 이어지리라는 데는 의문의 여지가 없다. 러시아의 신케라^{Synqera}라는 기업은 슈퍼마켓 계산대 줄에서 사용할 목적으로 이 기술을 개발했다. 소비자가 구매 물품을 직접 스캔하면 웹캠이 소비자의 얼굴 표정을 면밀히 관찰해서 판독한 뒤 구매내역을 확인해 즉석에서 현재의 기분에 맞는 특별한 쇼핑을 제안하는 것이다.[18]

구매자의 이력을 참조하고 현재의 상태를 판독하도록 설계된 이런 기술은 우리가 건축 환경과 맺는 관계를 변형하는 데 영향을 끼쳐서 건축공간과 심리의 관계에 좀 더 광범위한 변화를 일으킬 수 있다. 인터넷이 출현하기 전에는 상인들의 주된 과제가 그들이 장사하는 곳으로 소비자를 끌어들여 최대한 오래 머물게 할 방법을 찾는 일이었다. 요즘은 사람들이 장소에 구애받지 않고 온라인 포털에서 물건을 구입할 수 있게 되자 이런 수익 모형이 퇴색하면서 세계 각지에서 쇼핑몰과 백화점 건설이 크게 줄어들고 있다. **지금은 모바일 기술과 특히 우리의 움직임을 추적하는 기술 덕에 상인들은 효과적으로 우리를 따라다니고 온종일 우리의 주머니와 지갑 속에 들어앉고, 심지어 심리 상태까지 엿볼 수 있다.** 따라서 우리가 집에서 세상 밖으로 나와 쇼핑할 때조차 우리의 욕망을 이용해 구매하고 소비하게 만드는 무한한 가능성이 우리를 늘 따라다니는 셈이다.

성적인 욕망과 마찬가지로 매력적인 장소에 충동적으로 이끌려가는 것도 반드시 유쾌하지만은 않다. 이런 감정을 온건하게 이용할 수도 있다. 이를테면 놀이공원에서 따분한 일상에 찌든 우리의 기분을 고양시키거나 박물관에서 우리를 안으로 불러들여 다른 데서라면 사방에서 손짓하는 더 강렬한 물건들과 경쟁도 못할 문화와 진귀한 유물을 만나게 해준다. 그럼에도 욕망과 결합된 장소의 거부할 수 없는 유혹은 우리를 이성의 날카로운 경계를 넘어서 광기로까지 보이는 영역으로 끌고 간다. 우리는 대형 쇼핑몰에서 애초에 마음먹은 것보다 더 오래 머무르고, 심지어 카지노의 슬롯머신 앞에서 인생을 다 끝낼 것처럼 파괴적인 한탕 승부에 빠져들기도 한다.

시장이 생기고 도박장이 존재한 이래로 요령 있는 상인들은 소비자의 심리와 소비가 발생하는 환경에 대한 기본적인 이해를 이용해 수익을 올렸다. 사실 일각에서는 지난 세기에 세계 대부분의 지역에서 건축 환경에 대대적인 변화가 일어나면서, 우리가 돌아다니는 공간이 대부분 부유한 사람들의 구매충동을 부추기고, 거래할 것이 거의 없거나 전혀 없는 사람들을 배재하는 형태로 조성되었다고 주장한다. 공공 공간을 비롯한 우리 환경의 대부분이 상업화된 것이다.

개별적으로든 종합적으로든 우리의 습관과 행동, 감정에 관한 정보를 수집하고 저장하는 좀 더 정교한 기술이 출현하면서, 우리가 어디를 가든 따라다니면서 내면 깊은 곳의 자아를 침범할 수 있는 환경이 설계되었다. 상업 서비스에서 환경에 적응하는 기술들 중 일부는 의도적이든 아니든 우리의 뇌에 효과적으로 접속해서 불안정한 환경에 대처하도록 진화해 온 원시 신경회로에 접근한다. 그 결과 풍요로운 환경에서는 필요보다 훨씬 더 많이 소비하거나 위험하고 재앙을 불러올지 모를 행동을 하려는 기본적인 충동을 거부하기 어려울 수 있다.

심리지리학의 다른 요인들과 마찬가지로, 장소를 향한 욕망 어린 애착은 우리에게 유리한 상황을 예측하고 이용하도록 수천 년 넘게 진화해 온 적응 반응에서 나온다. 새로운 것이 있다면 이런 원시적인 성향을 신속하고 정교하게 이용하기 위한 지식과 기술이 모두 발전했다는 점이다.

4장

지루한 장소

좋은 도시의 거리는 평범한 보행자가 시속 약 5킬로미터로 이동하면서 약 5초에 한 번꼴로 흥미로운 새로운 장소를 볼 수 있도록 설계해야 한다. 홀푸드마켓 앞도 그렇고 세계 각지의 도시에서 흔히 볼 수 있는 은행과 법원 청사, 비즈니스 타워 같은 대규모 일체형 건물 앞에서는 보행자가 흥미로운 장면을 볼 수 없다.

도시 걷기 실험

2007년에 미국에 본사를 두고 캐나다와 영국에서도 운영되는 고급 슈퍼마켓 체인점 홀푸드마켓^{Whole Foods Market}이 뉴욕의 유서 깊은 지역인 로어이스트사이드의 바워리 디스트릭트에 대형 매장을 지었다. 아발론베이 커뮤니티스라는 넓은 개발지의 중심을 이루는 홀푸드마켓 매장은 바워리 디스트릭트에서 고가의 콘도미니엄 아파트를 지나 크리스티 거리까지 이어진 이스트휴스턴 거리의 한 블록을 차지한다. 뉴욕을 비롯한 세계 주요 도시의 막강한 젠트리피케이션^{gentrification}(구도심이 번성해 중산층 이상인 사람들이 몰리면서 임대료가 오르고 원주민이 내몰리는 현상 : 옮긴이)에 대한 기나긴 저항의 역사(자본주의가 발생한 이래로 어떤 형태로든 진행된 싸움이다)로 볼 때, 로어이스트사이드의 주민들이 새로운 발전을 수용하지 않고 버티는 것도 당연한 일이다. 부자들이야 동네에서 품질 좋은 유기농 식품과 GMO(유전자 변형 농산물)가 아닌 식품을 구할 수 있다면 기꺼이 환영하겠지만, 뉴욕의 이 지역에 사는 대다수 주민들,

곧 여기서 대대로 뿌리내리고 살아온 뉴욕 초기 이민자의 후손들에게는 쉽게 구입할 수 없는 물건을 파는 어마어마한 규모의 새로운 매장이 이 지역의 역사적 가치관과 전통에 대한 모욕의 상징으로 비춰졌다.

내가 2012년에 이 동네에서 연구를 진행할 때 홀푸드마켓 건물에 대한 나의 관심은 젠트리피케이션을 둘러싼 소란과도 연관되지만, 그보다는 평범한 데 있었다. 뉴욕 구겐하임 박물관과 공동으로 심리지리학 연구를 실시하기로 하고 처음 이곳을 찾았을 때, 나는 작은 바·음식점·식료품 잡화점·작은 공원·놀이터를 비롯하여 다양한 양식의 집들이 늘어선 동네에 난데없이 끼어든 대형 고층 건물이 도시 보행자들의 심리에 어떤 영향을 끼칠지에 주로 관심을 두었다. 맛있는 크니시(감자나 소고기에 밀가루를 입혀서 튀기거나 구운 유대인 요리 : 옮긴이)를 배불리 먹을 수 있는 오래된 작은 음식점들이 쫓겨나 한 블록 전체에 빈 보도만 있는 데다, 한쪽에는 불투명 유리창이 길게 이어져 있고 다른 한쪽에는 택시들이 죽 늘어서서 경적을 울려대는 공간을 마주하면 주민들은 어떤 생각이 들까?

이 질문의 답을 찾기 위해 나는 순회 BMW 구겐하임 연구소의 첫 번째 팝업 박물관을 찾은 관람객들 중에서 참가자를 모집하여 나와 함께 시내를 걷는 연구를 설계했다. 대조적인 도시 풍경을 주의 깊게 탐색하도록 설계된 걷기 연구에서 나는 소규모 집단을 이끌고 다니면서 각 위치에서 참가자들에게 스마트폰 애플리케이션으로 전달된 질문에 응답해 달라고 주문했다. 주로 정서 상태와

● **홀푸드마켓** 뉴욕 로어이스트사이드에 있는 홀푸드마켓 매장 앞. 한 블록을 가득 채운 대형매장의 유리벽 앞을 사람들이 지나가고 있다.

흥미 수준을 스스로 평가하는 간단한 질문이지만, 나는 그 질문으로 참가자들에게 주어진 장소에 관해 질적인 의견을 내도록 유도했다. 동시에 작은 팔찌를 채워서 피부전도(자율신경계의 각성 수준을 확인하는 간단하면서도 신뢰할 만한 방법), 각성 수준, 행동하기 위한 준비 정도 또는 위협에 주목하거나 반응하는 준비 정도를 측정했다.

나는 홀푸드마켓의 길고 텅 빈 건물의 중간쯤을 연구 장소로 선택했다. 다음으로 비교실험의 위치는 거기서 조금 떨어진 이스트휴스턴 거리 서쪽으로 조금 더 들어가면 나오는 거리를 택했다. 작지만 활기찬 음식점과 상점들이 문과 창문을 활짝 열어놓은 채 늘어서 있고, 사람들이 먹고 마시고 기분 좋게 걸어다니는 와자지껄한 거리였다.

어느 정도는 예상대로 결과가 나왔다. 홀푸드마켓 매장 앞에 데려다놓자 참가자들은 어색하게 서서 관심 둘 곳과 이야깃거리를 찾아 두리번거렸다. 참가자들은 스스로 정서 상태를 '행복'의 반대 상태로 평가했고, 이들의 각성 상태는 나의 걷기 실험에서 다른 어떤 장소에서 본 것보다 바닥에 가까운 수준으로 나타났다. 팔목에 채운 생리 측정 장치에도 비슷한 양상이 나타났다. 참가자들은 지루하고 불행해했다. 그 장소를 단어와 어구로 기술하라고 주문하자 "재미없는" "단조로운" "열정 없는" 같은 표현을 많이 썼다.

반면에 홀푸드마켓에서 한 블록도 안 떨어진 비교실험 장소로 데려간 사람들은 활기차고 적극적이었다. 스스로 평가한 각성 및 정서 상태 점수도 높고 긍정적이었다. 생리 각성 수준도 높았다. 참가자들의 마음속에는 "뒤섞인" "활기찬" "분주한" "사교적인" "먹는"(비교 위치에서는 실제로 뭔가 먹는 사람들이 많았다!) 같은 표현들이 맴돌았다. 여기서는 오가는 사람이 많아서 참가자들이 가만히 서서 실험 질문의 답을 생각할 곳을 찾기 힘들었지만, 다들 여러 면에서 이곳을 마음에 들어하는 건 확실해 보였다.

사실 이런 상태를 효과적으로 측정할 도구는 없지만 실험 중에 참가자들의 신체에서 행복이나 비통처럼 숨길 수 없는 신호를 읽을 수 있었다. **무미건조한 건물 앞에서는 조용하고 움츠러들고 수동적**

인 모습을 보였다. 활기찬 거리에서는 활발하고 수다스러웠다. 다만 활기찬 장소에서는 참가자들의 들뜬 마음을 통제하기 어려웠다. 질문에 답하는 동안에는 서로 대화하지 않도록 한 실험 규정은 금방 깨졌다. 많은 참가자가 걷기 투어를 중단하고 재미있는 장소에 뛰어들고 싶은 열망을 드러냈다.[1]

우리 실험 이전에는 다양한 거리 풍경에서 보행자의 몸과 마음을 관찰할 생각을 한 사람이 없었지만, 도시 거리의 단순한 외관과 설계가 행동에 끼치는 강력한 효과에 관해서는 이미 알려져 있다. 도시설계자 얀 겔Jan Gehl은 도시 공공장소에서 보이는 행동에 대한 단순하고 기발한 비간섭적 관찰법의 전문가다. 겔의 관찰에 따르면, 사람들은 건물 전면에 아무런 장식이 없으면 더 빨리 지나갔다. 열려 있고 활기찬 건물에 비해 이런 단조로운 건물 앞에서는 잠시 걸음을 멈추지도, 고개를 돌리지도 않는다. 어서 재미있는 거리가 나오기를 바라면서 그저 묵묵히 재미없고 단조로운 거리를 서둘러 빠져나갈 뿐이다.[2]

도시의 거리를 좀 더 기분 좋고 보행자 친화적으로 설계하는 데 관심이 있는 도시 설계자들에게 이런 실험 결과는 엄청난 함의를 갖는다. **건물 하단 3미터 정도만 외관과 물리적 구조를 바꿔도 도시를 이용하는 방식에 극적인 영향을 끼칠 수 있다는 뜻이다.** 사람들은 건물의 전면이 활짝 열려 있고 활기찬 도시 풍경에서 걸어다니고 싶어할 뿐 아니라 실제로 이런 곳에서는 행동 유형도 달라진다. 사람들은 유쾌하고 기분이 좋고 신경계가 활기차고 주의 깊은 상태일 때 걸음을 멈춰 서서 주위를 둘러보고 주변 상황을 흡수하며, 실제로 그곳에 머물고 싶어한다. 그리고 여러 도시에서 행복하고 활기찬 건물 전면의 이런 효과를 수용해서 새로운 건축 규정을 정립해 왔다. 예컨대 스톡홀름과 멜버른, 암스테르담 같은 도시들은 새 건물이 낙하산처럼 어딘가에 뚝 떨어질 수 없도록 규정한다. 주변의 다른 건물들과 어울리게 설계해서 검열을 통과해야 하고, 보도에서 단위당 최소 출입구 수에 대한 명확한 규정이 있으며, 안팎에서 다 보이는 유리창으로 건물과 거리 사이의 투명성을 보장하라는 규정이 마련되어 있다. 얀 겔의 용어로 말하면, **좋은 도시의 거리는 평범한 보행자가 시속 약 5킬로미터로 이동하면서 약 5초에 한 번꼴로 흥미로운 새로운 장소를 볼 수 있도록 설계해야 한다.** 홀푸드마켓 앞도 그렇고 세계 각지의 도시에서 흔히 볼 수 있는 은행과 법원 청사, 비즈니스 타워 같은 대규모 일체형 건물 앞에서는 보행자가 흥미로운 장면을 볼 수 없다.

　도시 설계자는 일반적으로 도시가 원활히 돌아가도록 만들어 준다고 알려진 요인을 적극 수용하는 데 관심이 있다. 따라서 도시의 기본 체계로서 대중교통망과 안전, 기본적인 심미적 측면, 공중보건과 보행친화성walkability에 관심이 있다. 다시 말해서 도시 설계자들은 적응력이 좋고 건강하고 행복한 시민들이 아무 거리낌 없이 기본 목표를 성취하도록 도와주는 거리를 설계하려 한다. 하지만 심리지리학적 측면에서는 이런 단순한 기능적인 목표를 넘어서 도시 설계가 시민들의 심리 상태에 어떤 영향을 끼칠 수 있는지 물을 수 있다.

도시 거주민들은 도시가 원활히 돌아가지 않으면 심리적으로 어떤 영향을 받을까? 슈퍼마켓과 은행 본사처럼 폐쇄형 건물 전면이 끝없이 이어지도록 도시의 거리를 설계한다면 사람들은 그리 유쾌하지 않아서 발걸음을 재촉하고 적게 멈춰 설 것이다. 이런 현상의 근본적인 문제는 무엇일까? 좋지 않은 도시 설계의 실질적인 위험은 걷고 싶은 마음이 없는 사람들이 몰고 나온 차들과 괜찮은 카페에서 커피 한잔 즐기지 못하는 보행자로 가득한 우울한 거리가 아니라, 거대한 도시 인구에게 권태가 급속히 확산된다는 데 있다.

권태의 심리학

주류 심리학에서 이따금 실시한 권태 연구는 특히 정서적으로 혐오감을 느끼는 개인에 관한 연구가 주를 이룬다. 현대 심리학의 기초를 다진 윌리엄 제임스William James는 권태와 시간의 경과 사이의 관계에 관해 "자극은 경험에서 쾌락을 얻는 데 필수 요건"이라고 설명했다.[3] 권태와 자극 상태에 관한 진지한 논의와 측정 방법은 토론토대학교의 심리학자 대니얼 벌린Daniel Berlyne의 연구에서 시작되었다고 볼 수 있다. 벌린은 젊은 시절에 2차 세계대전에 참전했는데, 이때 군대생활을 하면서 권태에 관심을 갖게 되었다. 영국 첩

보부대에서는 외국어를 전공하는 학생이던 그에게 극도로 지루한 암호 해독 임무를 맡겼다. 이 경험에서 동기를 얻은 그는 전쟁이 끝나자 케임브리지대학교로 돌아가 고심 끝에 외국어에서 심리학으로 전공을 바꾸기로 결정했다.

벌린은 길지 않은 연구 경력의 전반부에(쉰두 살이라는 이른 나이에 세상을 떠났다) 인간과 동물의 동기 연구에 기여하고, 후반부에는 실험미학으로 돌아섰다. 두 분야가 서로 동떨어져 보일지 몰라도 벌린에게는 식욕이나 성욕과 동등한 가장 원시적인 욕구는 정보를 얻으려는 욕구라는 믿음에서 두 분야가 연결되어 있었다. 한마디로 벌린은 인간의 행동은 호기심, 곧 새로운 것을 향한 끊임없는 갈증을 해소하려는 욕구만으로도 동기를 얻는다고 보았다. 우리가 새로운 장소를 탐색하고 예술작품을 감상하도록 이끌어주는 요인도 바로 이런 욕구다. 그리고 정보를 수집하면서 무엇을 좋아할지 결정하는 것도 바로 정보를 수집하려는 선천적인 욕구다.[4]

벌린은 인간 행동의 주요 동기로 정보 추구의 역할을 강조하기 위해 우선 '정보이론information theory'이라는 응용수학의 한 분야에 주목했다. 1940년대에 벨 전화회사Bell Telephone Company의 실험실에서 탄생한 이 개념은 사실 신호를 전선으로 전송하는 방식을 이해하기 위해 설계된 이론이다. 여기서 정보이론은 전선으로 전송된 신호가 일부 훼손되어 메시지의 일부만 남는 경우처럼 불확실한 상황에서의 의사소통에 관한 원칙을 설명하는 데 적용되었다.

정보 단위를 비트bit로 설명하는데, 컴퓨터 비트처럼 정보의 비트는 가치 면에서 정보가 전혀 없는 0부터 정보가 가득한 1까지 분포할 수 있다. 정보이론은 메시지에 포함된 정보의 양을 몇 가지 수리적 수를 이용하여 비트 개념으로 수량화하는 데 쓰인다. 정보이론의 핵심은 정보를 수량화하려면 메시지의 개별 요소가 발생하는 확률을 추산할 수 있어야 한다는 점이다. 자주 발생하지 않는 요소는 자주 발생하는 요소보다 대체로 정보를 더 많이 제공한다. 전체 메시지의 모든 요소를 총합해서 메시지의 정보량을 비트 단위로 제시할 수 있다.

이해를 돕기 위해 예를 들어보자. 전화기 음성사서함에서 메시지를 검색한다고 생각해 보자. 메시지가 잘 들리지 않지만 특정 단어는 알아들을 수 있다. "I ... the ... to ... and ... you ..." 식으로 메시지가 들린다면 새로운 정보를 거의 얻지 못한다. 따라서 정보의 비트 가치는 0에 가깝다. 반면에 "I'm ... way ... dinner ... call ... later"라고 들었다면 메시지의 의미를 적어도 일부는 해석할 수 있다. 정보이론의 관점에서 두 메시지에는 단어의 개수가 동일하게 들어 있다. 차이가 있다면 첫 번째 메시지는 영어에서 자주 사용하는 단어로만 이루어져서 정보의 비트 가치를 거의 전달하지 않는다는 점이다. 반면에 두 번째 메시지에는 사용 빈도가 낮은 단어가 들어 있어서 쓸 만한 정보가 더 많다.

전화 송전선의 세부 내용과 정보 추구 심리를 이해하는 것은 거리가 멀어 보이지만 둘 사이에는 중요한 관계가 있다. 벌린에 따르면, 전선으로 전송된 신호만 정보량으로 특징지을 수 있는 것이 아니라 사진이나 3차원 물체, 심지어 도시 풍경에 이르기까지 우리가 지각할 수 있는 모든 대상이 가능하다. 자극을 얻으려는 욕구를 이해하고 측정하는 분야에 정보이론을 적용해서 어떤 장면에 얼마나 많은 정보가 들어 있는지 측정할 수 있다는 뜻이다.

그러면 정보이론으로 뉴욕의 홀푸드마켓 앞과 같은 거리 풍경을 어떻게 수량화할 수 있을까? 이런 거리를 걷는다고 생각해 보자. 첫발을 내딛자 오른쪽으로 불투명 유리창이 보이고 왼쪽으로는 번잡한 거리가 보인다. 다시 한 걸음 내딛는다. 새로울 것이 없다. 세 번째 걸음을 내딛는다. 아무것도 달라지지 않는다. 200걸음쯤 걷는 사이 방금 본 장면에서 다음 장면을 예상할 수 있다. 아무것도 달라지지 않는다. 정보가 흐르지 않고 신경계가 각성되지 않고 아무런 정보가 들어오지 않아서 마치 '그리고'와 '그' 같은 단어만 연속으로 흘러나오는 전화 음성 메시지를 듣는 것 같다. 무엇보다 이런 풍경을 보려고 홀푸드마켓 앞길을 걸을 필요도 없다. 길 건너에서 한눈에 볼 수 있는 어디나 똑같이 한 덩어리로 된 건축공간이니까. 몇 가지 구별되는 요소가 반복될 뿐이다.

이제 텅 빈 건물 앞에 서 있던 참가자들의 행복과 각성 수준이 우울하게 나타난 이유가 조금 명확해졌을 것이다. 이런 건축이 심리적으로 효과적이지 않은 이유는, **우리는 생물학적으로 조금 복잡하고, 조금 흥미로우며, 한두 가지 메시지가 담긴 장소에 머물고 싶어하기 때문이다.** 단지 인간이 심미적 다양성을 선호하는 존재이기 때문에 이런 충동이 일어나는 것은 아니다. 알고 싶은 욕구는 인간뿐만 아니라 다른 동물들에게도 나타나는 원시적인 본능이다. 복잡성이 각성과 동기 수준에 어떤 영향을 끼치는지에 관한 벌린의 초기 연구들은 인간이 아니라 쥐를 대상으로 실시되었다. 인간처럼 쥐들도 실험실 환경을 자유롭게 탐색할 때 한결같이 더 복잡하고 새로운 영역으로 데려다줄 경로를 선택한다. 쥐들을 하나의 Y자 교차점으로 이어지는 직선의 길에 풀어놓는 단순한 미로 실험인 'Y 미로 실험'에서도 실험을 반복해서 받은 쥐들은 가보지 않은 길을 탐색할 뿐 아니라 아무런 이유 없이 즉흥적으로 왼쪽 모퉁이와 오른쪽 모퉁이 중 하나를 선택한다. 다른 유사한 연구에서는 바퀴벌레에게도 이런 경향이 나타났다.

쥐와 인간이 시각적으로 복잡한 장면을 선호하는 현상을 관찰한 벌린의 연구와 우리가 환경에서 좀 더 복잡하고 혼란스럽고 새로운 것에 끊임없이 끌리는 현상 사이에는 미묘한 차이가 있다. 뉴욕의 타임스퀘어나 도쿄의 시부야 교차로, 라스베이거스 스트립의 휘황찬란한 불빛과 요란한 소음 속에서 움츠러들어본 사람이라면 무슨 뜻인지 알 것이다. 벌린이 초기 연구에서 관찰하고 여러 후속 실험에서 입증된 결과에 따르면, **복잡성에도 일종의 적정 지점이 있다.** 교외 주택가에 난 0비트의 길을 걷거나 대도시 중심의 금융지구를 걸으면 지루해질 수 있지만, 반면에 좋은 것이 너무 많아도 불쾌하게 과부하가 걸릴 수 있다.

심리학에서는 오래전부터 권태에 관심을 가져왔다. 모두가 동의하는 구체적인 정의는 없을지라도 몇 가지 징후는 잘 알려져 있다. 가령 시간이 지독히 느리게 흐르는 것 같은 과장된 감각, 불쾌하고 혐오스러운 심리 상태뿐 아니라 신체적으로도 안절부절못하는 불안 상태, 자세를 자주 바꾸는 행동, 시선을 한곳에 고정하지 못하는 상태, 하품 따위 말이다. 그런데 권태를 어떻게 심리 상태로 분류할까? 권태는 정서일까? 인지 상태일까? 아니면 다른 무엇일까? 그리고 권태가 어떻게 각성과 어울릴까? 몇몇 연구자는 권태를 낮은 각성 상태로 분류했다(그리고 낮은 각성 상태로 정의하기까지 했다). 실제로 몇몇 권태 실험에서는 피험자에게 아무것도 하지 않고 가만히 앉아 있으라고 주문해서 권태 상태를 유발하자 생리 각성 수준이 떨어지는 것으로 나타났다. 하지만 **벌린과 최근의 연구자들은 권태가 때로는 높은 각성 상태, 심지어 스트레스 상태까지 유발할 수도 있다고 보여주었다.**[5]

　　최근에 워털루대학교의 인지신경과학자 제임스 댄커트^{James} Danckert가 제자 콜린 메리필드^{Colleen Merrifield}와 함께 실시한 연구에서는 실험실에서 참가자들에게 심박수와 피부전도를 측정하는 장치를 연결하고 비디오 몇 편을 보여주었다. 이런저런 정서 상태를 유도하도록 세심히 설계된 비디오였다. 슬픔을 유도하도록 설계된 비디오에서는 영화 〈챔프^{The Champ}〉의 가슴 아픈 장면이 나왔다. 권태를 유도하도록 설계된 비디오에서는 남자 둘이 빨랫줄에 빨래를 너는 장면이 나왔다. 두 남자는 서로에게 빨래집게를 건네며 빨래를 널었다. 자연히 참가자들은 〈챔프〉의 한 장면을 보고 슬퍼졌고 빨래 비디오를 보고 지루해졌다고(또는 혼란스러워졌다고) 보고

했다. 흥미롭게도 두 편의 비디오는 참가자들에게서 두 가지 다른 심리생리학적 양상을 유도했다. 슬픔에 비해 권태는 심박수를 높이고 피부전도를 낮추었다. 피부전도를 이용한 다른 연구와 마찬가지로 이 연구에서도 피부전도가 낮아진 정도는 참가자의 권태로움이 각성 수준을 떨어뜨린 정도를 의미한다고 해석할 수 있다.

하지만 댄커트와 메리필드는 세 번째 중요한 측정치를 연구에 추가했다. 실험 절차의 특정 단계에서 참가자들에게 기증받은 타액 표본에서 시상하부-뇌하수체-부신축hypothalamo-pituitary-adrenal axis, HPA이라는 뇌 구조의 활동을 나타내는 중요한 스트레스 호르몬인 코티솔이 검출되는지 분석했다. 놀랍게도 지루한 비디오를 3분만 보고도 슬픈 비디오를 볼 때보다 타액의 코티솔 수준이 증가한 것으로 나타났다.[6] 만성적으로 높은 코티솔 수준은 발작과 심장질환, 당뇨 같은 각종 스트레스 관련 질환을 유발할 수 있다.

지루한 에피소드를 잠깐만 봐도 심신을 쇠약하게 만드는 스트레스 수준이 높아질 수 있다는 결과는 실제로 권태와 사망률 사이에 연관성이 있을 수 있다는 최근의 다른 여러 연구 결과와 일치한다. 영국에서 1970년대부터 대규모로 실시된 종단연구(시간의 흐름에 따른 현상의 변화를 조사하는 연구 : 옮긴이)에서는 참가자들에게 질문지를 완성하도록 주문했다. 그중에는 일상과 직장에서 권태 수준을 알아보는 질문이 포함되어 있었다. 2010년에 완료된 후속 연구에 따르면, 이전 조사에서 높은 권태 수준을 보고한 참가자들이 그렇지 않은 참가자들에 비해 후속 연구가 시작되기 전에 사망

한 비율이 상당히 높게 나타났다.[7]

권태는 우리를 단지 안절부절못하는 불쾌한 상태나 스트레스 호르몬이 높은 상태로 몰아넣는 데 그치지 않는다. 위험한 행동을 저지르게 만들 수도 있다. 약물중독과 도박중독을 포함한 중독자들에게 실시한 설문조사에서 이들 집단은 대체로 권태 수준이 높은 것으로 나타났고, 권태는 중독의 재발이나 안전하지 않은 주사기 사용, 비정상적인 성행위 같은 위험한 행동의 가장 일반적인 예측 요인이었다.

메리필드와 댄커트의 연구에서는 **지루한 경험에 잠깐만 노출되어도 뇌와 신체의 화학반응이 스트레스를 유발하는 식으로 변형되는 것으로 나타났다. 이 결과는 건축 환경을 설계하는 사람들이 권태를 유발하는 요인에 주목하는 계기가 되었다.** 또한 수십 년 전에 벌린이 쥐와 인간을 대상으로 한 연구에서도 입증했듯이, 복잡한 환경이 실제로 뇌의 구조와 기능에 영향을 끼칠 수 있다는 주장을 신경학적으로 입증해 주는 결과이기도 하다. 지루한 건물에 잠시만 머물러도 건강에 심각한 위험을 초래할 수 있다고 말하면 극단적인 주장처럼 보이겠지만, 실제로 매일 갑갑하고 지루한 환경에 둘러싸인 효과가 누적된다면 어떻게 될까?

이 질문은 캐나다의 심리학자 도널드 헵Donald Hebb이 풍요로운 환경에 사는 쥐들은 단순한 환경에 노출되어 있는 실험쥐보다 인지 능력이 훨씬 뛰어나다는 연구 결과를 발표한 이래로 오랫동안 심리학자들의 관심을 끌어왔다. 풍요로운 환경에 사는 쥐들은 불운한 실험실 쥐들보다 복잡한 미로 문제를 더 짧은 시간 안에 풀었다. 첫 번째 연구에서는 헵의 자녀들이 키우는 애완용 쥐들과 실험실에 사는 쥐들을 비교했다. 좀 더 통제된 연구에서는 실험실 안에 콘도처럼 호화로운 공간을 꾸며놓고 실험쥐를 넣은 뒤 쥐들의 행동을 비교했는데, 이곳의 쥐들은 1950년대 이전 실험실에서 흔히 사용하던 '신발상자' 우리에 사는 쥐들에 비해 상태가 더 양호한 것으로 나타났다.

이후 버클리 소재 캘리포니아주립대학교의 마크 로젠츠바이크[Mark Rosenzweig]의 연구에서 풍요로운 환경에 사는 쥐들은 수행 능력이 우수할 뿐 아니라 뇌세포 간의 시냅스 연결이 풍부하게 발달해서 신피질이 더 두꺼운 것으로 나타났다. 사실 이와 같은 발견은 뇌가 성인기에 완전히 형성되고 더 이상 변하지 않는 기관이 아니라 평생에 걸쳐 환경의 변화에 적극적으로 반응할 수 있다는 신경과학의 현대적 관점의 초석이 되었다(그리고 많은 사람이 십자말풀이와 루모시티[Lumosity] 같은 두뇌훈련 게임이 노화에 따른 인지력 감퇴를 늦추어 뇌를 강화해 주리라는 데 희망을 거는 이유이기도 하다).[8]

그러면 인간은 어떨까? 헵과 로젠츠바이크를 비롯한 여러 연구자가 발견한 '풍요 효과'를 관장하는 뇌 기제는 매우 기초적인 영역이라 실험쥐뿐 아니라 인간에게도 같은 원리가 적용될 것으로 보인다. 사실 기술의 발전이 뇌 조직에 어떤 영향을 끼치는지를 살펴본 여러 실험에서는 뇌가 가소성[可塑性, plasticity]이 매우 높은 기관인 것으로 나타났다. 일례로 음악가가 연주에 필요한 손동작을 많이 연습하면 그 기술과 연관된 뇌 영역의 활동과 시냅스 연결이 증가하는 것으로 나타난다. 철제 벽으로 막힌 공간에서 비좁은 우리에 갇혀 사는 헵의 실험쥐들의 경험에 비유할 만한 경험이 다행히 인간의 뇌과학 연구에서는 극히 드물다. 이런 경험이 '자연스럽게' 발생한 사례는 주로 부모에게 학대를 받으며 장기간 집 안에 감금된 아이들의 경우인데, 이런 사례에서는 대체로 환경 박탈뿐 아니라 엄청난 정서적 스트레스와 영양실조까지 더해져서 실험쥐의 경험과 비교하기 어렵다.

1940년대의 전형적인 실험쥐와 처지가 가장 비슷한 인간은 독방에 감금된 죄수일 것이다. (오늘날 실험쥐는 주로 헵과 로젠츠바이크를 비롯한 연구자들이 특수하게 설치했던 풍요로운 환경에서 지낸다. 사실 이런 초창기 연구의 발견 덕분에 실험동물의 처우에 인도적인 변화가 일어나기도 했다.) 원래 정신병리가 없던 죄수들이 '독방'에 단기간만 감금돼도 지속적인 섬망과 충동성, 자기파괴 행동을 보인다. 그러나 이런 증상은 단순히 환경의 다양성을 제약한 데만 원인이 있는 것이 아니다. 독방에 감금된 죄수들은 사회적 자극도 철저히 제한받는데, 이런 사회적 제약은 감방의 벽만큼 해로운 효과를 유발하는 주요 요인일 수 있다.[9]

환경 박탈이 행동과 뇌 기능에 끼치는 영향에 관한 연구로는 주의력결핍과잉행동장애attention deficit hyperactivity disorder, ADHD 같은 장애의 원인을 알아보는 연구를 참조할 수 있다. 아동의 가정환경을 종합적으로 조사한 연구에서는, 가정에서 놀이행동을 유도하거나 흥미를 끌어내는 벽 패널과 미술품을 설치하는 식으로 풍요로운 환경을 제공할 가능성이 결여된 환경이 주의력결핍과잉행동장애 증상의 가장 강력한 예측 인자로 나타났다.[10] 흥미롭게도 이 결과가 메리필드와 댄커트의 연구 결과에 부합하는 이유는 두 연구자가 찾아낸 권태의 심리생리학적 특징이 주의력결핍과잉행동장애 진단을 받은 아동에게도 발견되기 때문이다. 전반적으로 환경박탈의 극단적 형태와 온건한 형태 두 가지 모두에 관한 연구에서 지루한 환경이 스트레스와 충동성을 높이고, 긍정적 정서를 줄이며, 부적응적인 위험 추구 행동을 증가시킬 수 있다는 강력한 증거를 제시한다. 현재로서는 이들 연구가 아직 완결되지 않아서 열악하게 설계된 도시 환경과 건물 인테리어에 날마다 노출되면 이와 같은 효과가 어느 정도 나타날지 알 수 없다.

하지만 이미 밝혀진 신경가소성^neuro plasticity의 원리와 그 밖의 극단적 환경에서 박탈과 풍요의 효과에 관해 알려진 내용, 그리고 얀 겔과 우리 연구팀이 세계의 몇몇 도시에서 실시한 연구 등을 고려하면 이렇게 **개성 없고 단조로운 환경이 우리의 행동뿐 아니라 뇌에도 눈에 띄게 영향을 끼친다고 생각할 근거는 충분하다.** 따라서 도시의 거리와 건물을 신중히 설계하고 시각적 복잡성과 같은 요인의 최적 수준을 고려하는 노력은 단순히 걷기 좋고 활기차고 생기 넘치는 도심의 동네를 만드는 개념을 넘어서서 공중보건의 문제, 그중에서도 정신건강의 문제와 밀접하게 관련된다.

대체 왜 지루한 환경이 생겨날까?

권태로운 뇌에 관한 심리학 실험과 연구에서 얻은 결과를 차치하고라도, 누구나 지루한 환경이 불쾌하다는 걸 안다. 그런데 애초에 왜 이런 환경이 조성될까? 어째서 대형 건물을 지으면서 1층을 무미건조하게 만드는 편이 낫다고 판단할까? 개발업자들이 똑같이 생긴, 정보이론으로 말하면 엔트로피가 낮은 집들이 끝없이 늘어선 교외 주택가를 조성하는 동기는 무엇일까? 이 질문의 답은 다양하고 복잡하다. 또 적어도 몇 가지는 심리학 이론의 범주를 넘어선다. 특히 교외 개발의 경우에는 경제 요인이 정답이다. 모델하우스 서너 가지만 설계해서 조금씩 변형하는 방법이 다채로운 건물 유형을 풍성하게 제공하는 방법에 비해 비용이 훨씬 적게 들고, 이렇게 절약된 돈은 소비자에게 돌아가 주택을 감당할 수 있는 상품으로 만들어준다. 소비자에게 집이 중요한 목표가 되는 것이다. 쿠키틀로 찍어낸 것 같은 집을 각자 취향에 맞게 꾸미는 것은 각자의 상상력과 형편에 달려 있다. 소비자는 인테리어나 아기자기한 조경으로 집을 자기 것으로 만들 수 있다. 그러나 새로 집을 장만한 사람은 집을 사느라 돈을 몽땅 써버려 집을 단장할 여윳돈이 없는 경우가 비일비재하다.

집보다 규모가 큰 빌딩은 어떤가? 1층 전면을 폐쇄형으로 만들어서 지나가는 사람들을 지루하게 만드는 이유가 뭘까? 이 경우에는 경제 요인이 설득력을 잃는다. 이런 일을 저지르는 가장 큰 주범은 1층을 꾸

● **한국은행(위), 미국연방은행(아래)** 대한민국 서울 도심에 있는 한국은행과 미국 필라델피아 연방준비은행. 모두 건물 소유자(기관)의 이미지와 기능(효율성)을 고려해 1층 전면을 폐쇄형으로 만드는 건물의 대표적인 예다.

며서 매력적인 거리 풍경을 조성할 자금이 충분해 보이는 기업들이기 때문이다. 우선 한 가지 이유는 부동산 소유주가 크게 이득을 보지 못하기 때문일 수 있다. 그리고 주요 은행들은 건물에 들어왔다가 다시 나가는 진지한 고객보다 한가하게 어슬렁거리는 사람들을 건물 앞에 끌어모아봐야 최선의 이익을 내지는 못한다. 게다가 건물 전면을 친근한 분위기로 만들면 기업이 고객들에게 보여주고 싶은 이미지를 유지하기 어려울 수도 있다. 고객 입장에서도 자산을 관리하는 은행이 조용하고 음침한 철옹성이 아니라 요란하고 활기찬 저잣거리로 비치기를 바라지는 않을 것이다.

이와 같은 요인[경제 요인, 이미지, (주로 안전과 효율성이라는) 건물의 기능을 거스르는 설계 요소를 넣지 않으려는 의도]을 고려하면 도시의 거리가 항상 복잡성의 적정 지점을 찾지는 못하는 이유를 알 수 있다. 하지만 이런 설계에 우리의 심리적 욕구가 반영되지 않은 데에는 적어도 두 가지 이유가 더 있다.

우선 건물의 외관 전체가 간판 구실을 하는 건축 설계의 급진적인 변화와 관련이 있다. 이런 추세는 건물 전면이 건물 안의 내용을 광고하는 것으로 유명한 라스베이거스 스트립의 건축을 연구한 로버트 벤투리Robert Venturi의 논쟁적인 연구에서 처음 제기됐지만, 사실 어디서나 찾을 수 있다.[11] 맥도널드 매장 같은 기업형 체인점의 건물 전면을 보라. 신속한 식별력이 설계 목적의 일부라는 것을 증명이라도 하듯 멀리서 차를 타고 빠른 속도로 달리면서도 건물의 브랜드를 한눈에 알아볼 수 있다(운전자에게는 중요한 요소다). 낯선

● **맥도널드 매장** 세계 어디서든 순식간에 한눈에 들어와 랜드마크 역할을 해주는 기업형 체인점 사례. 건물 외관 전체가 간판이나 다름없다.

여행지에서 피곤에 지치고 문화 충격에 시달린 여행자들이(나 역시 그렇다!) 고단한 하루를 마치고 이런 랜드마크 역할을 하는 건물을 발견하면 안도감을 느낄 것이다. 차량을 끌어들이기 쉽게 한눈에 알아볼 수 있는 건물로 설계된 것이다. 슈퍼마켓, 은행, 음식점, 백화점, 기타 수많은 소매점이 상표가 찍힌 간판만 내거는 것이 아니라 건물 외관도 여행자들이 한눈에 알아볼 수 있게 만든다. 사실 나는 아이들과 함께 건축 현장의 땅파기 단계부터 건물이 올라가는 동안 건설 초기 단계의 형태와 크기만 보고 건물의 정체를 알아맞히는 놀이를 즐긴다. 맞히기 어렵지 않다.

다음으로 **건축 환경이 보편성을 띠는 또 하나의 요인**은, 건축사학자 새러 골드하겐$^{Sarah\ Goldhagen}$이 지적한 것처럼, **고객에게 있다.**[12] 특히 **북미 사람들은 좋은 건축을 이해하고 감상하는 능력이 부족하다. 교육의 부재가 원인이다.** 흔히 긴축재정으로 가장 먼저 없애는 과목이 미술과 디자인 과목이라는 현실을 개탄하면서도 애초에 건축 설계 관련 교과를 수업 과목에 넣으려고 진지하게 시도한 적이 없다는 사실에는 크게 불만을 품지 않는다. 건축 설계야말로 우리의 일상에 영향을 끼칠 가능성이 높다는 점에는 다들 동의하면서도 말이다. 흉물스러운 공공건물이 새로 들어서면 다들 경악하고 고개를 절레절레 흔든다. 방송에서도 건축가의 감성과 그 건물을 자주 이용하는 사람들의 감성 사이에는 명백한 격차가 있다고 성토하기도 한다. 하지만 이런 단절의 근본 원인(기초교육에서 제대로 가르치지 않아 건축을 제대로 이해하지 못하는 탓에 보통 시민이 도시 설계에 관한 담론에 관여하지 못하는 현실)은 제대로 파악하지 않는다.

골드하겐은 건축학교 편에 서서 포스트모더니즘(정확히 정의하기는 어렵지만 일반적으로 우리의 일상에서 주요 시설의 역할을 불신하는 태도와 관련이 있는 개념)을 강조하는 건축 프로그램의 편견을 지적한다. 이런 편견을 교육받은 건축가에게 공공건물을 맡긴다면 과연 결과물에 감탄할 수 있을까?

특징 없는 도시 풍경이 조성되는 마지막 이유는 우리가 갈수록 디지털 기술과 정보에 의존하면서 건축 환경을 등한시하기 때문이다. 디지털 기술이 발달하면서 가까이 있지 않아도 연결되기도 하고 실체 대신 가상을 중시하기도 한다. 이런 현상이 시내의 지루한 거리 풍경과 무슨 상관인지 이해하려면 도시의 길모퉁이에서 몇 분만 서 있어보라. 사람들의 시선이 온통 아래, 스마트폰 화면으로 가 있고 주변의 물리적 환경과는 멀어졌다. 사실 이것은 매우 심각한 문제다. 대중교통 설계자인 재닛 사딕칸^{Janette Sadik-Khan}은 스마트폰에 정신이 팔린 보행자가 다가오는 차에 부딪히지 않도록 뉴욕의 가장 번잡하고 위험한 교차로의 보도에 보행자의 시선을 끄는 거대한 그래픽을 그리도록 주문했다.[13] 사람들의 새로운 행동이 단지 자세와 시선의 변화에 지나지 않아 보일지 몰라도 사실은 우리가 도시의 거리를 이용하는 방식을 바꾸고 설계상의 변화에 동기를 부여했다. 하지만 이것은 더 큰 변화의 징후다. 우리가 예전처럼 주변 환경에 관심이 없어져서 주변 환경이 어떻게 생겼든 더 이상 신경 쓰지 않을 수 있다는 뜻이다. 사실 우리는 더 이상 예전처럼 그곳에 존재하지 않고, 물리적 환경도 더 이상 예전처럼 실재하지 않는다.

도시 환경에서 실제공간과 가상공간을 결합하는 추세에는 이론적 근거가 있다. 일각에서는 온라인 도시와 사물인터넷으로 가는 추세를 정보기술과 건축이 결합된 새로운 형태의 시작이라고 극찬하지만, 사실 이런 추세는 이미 한참 전에 시작되었다. 전자 연결을 통해 일상의 많은 처리 과정에서 물리적 공간과 차원이 무의미해지면서 세계화가 일어났듯이, 건축 설계가 균일해지면서 벽돌과 철근, 콘크리트 부문에도 이런 추세가 나타난다. 렘 콜하스와 브루스 메이^{Bruce May}는《S, M, L, XL》이라는 책에서 "포괄적 도시^{generic}

^{city}"를 주장하면서 '빈 상자 설계'를 높이 평가한다.¹⁴ 이 책에서는 특정 건물 전면의 설계든 특이한 거리 배치든 특정 문화도상학적 요소든, 모든 건축 장식이 어떤 식으로든 배제될 수밖에 없다고 주장한다. 그리고 모든 사람이 오래된 문화적 경계를 초월하는 집단에 내던져진 세계에서, 역사와 관련된 설계는 불가피하게 특정 설계 양식의 역사를 공유하지 않는 사람들을 소외시킬 수밖에 없다고 주장한다. 콜하스는 독일의 시사주간지 《슈피겔^{Der Spiegel}》과의 인터뷰에서 이렇게 말한다.

> 전통적인 도시는 (…) 행동의 규칙과 관례에 지배당한다. 그러나 포괄적 도시는 정해진 양식과 기대치에 구애받지 않는다. 이 도시에는 요구조건이 없고, 그래서 자유롭다. 두바이 같은 도시는 인구 중 약 80퍼센트가 이민자인 데 비해 암스테르담은 40퍼센트가 이민자다. 이민자 집단은 아름다운 중세 도시의 거리를 걷는 것보다 두바이나 싱가포르, 하펜시티의 시내를 다니는 편이 더 편할 것이다. 이민자에게 (중세 도시는) 배제와 거부의 분위기만 풍긴다. 대규모 이주의 시대에 도시들이 서로 비슷해지는 것은 불가피한 현상이다. 이런 도시들은 같은 상점이 항상 같은 위치에 있는 공항처럼 기능한다.¹⁵

전통적인 도시에 내재된 문화가 유동성과 다문화를 특징으로 삼는 현대 도시의 거주민들을 소외시키는 덫이 될 수 있다는 콜하스의 주장은 일리가 있다. 그리고 세계화와 즉각적인 의사소통, 그리고 언제 어디서나 연결된 시대에는 포괄적이고 기능적인 설계가 불가피하다는 주장도 일리가 있다. 다만 현재의 통신과 시뮬레이션에 활용되는 각종 기술에서 비롯된 우리와 세계 사이의 전자 연결과 사람들 사이의 전자 연결이 물리적 환경을 완전히 대체하지 못하는 한, 세계적이고 보편적이고 기능적인 설계를 광범위하게 채택하면 이 장에서 설명한 몇 가지 심리적 결과가 나타날 것이다.

건축공간이 일반화되면서 다양성과 흥미, 복잡성이 감소하는 것은 불가피해 보인다. 인간은 궁극적으로 생명활동과 관련해 최적의 복잡성을 갖춘 환경에서 활동하도록 진화해 왔다. 우리가 눈과 몸, 손과 발로 이런 장소를 찾으면 그 장소의 설계와 외관이 우리 몸에 영향을 끼치면서 감정 반응과 정서를 일으키는 원시적인 신경회로가 작동한다. 여기서 문화는 거의 작용하지 않는다. 이런 장소는 우리가 주변 환경과 정서적으로 조화를 이루고 우리가 선호하는 각성과 경계 상태에 머물러 결국에는 적응 행동을 하게 해준다. 포괄적 설계에서는 우리와 주변 환경 사이의 교류가 임베디드 인텔리전스 embedded intelligence(내장 지능), 그리고 인류 진화의 환경적 우연성을 시뮬레이션할 수 있도록 섬세하게 설계된 인터페이스를 이용해 완전히 인위적으로 조정된다. 따라서 인간을 위한 완벽한 환경을 만드는 것이 가능할 수도 있다. 하지만 그러기 위해 우선 이해하고 모델링해야 하는 복잡성을 감안하면 문제가 발생해서 전보다 더 나빠질 가능성이 커 보인다. 게다가 비트와 픽셀로 완벽하고 적응적인 환경을 만들면 완벽하게 우호적이고 공정한 힘이 세상을 감독한다고 전제하는 것처럼 보일 수도 있다. 사실 우리의 행동에 영향을 끼쳐서 수익을 올리는 데만 급급한 사람들이 설계심리학을 교묘히 이용해서 약물 중독자들의 증상과 유사한 해롭고 파괴적인 행동을 유발할 수도 있다고 볼 때, 이렇게 우호적인 측면을 전제하는 것은 지나치게 순진한 태도일 것이다.

　우리가 원하지 않아도 권태는 현대인의 삶에서 불가피한 요소로 보인다. 어느 정도의 권태는 오히려 건강하다고 볼 수도 있다. 외부세계가 주의를 끌지 않으면 내면으로 주의를 돌려서 정신의 풍경에 집중할 수 있기 때문이다. 권태가 우리를 창조성으로 이끌어주는 사이 우리는 타고난 기지와 재능을 발휘하여 지루한 환경을 해체해서 흥미롭게 재구성한다. 하지만 포괄적인 기능 요건은 충족시킨다 해도 **감각의 다양성을 추구하는 인간의 타고난 욕구를 무시하도록 설계된 거리 풍경과 건물**(정신적 자극이 주로 가상의 대상과 전자의 세계에서 나오는 시대에는 구미가 당기고 경제적인 제안이다)**은 새로움과 감각을 추구하는 진화적 충동을 거스를 뿐 아니라 미래의 인간에게도 편안함이나 행복, 최적의 기능성을 안겨주지 못할 것이다.**

5장

불안한 장소

아직 이유는 충분히 밝혀지지 않았지만 불안과 관련된 정신장애는 도시 환경에서 더 많이 발생한다. 이런 정신장애의 발병률을 통제하는 요인들이 도시 설계 방침으로 쉽게 변형될 수 있다는 점은 중요하다. 특히 도시에서 자연공간 접근 가능성이 도시 인구의 정신장애 위험을 줄일 수 있다는 흥미로운 결과가 있다.

도시가 만드는 마음의 병

1942년 11월 28일, 보스턴의 코코넛 그로브라는 나이트클럽에서 접시닦이가 바닥에 떨어진 전구를 찾으려고 성냥불을 켜다가 화재가 나서 492명이 사망했다. 불이 나자 공포에 질린 손님들이 건물의 유일한 출입구인 회전문으로 몰려들었고, 그 문은 빠져나가려고 한꺼번에 몰려든 사람들의 시신으로 가로막혔다. 사망자 수로 볼 때 코코넛 그로브의 화재는 역사상 최악의 나이트클럽 화재였다. 하지만 인간의 정서가 환경의 물리적인 배치와 상호작용해서 죽음까지 야기하는 파괴적 영향력이 있다는 걸 보여주는 사례는 비단 이것만이 아니다.[1]

해마다 500만 명 이상이 메카로 향하는 이슬람교의 대규모 순례인 하지Hajj에서는 열기에 도취된 군중이 물리적 환경의 제약에 도전하는 사이 수백 명이 사람들 발밑에 깔린다. 스포츠 경기, 거리축제, 가두행진, 시위현장에서도 간혹 문제가 생겨서 비극이 벌어진다. 이렇게 군중이 몰려들어 사망하는 사건을 예방하고자 공간 점유의 상한선과 출구에 하한선을 규정하는 건축법에서 건물을 짓기 전에 설계도를 바탕으로 군중의 이동경로를 예측하는 정교한 모델링 소프트웨어에 이르기까지 다양한 소규모 산업이 생겨났다. 하지만 이렇게 갖가지 조치를 취하더라도 모든 건축공간을 방문한 사람들의 불안이 개인 차원과 집단 차원 모두에서 행동에 영향을 끼친다는 단순하고 중요한 사실에는 변함이 없다.

누구나 위협을 느끼면 당연히 위협을 주는 장소를 벗어나기 위한 가장 빠른 방법을 찾는다. 대체로 가장 가까운 출구로 곧장 나 있는 길을 찾는다. 이런 길을 찾지 못하면 부상을 당하고 꼼짝 못할 수 있다. 건축공간에서 불안으로 발생한 극단적이고 끔찍한 사례를 소개했지만, 그 정도로 극단적이지는 않더라도 우리가 건물이나 도시 풍경을 오가는 사이 이와 동일한 효과가 끊임없이 우리에게 영향을 끼친다. 이런 반응은 우리가 특정 장소에 끌리고 그곳에서 행복해지고 흥미를 느끼는 반응과 정반대 지점에 있다고 볼 수 있다.

불안은 정상적이고 적응적인 정서일 수 있다. 심리적으로 미래의 불쾌한 사건을 예상할 때 불안해진다. 몸을 다치는 일에서 모르는 사람들에게 우리의 심리 상태가 원치 않게 노출되는 일까지 무슨 일이든 해당된다. 화상을 입지 않으려고 뜨거운 난로에서 얼른 손을 떼는 행동이 건강한 반응이듯이 환경의 위협을 자연스럽게 평가하고 효율적으로 대응하는 복잡한 반응을 관리하도록 설계된 기제가 있다. 건축 환경에서는 어떤 이유로든 위협을 지각하고

도 효과적으로 반응하지 못하면 난관에 부딪힌다. **높은 수준의 위협이 느껴지는 불편한 장소에서 살면 신경계 반응과 내분비계 반응이 폭발해서 정신병리를 앓거나 건강이 악화되기도 한다.**

…

아직 이유는 충분히 밝혀지지 않았지만 **불안과 관련된 정신장애는 도시 환경에서 더 많이 발생한다.** 불안장애, 임상 우울증, 조현병의 진단율은 시골에 사는 사람보다 도시에 사는 사람들에게 더 높게 나타난다. 도시에서 정신장애의 발병률이 더 높은 이유로 사회경제적 지위, 독성이나 병원균에 노출될 가능성, 그 밖에도 도시 고유의 환경적 위협이 제기되지만, 이런 이유가 특히 설득력 있는 것으로 입증되지는 않았다.

일부 연구에서는 도시에서 심리적으로 고통받는 비율이 더 높은 원인으로 지역사회 응집력(정확히 말하면 지역사회 응집력의 결핍) 같은 사회적 요인을 꼽는데, 이 경우는 더 설득력 있는 증거가 있다. 예를 들어 지역사회 유동성, 한부모가정의 발생 정도, 가족의 크기를 포함하여 지역사회 응집력을 조사한 결과, 응집력이 높은 지역일수록 불안과 우울증의 증가율이 낮은 것으로 나타났다.[2]

이 결과는 이런 정신장애의 발병률을 통제하는 요인들이 도시 설계 방침으로 쉽게 변형될 수 있다는 점에서 중요하다. 특히 **도**

시에서 자연공간 접근 가능성이 도시 인구의 정신장애 위험을 줄일 수 있다는 흥미로운 결과가 있다. 이는 건축가와 도시 설계가가 도시 생활의 정신적 희생을 줄이는 데 도움이 되는 도구를 얻을 수 있다는 점에서 중요하다.[3] 하지만 도시 생활이 정신장애를 유발하는 기제가 좀 더 구체적으로 밝혀지기 전까지는 도시를 설계할 때 이런 위험을 줄이기 위한 개입은 복불복이 될 수도 있다.

하이델베르크대학교의 안드레아스 메이어린드버그[Andreas Meyer-Lindenberg] 박사가 이끄는 독일-캐나다 합동 신경과학 연구팀은 도시화가 뇌 활동에 끼치는 영향에 관한 획기적인 연구에서 놀라운 사실을 발견했다.[4] 뇌영상 실험에서 참가자들에게 뇌 활동을 시각적으로 보여주면서(중요한 변인이었다) 어려운 수학문제를 풀게 하고, 한편으로는 참가자의 수학과제 수행이 기대에 못 미친다고 말해서 부정적인 사회적 스트레스를 유발했다. 다시 말해서 참가자들은 수학문제를 잘 풀었어도 실수를 범했다는 평가를 듣는 식으로 수행에 관한 거짓 피드백을 받았다. 예상대로 땀샘 활동을 측정한 결과, 참가자들에게는 높은 스트레스 각성 상태가 나타났다. 이 실험에서는 불안의 원인이 명백했다. 참가자들은 내적 자아의 중요한 부분, 곧 수학 실력이 부족하다는 결함이 노출된 기분에 사로잡힌 것이다.

하지만 가장 흥미로운 결과는 실험 과정에서 뇌 활동 양상이 참가자들의 주거 환경과 현재 거주 형태에 따라 달랐다는 점이다. 대도시에 사는 사람들은 작은 환경에 사는 사람들보다 편도체 활성화 수준이 높았다. 대도시에서 성장한 사람들은 현재의 주거 환경과 상관없이 시골에서 성장한 사람들보다 대상피질cingulate cortex에서 더 강하게 반응했다. 편도체와 대상피질은 모두 우리가 정서 사건, 특히 위협적인 사건에 반응하는 신경회로에서 중요한 부분이고, 환경적 맥락과 가능한 결과 사이의 연관성을 학습하는 영역이다.

이 연구 결과는 **대도시에서 성장하거나 거주하는 사람들이 시골에서 사는 사람들보다 불안을 촉발하는 사회적 요인에 뇌가 더 강하게 반응한다**고 시사하는 점에서 중요하다. 따라서 이와 같은 연구 결과는 도시 거주가 낳을 법한 한 가지 영향을 관장하는 뇌 중추에 관해 중요한 단서를 제공한다. 이 연구에서는 우리가 낯선 사람들 틈에서 살아야 하는 조건에서 주변 환경에 맞게 행동을 조율하는 사이 사회적 스트레스를 받는다고 제시한다. 나아가 뇌영상 실험 결과는 만성 사회적 스트레스가 실제로 정서와 스트레스를 관장하는 주요 뇌 영역이 극심한 사회적 스트레스에 반응하는 방식을 변형할 수 있음을 보여준다.

지오트래킹 정신의학

궁극적으로 도시 환경과 행동의 복잡한 관계를 이해하려면 도시에 사는 사람들이 날마다 수행하는 일상적인 활동의 처리 과정에 관해 훨씬 더 많이 알아야 한다. 현재는 스마트폰에 기반을 둔 '지오트래킹geotracking'(스마트폰이나 기타 GPS 가능 장치에서 GPS 데이터를 받아 현재 개인의 물리적 위치를 식별하는 기능 : 옮긴이)이라는 새로운 방법론이 나와서 이런 연구가 가능하다. 네덜란드 마스트리흐트대학교의 임 판 오스Jim van Os는 참가자들이 시내를 돌아다니는 동안 위치를 추적하는 방법을 개발하고 있다. 이 방법을 통해 참가자들이 잠재적 스트레스 지점(시끄럽고 사람들이 밀집한 열차 플랫폼이나 번잡한 시장)에 이르는 정확한 시점을 파악할 수 있고, 참가자들은 그 지점에서 설문에 응답해서 감정을 보고할 수 있다.[5] 나아가 현재 상황에 대처하는 능력을 현장에서 곧바로 평가할 수 있도록 즉석에서 몇 가지 인지검사를 실시한다. 이 방법을 메이어 린드버그의 뇌영상 기법과 결합하면 스트레스를 유발하는 도시 경험이 개인의 정신에 어떤 영향을 끼치는지 시시각각 확인할 수 있다.

메이어 린드버그 연구팀의 영향을 받은 이 연구는 결국 혼잡한 도시의 부자연스런 거주 형태에 의해 도시 병리가 발생하는 기제를 현미경으로 들여다보듯이 조사할 수 있다. 더 나아가 이런 연구로 환경-뇌 관계의 상세한 건축학을 설명해서 바쁜 도시인들을 위해 치료적으로 개입하는 식으로 도시의 체질을 역설계할 수 있다는 데 의의가 있다. 현재 일부 스마트폰에서는 이미 전화로 간단한 명령을 수행하는, 지리적으로 정의된 구역인 지오펜스geofence를 구축할 수 있다. 현재 이런 지오펜스 개념이 가장 흔히 적용되는 예는 알림을 보내는 방법이다. 예를 들어 스마트폰이 우리가 언제

퇴근하는지 알고 시장에 들러 장을 보라는 알림을 보낼 수 있다. 하지만 한 개인이 도시에서 자주 다니는 목적지로 구성된 개인별 스트레스 지도를 작성할 수 있다면 스마트폰의 지오펜스 기능을 약간 변형해서 스트레스 노출량이 일일 최대치를 초과했다는 알림을 보내게 할 수도 있다. 스마트폰이 방사능에 노출되는 근로자들의 일일 감마선 노출량을 추적해서 허용치 이하로 유지하는 필름 배지(방사능 피폭량 측정기의 일종 : 옮긴이) 기능을 할 수도 있다. 이런 경우 말고도 우리의 습관과 취약성을 파악해서 조용한 지역이나 녹색공간을 찾아가 치유의 시간을 보낼 때라는 알림을 주도록 설정할 수 있을 것이다.

최근에 나는 지리공간geospatial 공학자이자 자칭 구글 유럽 지부 '친선대사'인 에드 파슨스Ed Parsons와 대화를 나누었다. 그는 이용자가 지리와 맺는 관계를 개인화해서 이용자의 기호를 장치와 긴밀히 연관시키는 것이 구글의 주요 목표라고 단언했다.[6] 나는 개인 맞춤형 지도가 광범위하게 채택되고 그로 인해 지역사회가 사라질 것이라는 전망에 약간 충격을 받았다. 그러나 한편으로는 심각한 정신장애를 앓는 사람들이 병을 악화시키는 환경에서 벗어나는 데 이런 장치를 이용할 수 있다는 매력을 거부하기 어려웠다. 하지만 좀 더 깊이 생각해 보면 도시의 풍파를 견디며 일상을 살아가는 데 필요한 회복탄력성을 갖춘 보통 사람들이 세상의 더 가혹한 경험을 막아주는 지오펜스 장치로 얼마나 이득을 볼 것이냐 하는 질문이 생긴다. 고통을 완화시키고 해로운 심리적 고통에 대처하도록 도움을 주도록 설계된 보조장치가 뜻밖의 강렬한 체험을 하지 못

● **뭄바이 도로** 세계 최고의 인구밀도를 지닌 인도의 대도시. 도로에 사람과 자동차가 혼란스럽게 얽혀 있는 환경에 사람들은 어떻게 적응했을까?

하게 막는 거추장스런 목발이 될 수도 있지 않을까?

회의적으로 보면 우리는 이미 언제 스트레스에 지칠지 알고 있으므로 일상의 긴박한 사태에서 벗어날 기회를 찾는 것처럼 피신처를 찾아 도망칠 때를 아는 것은 어렵지 않다고 말할 수 있다. 그러나 우리가 여건이 될 때도 도시의 스트레스를 피할 만큼 정서적으로 예리하지 못할 수 있다고 보는 데는 그만한 이유가 있다. 예를 들어 나는 뭄바이에서 인간-환경 상호작용에 관한 심리지리학적 평가를 실시하면서 놀라운 현상을 목격했다. 차들이 완전히 멈출 때가 거의 없고, 운전자의 손은 경적에서 거의 떨어지지 않았다. 그런 환경에서 보행자가 혼잡한 도로를 안전하게 건너려면 난해한 춤(발레와 파쿠르[도심의 구조물을 오르고 뛰어다니는 스포츠 : 옮긴이]를 결합한 것과 같은 형태의 춤)을 추어야 했다. 현지 주민들에게 그렇게 아드레날린이 솟구치는 일상을 날마다 어떻게 감당하는지 묻자 하나같이 어리둥절한 표정으로 어깨를 으쓱하면서 "아, 별거 아니에요. 곧 익숙해져요"라고 대답했다.

나는 주민들을 대상으로 실험을 실시하기로 했다. 보행자 집단을 꾸려서 혼잡한 교차로 한가운데 세워놓고 생리작용을 직접 측정했다. 참가자들의 심리 측정치는 근처 공원에 있을 때에 비해 그다지 행복하지 않은 것으로 나타났지만 참가자들이 직접 보고한 각성 수준은 특별할 것이 없고, 내게 들려준 이야기와도 일치했다. 반면에 땀샘 반응은 매우 높게 나타났다. 그들은 시끄러운 차와 오토바이가 몰려드는 도로 한복판이 특별히 이상하다거나 별로 힘들지는 않다고 생각할지 몰라도 신체 반응은 나와 크게 다르지 않은 것으로 나타났다.

인간은 놀랄 만큼 회복탄력성이 뛰어나다. 우리는 다양한 환경에 적응할뿐더러 극도로 불쾌한 환경에서도 잘 적응할 수 있다. 하지만 아무리 회복탄력성이 높아도 이런 환경에서는 우리 몸과 중추신경계의 스트레스 반응 영역이 제 역할을 다해서 혈압이 높아지고 혈류에 코티솔이 가득 차서 궁극적으로 신체질환이나 정신질환에 더 취약해진다.

도시 생활의 불쾌한 측면에 만성적으로 노출되는 상태와 실험실 실험에서 사회적 스트레스에 대한 반응 사이의 연관성에도 불구하고, 다행히 도시 거주자 중에서 소수만이 심각한 정신질환에 시달린다. 날마다 빽빽한 인파와 자동차 경적 소리, 낯선 사람에게 욕을 먹는 정도로는 심각한 우울증이나 범불안장애나 정신병을 일으키지 않는다는 뜻이다. 오래전부터 정신장애가 어느 정도는 유전된다고 알려진 것처럼 유전에서 열쇠를 찾을 수 있다. 연구자들은 몇 가지 중요한 유전-환경 상호작용에 초점을 맞추기 시작했다. 특히 신경전달물질의 한 유형인 뉴로펩티드 S$^{neuropeptide\ S}$의 수용기 청사진을 제공하는 특정 유전자가 스트레스 관련 정신장애의 발병과 연관된 것으로 보인다. 이 유전자를 보유한 사람은 극심한 불안과 같은 병리적 스트레스 반응을 일으킬 가능성이 클 뿐 아니라, 도시와 시골에 사는 사람들을 비교하는 뇌영상 연구와 유사한 실험에서 뉴로펩티드 S 수용기로 의심되는 형태를 보유한 사람들은 장기간 도시에 거주한 사람들과 마찬가지로 사회적 스트레스에 높은 편도체 반응을 보였다.[7] 따라서 누구나 도시 스트레스에 반응해 뇌가 변형될 수는 있지만 뉴로펩티드 S 수용기를 보유한 사람들만 심각한 질환에 걸릴 위험이 크다는 뜻이므로 도시와 정신질환의 연관성이 강화된다.

후속 연구에서 초기 연구의 결과가 입증된다면 평소 주머니에 넣고 다니면서 해로운 도시 환경에 노출되는 빈도를 줄여주는 개인 맞춤형 스트레스 지도를 사용할 가능성은 더 커질 것이다. 유전적 취약성에 기초한 스트레스 지도로 실제로 익숙한 환경에서 기록된 반응에 기초한 경험적 스트레스 지도를 보완할 수 있다. 개인 맞춤형 유전자 지문의 가격이 점차 떨어져 소비자가 손쉽게 이용할 수 있는 시대이므로 공상과학소설에나 나올 법한 이야기는 아니다. 그보다는 **과거의 경험과 유전자 구성 두 가지 모두를 근거로 제작된, 장소에 대한 심리적 반응의 상세 지도가 어느 정도까지 우리를 안내하도록 허용할 것이냐**가 관건이다.

형태가 중요하다

지금까지 살펴본 연구들에 따르면, 건축 환경에 불안을 야기하는 요소가 있을 수 있고, 이런 건축 요소에 반복적으로 노출되면 뇌가 변형되어 스트레스에 더 민감하게 반응할 수 있다. 유전적으로 스트레스 사건에 높은 병리적 각성 반응을 일으키는 사람들은 결국 심각한 정신장애를 일으킬 수 있다. 하지만 도시 환경에서 이런 결과의 원인으로 보이는 특징을 확인하는 데는 아직 아무런 진전이 없었다.

과도한 소음에 노출되는 것처럼 유력한 후보는 있다. 우선 과도한 소음은 작업 현장에서 번잡한 길모퉁이에 이르기까지 모든 환경에서 인지 수행과 정서 상태에 영향을 끼치는 것으로 예전부터 알려져왔다. 감각의 복잡성에는 적정 지점이 있으므로 이 지점을 지나치면 조치를 취하고 피신처를 찾아야 한다. 위험한 교통과

● **로열온타리오박물관의 신관** 캐나다 토론토에 있는 로열온타리오박물관에 새로 증축된 '마이클 리친 크리스털' 빌딩. 날카로운 윤곽선과 폐쇄된 공간이 사람들에게 반감을 사고 있다.

같은 도시 환경의 일상적인 위험에 만성적으로 노출되면 불안 수준이 상승하는 것도 당연하다. 그러나 **이처럼 도시의 평형 상태를 방해하는 요인과는 별개로 우리 주변의 건물 형태가 도시의 불안감을 조성하기도 한다.**

2007년에 토론토는 말썽 많은 로열온타리오박물관 증축을 완공했다. 이 박물관은 1914년에 웅장한 이탈리아 양식으로 건축되었고, 1930년대에 역시 전통 건축 양식으로 확장되었다. 그런데 해체주의 건축가 대니얼 리베스킨트Daniel Libeskind가 설계하고 주요 후원자를 기념하여 '마이클 리친 크리스털Michael Lee-Chin Crystal'이라는 이름이 붙은 새로 증축된 건물은 윤곽선이 날카롭고 유리와 강철로 폐쇄된 공간을 이루어 현기증을 유발할 정도로 균형과 방향 감각을 상실했다. 토론토의 고루한 빅토리아식 풍경에서 새로운 첨단 건축 설계의 시대를 여는 걸작으로 칭송하는 목소리도 있지만, 대다수는 세계적으로 촉망받는 '스타 건축가'를 불러들여 세계적인 명소로 거듭나려는 토론토의 다급한 욕망이 도사리고 있는 혐오스러운 건물이라고 매도했다. 일반 시민들은 누군가 "기괴한 외계의 똥"이 뚝 떨어진 것 같다고 묘사한 건축물 하나가 바꿔놓은 박물관 주변 풍경에 개탄했다. 사람들은 쓰러질 것 같은 크리스털 건물 아래의 탁 트이고 바람이 거센 공간을 피해 지나다녔다. 캐나다의 혹독한 겨울철에 날카로운 각도의 윤곽선과 뾰족한 모서리에 맺힌 위험한 고드름이 떨어질까 봐 걱정하는 사람들도 많았는데, 전혀 근거 없는 걱정은 아니었다.

예전부터 이 박물관을 좋아하던 사람들은 다시는 박물관에 가지 않겠다고 단언했다. 2009년에 전 세계 여행자들에게 정보를 제공하는 주요 온라인 포털사이트인 '버추얼투어리스트 virtualtourist. com' 이용자들은 이 건물을 세계에서 가장 추한 건물 8위로 꼽았고, 같은 해에 《워싱턴포스트 Washington Post》에서는 10년 동안 지어진 건축물 중 가장 추한 건물로 선정했다. 새로 증축된 건물 덕에 보관실에서 먼지를 뒤집어쓰고 있던 유물들을 전시할 공간이 생겼지만, 새 건물을 쓸모없는 공간으로 가혹하게 비판하는 사람들이 많았다. 새 건물의 외관에 대한 반감을 누르고 널찍한 실내 공간과 넓고 우아한 로비, 이 박물관의 유명한 공룡 뼈를 전시하는 인상적인 새 전시실의 장점을 알아보는 사람은 거의 없는 듯했다. 새 건물의 장점은 삐죽빼죽 튀어나온 외관에 대한 반감에 묻혔다. 리베스킨트의 작품에 대한 이런 악의에 찬 공격은 어디에서 비롯되었을까?

심리학과 미학 분야의 오랜 연구 전통에서 인간은 거의 보편적으로 둥근 윤곽선을 선호하는 것으로 밝혀졌다. 곡선을 선호하는 성향은 타이포그래피 같은 단순한 형태에서 건축 인테리어에 이르기까지 갖가지 자료에서 발견된다. **우리는 곡선을 부드럽고 유혹적이고 아름답다고 생각하는 데 반해 삐죽빼죽한 테두리는 딱딱하고 혐오스럽고 위험을 알리는 신호로 여긴다.** 두 가지 윤곽선에 대한 이런 상반된 반응은 건축 환경에서 단순한 지각 특성이라도 환경의 위험을 경고하도록 진화해 온 원시 회로를 자극해서 강렬한 반응을 일으킬 수 있다는 뜻이다.

토론토대학교의 신경과학자인 오신 바타니언^{Oshin Vartanian}의 연구에서는 건물 안에서 곡선의 윤곽선에 노출되느냐 삐죽빼죽한 윤곽선에 노출되느냐에 따라 뇌 활동 양상이 달라질 수 있다고 밝혔다.[8] 곡선을 보면 안와전두피질과 대상피질 같은 보상이나 쾌락을 관장하는 뇌 영역이 크게 활성화되었다. 삐죽빼죽한 모서리를 보면 공포를 지각하고 반응하는 기제의 중요한 영역인 편도체의 활동이 증가할 수 있다. 건축학적으로는 프랭크 게리^{Frank Gehry}가 지은 구겐하임 빌바오 미술관의 우아한 곡선을 예로 들 수 있다. 게

● **구겐하임 빌바오 미술관** 건축가 프랭크 게리의 대표작. 우아한 곡선과 기묘한 형상을 자랑하는 이 건물은 보는 위치에 따라 다양한 형태를 드러낸다.

리의 유명한 동료 건축가 필립 존슨Philip Johnson은 구겐하임 미술관을 처음 보고 눈물을 흘렸다고 한다. 반면에 토론토에 있는 리베스킨트의 작품이 불러일으키는 강렬한 반응은 건축가 I. M. 페이I. M. Pei가 설계한 루브르 박물관 새 입구에 대한 반응과 상당히 유사한데, 이는 무서운 환경에서 위험을 감지하려는 욕구와 연관된 뇌 반응에서 나올 수 있는 양상이다.

직선과 날카로운 각도는 인간이 선호하지 않고 아름답게 느낄 가능성이 낮을뿐더러, 이런 곳에서 살면 행동에도 강력하게 영향받을 수 있다. 베를린 훔볼트대학교와 하이파대학교의 국제 연구팀은 사회적 판단에 관한 실험에서 참가자들에게 둥근 모서리와 뾰족한 모서리로 된 퍼즐 조각으로 낯선 사람의 초상화를 맞추는 과제를 내주었다. 참가자들은 뾰족한 모서리로 맞춘 얼굴이 둥근 모서리로 맞춘 얼굴보다 더 차갑고 공격적이라고 판단했다. 후속 연구에서 참가자들에게 경제적인 의사결정을 내리는 게임에 참여하도록 요청했다. 참가자들은 파트너와 상금을 나누는 협조적인 행동이나 상금을 독차지하는 공격적인 행동 중에 선택할 수 있었다. 게임은 추상적인 콜라주 작품으로 벽을 장식한 두 방 중 한 곳에서 진행되었다. 한 방에는 날카롭고 각진 형태의 작품이 걸려 있고, 다른 한 방에는 곡선 형태의 작품이 걸려 있었다. 둥그스름한 형태의 작품이 걸린 방보다 날카롭고 각진 형태의 작품이 걸린 방에서 공격적으로 행동할 가능성이 유의미하게 높았다.

전체적으로 이들 실험에서는 우리를 둘러싼 윤곽선의 형태가 우리를 행복하고 편안하게 만들거나 불안하고 두렵게 만들 수 있을 뿐 아니라 우리가 타인을 대하는 방식에도 영향을 끼칠 수 있는 것으로 나타났다. 이와 같은 영향은 뿌리가 깊어 보인다. 세 살짜리 아이도 모가 난 형태보다 곡선을 더 좋아하는 것으로 보아, **기하학적 형태에 대한 우리의 반응은 생애 초기에 발생하지, 성인기의 경험이나 취향의 영역은 아닌 듯하다.**[9]

진화 측면에서 볼 때 우리가 딱딱하고 예리한 모서리와 날카로운 각도를 싫어하는 것은 완벽히 합리적이다. 날카로운 형태는 이빨이나 발톱, 위험한 모서리를 의미할 수 있고, 이런 형태를 피하고 좀 더 부드러운 표면을 찾는 것이 적응 행동이다. 이런 형태에 노출되는 것은 단지 개인의 기호를 넘어 사회적 판단이나 협조적인 집단행동과 같은 좀 더 복잡한 행동 유형에 영향을 끼칠 수 있다는 연구 결과는 온도와 밝기 같은 요인이 인간관계를 보는 시각과 친사회적이고 윤리적으로 행동하는 성향에 영향을 끼친다고 보는 '체화된 인지embodied cognition'에 관한 현대적 관점과도 일맥상통한다.

'타인'에 대한 공포

형태와 소음, 감각 과부하와 환경의 위협에 노출되는 것과 같은 명백한 요인 외에도, **오늘날 건축 환경에서 불안을 야기하는 요인으로 단연**

눈에 띄는 것은 대인관계다. 한마디로 현대의 도시에서는 낯선 사람들과 가까이 붙어 살아야 한다. 우리가 지나온 광대한 진화의 시간으로 볼 때 결코 자연스러운 상황은 아니다. 인간이 생물학적으로나 정신적으로 적응해 온 생활양식은 주로 친족으로 구성된 소규모 집단이나 서로 외모와 성격, 습관을 잘 아는 사람들 100명 미만이 모인 집단에서 사는 것이었다. 원시 조상들이 살던 건축물은 서로의 시선을 피하기 위한 은신처라기보다는 재산을 보관하는 용도의 기초적인 움막 형태일 가능성이 높다. **친족의 시선에 그대로 노출되는 생활양식에서 모르는 사람들이 북적대는 비좁은 공간에 모여 사는 현대 도시의 생활양식으로 변화해 온 과정은 지나치게 빨랐다.**

사실 이렇게 끊임없이 낯선 사람들의 시선 속에서 살아가는 상태가 아마 메이어 린드버그의 연구팀이 발견한 사회적 스트레스의 원인 중 대부분을 차지할 것이다. 낯선 사람들과 함께 살기 전에는 신뢰와 사생활의 개념이 오늘날 우리가 생각하는 것과 상당히 달랐을 뿐만 아니라 사실상 거의 불필요했을 것이다. 서로가 다 보이는 공간에서 평생을 살던 소규모 농촌집단에서는 사생활이 훨씬 적었을 것이고, 집단의 삶과 동떨어진 정신생활이라는 개념조차 낯설었을 것이다. 이런 이유에서 신뢰(타인의 내면 상태를 충분히 이해하고 예측 가능하게 행동할 것으로 믿는 상태)도 물리적으로나 은유적으로 사방의 벽 안에서 평생을 살아가는 현대인들에게만큼 중요하지는 않았을 것이다.

건축 환경이 대인관계에 끼치는 영향에 관한 최근의 논의에

서는 주로 물리적 설계 요소가 어떻게 '함께라는 의식^{togetherness}'에
영향을 끼치고, 그에 따라 열린 공공 공간에 살고 싶은 욕구부터
길 가다 남을 도와주려는 의지에 이르기까지 다양한 행동에 영향
을 끼칠 수 있는지에 초점을 맞추었다. 연구자들은 주로 공간의 소
유나 세력권에 대한 인식의 중요성에 초점을 맞추었다.

미국의 건축가 오스카 뉴먼은 이런 소유 의식을 끌어내지 못
하는 물리적인 설계의 특징이 '프루이트아이고^{Pruitt-Igoe} 공공주택'
(세인트루이스에 건립된 이 공공주택단지는 소외계층, 특히 엄마
가 가장인 한부모가정에 주거지를 공급했다)의 재앙을 불러왔다

● **프루이트아이고** 1950년대 미국 미주리 주의 대규모 공공주택단지 프로젝트. 완공 후 급격히 슬
럼화했으며, 결국 1970년대 중반에 폭파, 해체되었다. 공공정책에 따른 도시 재건축 실패의 상
징이다.

고 주장했다. 프루이트아이고는 처음 건축된 시점부터 줄곧 범죄의 온상이었다. 뉴먼은 그 원인을 공동 공간에 대한 소유 의식을 느끼지 못한 주민들이 텅 비고 황폐하고 아무도 이용하지 않는 공간을 설계한 데서 찾았다. 결국 대중의 엄청난 관심 속에 출발한 프루이트아이고는 폐허로 변해 실패로 각인되었다. 프루이트아이고의 실패에 관한 최근 분석에 따르면, 건축 설계 못지않게 경제와 정치, 인종차별에도 원인이 있는 것으로 보인다.[10] 하지만 뉴먼의 분석은 주택단지에 벽과 출입구, 공공 공간을 설치해서 안전하고 믿을 만한 환경을 조성하는 방법에 관한 새로운 사고방식을 끌어내는 데 일조했다. 그는 주요 논문인 〈방어공간〉에서 주민들의 공동체 의식과 공동의 경계 의식을 향상시켜서 프루이트아이고를 구할 수 있었을 법한 건축 설계의 특징을 개략적으로 설명한다.

다른 여러 연구에서도 이보다는 덜 극적인 방식으로 건물 내부나 동네의 배치가 우리를 둘러싼 낯선 사람들을 향한 감정에 어떤 영향을 끼치고, 나아가 그 사람들에 대한 행동에 어떤 영향을 끼치는지 밝혔다. 한 연구에서는 우표가 붙어 있고 주소가 적힌 편지봉투를 땅에 떨어뜨려놓고 모르는 사람의 편지를 주워서 대신 부쳐주는 사람이 얼마나 되는지를 측정하는 방법으로 친사회적 행동을 검증했다. 이 실험은 건축 설계가 극단적으로 다른 대학 기숙사 건물에서 진행되었다. 고층건물 기숙사에는 학생이 많이 살고 있어서 대개 하루 종일 서로 거의 마주치지 않았다. 저층건물이나 연립주택처럼 인구밀도가 중간 이하인 기숙사에는 대개 하루에 적어도 한 번은 마주치는 식당 같은 공동시설이 더 많았다. 땅에 떨어진 편지가 회수되는 비율은 편지가 떨어진 건물의 물리적 배치에 크게 영향을 받았다. 다시 말해 인구밀도가 낮은 건물의 회수율이 가장 높고(회수율이 100퍼센트였다!), 고층건물의 회수율이 가장 낮았다(회수율이 60퍼센트를 조금 넘었다).[11]

관련 연구에서는 같은 고층건물 기숙사에서도 아래층에 사는 학생들이 높은 층에 사는 학생들보다 기숙사 내에서 사회적 관계망이 더 풍성한 것으로 나타났는데, 아마 아래층에 사는 학생들은 주로 1층에 있는 공동구역을 더 자주 이용해서 같은 기숙사에 사는 학생들을 알아볼 가능성이 높기 때문인 듯하다. 아래층에 사는 학생들은 꼭대기 층에 사는 학생들보다 이웃에 대한 신뢰 수준이 높고 거주 공간에 더 만족해했다.

이와 유사한 여러 연구에서 건축 환경이 조성되는 방식은 타인과의 일상적인 교류, 신뢰감, 낯선 사람들을 기꺼이 도우려는 마음, 주거 조건에 대한 만족도에 눈에 띄게 영향을 끼치는 것으로 나타난다. 이 연구는 사람들의 사회성에 영향을 끼치고 싶은 도시 설계자와 건축가에게 중요한 교훈을 주지만, 또 한편으로는 장소와 불안의 관계를 더 진지하게 이해하는 방식을 보여준다.

장소와 불안의 연관성을 알아보려면 간단히 낯선 사람들 사이에 있을 때 친근하고 친사회적인 행동을 가로막는 환경 조건에는 무엇이 있는지 물어보면 된다. 여러 가지 답이 나올 수 있지만 대체로 한 가지 단순한 개념으로 추려진다. 해코지당할까 봐 두려워서 낯선 사람들과 안전한 거리를 유지한다는 것이다. 대부분의 사람들이 낯선 사람들 사이에서 신중히 행동하는 편이지만, 이런 신중함이 낯선 사람에게 다가가 웃으면서 말을 걸면 상대가 우리를 해코지할까 봐 두려운 마음에서 나온다고 하면 지나친 과장으로 보일지 모른다. 하지만 우리가 낯선 사람을 반갑게 대하지 않는 주된 이유가 사실은 우리 내면의 자아가 낯선 타인의 감시에 노출될까 봐 두려워서라고 하면 그럴듯하다. 이것은 다른 종류의 위험이고 우리가 생물학적으로 피하고 싶어하는 위험이라고 말할 수 있다.

낯선 사람들이 북적거리는 환경에서 살다 보면 단순히 시내 버스에서 옆자리에 앉은 사람과 이야기를 나누면서 말을 아끼는 태도부터 해가 넘어간 뒤에는 동네를 돌아다니지 않으려는 태도까지 스스로를 보호하려는 충동이 광범위하게 일어난다. 이런 모든 반응은 우리에게 자연스럽지 않은 환경에서 살면서 위험을 경고해서 어느 정도 공포나 불안을 누그려뜨리는 적응 행동이다.

범죄의 공포, 불안의 비용

1969년에 스탠퍼드대학교의 사회심리학자 필립 짐바르도Philip Zimbardo는 간단하지만 위험한 실험을 실시했다. 그는 두 장소에 차를 세워두었다. 한 대는 뉴욕 브롱크스의 험한 동네에 세워두고, 다른 한 대는 캘리포니아 팔로 알토의 스탠퍼드대학교 근처에 세워두었다. 차량 번호판을 떼고 보닛을 열어놔서 기계 문제로 그 자리에 서 있는 것처럼 보이게 했다. 짐바르도의 조교가 근처에 몸을 숨기고 상황을 지켜보며 촬영했다. 브롱크스에서는 세워둔 차가 순식간에 해체되었다. 사실 조교가 차를 두고 빠져나와 카메라를 설치하기도 전에 약탈이 시작됐다. 팔로 알토에서는 며칠이 지나도록 차가 온전히 남아 있었다. 폭우가 쏟아지자 지나가는 사람이 차량 내부를 보호하려고 보닛을 닫아주기까지 했다. 짐바르도는 이런 결과가 두 지역의 공동체 의식과 상부상조 정신의 차이에서 나온다고 해석했다. 프루이트아이고의 복도가 누구에게도 속하지 않은 공간이었듯이 브롱크스의 거리는 주민들에게 그곳의 물건을 지키고 보호해야 하는 공동체 공동의 공간으로 받아들여지지 않았던 것이다.

실험의 두 번째 단계에서 짐바르도는 한 단계를 추가했다. 팔로 알토에 세워둔 차량의 앞 유리를 깨놓은 것이다. 그러자 얼마 지나지 않아 브롱크스에서와 똑같이 도둑질과 약탈행위가 일어나기 시작했다. 이 연구가 나오고 얼마 뒤 정치학자 제임스 윌슨James Wilson과 범죄학자 조지 켈링George Kelling은 이런 단순한 관찰을 근거로 《타임Time》에 도시범죄의 근원을 설명하는 새로운 이론을 발표했다. 윌슨과 켈링의 이른바 '깨진 유리창' 이론의 핵심은 무질서의 물리적 신호(깨지거나 판자로 덧댄 창문이나 쓰레기나 낙서)는 주변 환경에 관심을 가진 사람이 없다는 것을 공공연히 드러내는 셈이 되고, 아무도 보호하지 않는다는 사실이 명백히 드러나면 범죄가 발생한다는 것이다.

윌슨과 켈링의 주장이 옳다면 무질서의 물리적 신호를 최소화하려고 노력하면 범죄를 근절시킬 수 있을 것이다. 도시 행정가들은 이 이론을 범죄율을 낮추기 위한 간단한 처방으로 채택했다. 우선 뉴욕의 대중교통 시설 보안 책임자인 윌리엄 브래튼^{William Bratton}이 뉴욕 지하철을 건전한 공간으로 만들기 위해 막대한 노력을 쏟아부었고, 다음으로 뉴욕시장 루디 줄리아니^{Rudy Giuliani}는 (현재 뉴욕시 경찰국장인) 브래튼의 도움으로 무질서의 정의에 공공장소에서의 음주와 노상방뇨, 무임승차, 구걸 같은 경범죄를 포함한 사회적 무질서까지 포함시켰다. 이후 물리적 무질서와 사회적 무질서에 대한 대대적인 엄중 단속이 시행되었고, 그중에는 경찰이 길에서 의심스러운 사람을 가로막아 심문하고 몸수색을 할 수 있도록 허용하는 강제조치도 포함되어 많은 논란을 일으켰다. 뉴욕과 미국의 일부 지역에서는 이런 조치가 시행된 뒤 중범죄가 눈에 띄게 감소했다. 그리하여 깨진 유리창 이론을 도시범죄 문제에 적용한 시도는 성공적이라는 평가를 받았다.[12]

깨진 유리창 이론에 관한 연구와 논의는 수그러들 줄 모르고 열기를 더해갔다. 일각에서는 줄리아니가 시장으로 있던 시기에 뉴욕의 범죄율이 감소한 것은 뉴욕 시민의 전반적인 생활수준이 향상되고 실업률이 크게 떨어진 시기와 맞물린다고 주장한다. 이런 경제적 요인도 다양한 범죄를 감소시키는 데 한몫한 것으로 보인다. 범죄 통계자료를 공간별로 분석하면 무질서 측정치와 범죄율이 가끔 전반적으로 일치하기는 해도 윌슨과 켈링의 이론이 제시하는 것만큼 강력한 수준은 아니고, 무질서한 동네를 '청소'하도록 설계된 정책은 가난한 사람과 철거민들을 차별하는 정책으로 드러났다. 하지만 범죄율을 무질서의 측정치로 예측할 수 있든 무질서를 줄이면 실제로 범죄가 줄어들든 상관없이, 무질서한 환경의 영향에서 두 번째로 관심의 초점이 되는 요인이 있다. 범죄학자들은 덜 중요하게 생각하지만, **도시에서 정서 생활의 질과 관계가 깊은 두 번째 요인은 바로 범죄에 대한 공포다.**

유럽에서 광범위하게 표본을 추출해서 범죄에 대한 공포를 조사한 연구에서는 응답자의 3분의 1 정도가 가끔 안전이 걱정되어 행동을 바꾼다(시내의 일부 구역을 피하고, 원래 가려고 한 경로를 바꾸며, 일상에서 행사의 시기를 바꾼다)고 보고했다.[13] 북미 연구에서도 비슷한 양상이 나타난다. 미국의 한 대규모 연구에서는 응답자의 무려 40퍼센트가 집에서 1마일(1.6킬로미터) 이내에서도 밤중에 걸어다니기 무섭다고 답했다. 또 응답자(특히 여성)의 상당수가 집 안에 있으면서 누가 주택을 침입할까 봐 우려한다고 보고했다.[14] 이런 수치는 실제로 보고된 연간 범죄 통계, 곧 가장 심각한 경우에도 전체 인구의 1, 2퍼센트를 맴도는 수치와 극명한 대조를 이룬다. 게다가 실제 범죄율과 범죄에 대한 공포의 상관관계는 대개 높지 않다. 예를 들어 스웨덴의 범죄율은 서구 유럽과 북유럽의 모든 국가 중에서 가장 높지만 범죄에 대한 공포는 다른 북유럽과 마찬가지로 상당히 낮다.

환경에 대한 공포와 실제 위험 수준 사이의 괴리에는 복잡한 사회학적 요인이 작용할 것이다. 살인과 같은 최악의 범죄를 두려워하는 심리는 현실과 크게 동떨어지지만 이런 범죄가 언론에 보도될 가능성이 높다. 한 사회의 전반적인 공포 수준은 공동체 의식과 이웃과의 유대감뿐 아니라 경찰력에 대한 신뢰의 영향을 받고, 사회정책과 정부시책에서도 크게 영향받을 수 있다. 하지만 이런 매개 효과(간접효과)에도 불구하고 범죄에 대한 공포는 실제 범죄율에 비해 상당히 강해서 일상의 정상적인 행동에 개입하기 때문에 적응적이지 않다. 그러나 명백한 범죄율, 개인적으로 위협당할 위험, 개인의 행동을 바꾸어 위험을 완화시키는 비용을 모두 고려하면 문제가 그리 간단하지는 않다.

나는 초기에는 동물 행동을 연구했다. 동물들은 궁극적으로 생물학적 번식의 의무를 이행해서 유전자를 후대에 물려주기 위해 생활을 어떻게 조정할까? 나는 주로 동물이 포식자에게 잡아먹히지 않으려고 어떻게 대책을 마련하는지에 초점을 맞추었다. 연구는 주로 실험실에서 진행되었다. 나는 카드보드로 만든 매와 같은 정교한 장치를 공중에 띄워서 쥐와 생쥐, 사막쥐 같은 실험동물이 생존하기 위해 은신처를 찾아 달리도록 조작했다. 그러고는 피식자-포식자 상호작용을 직접 확인하기 위해 전문가의 관심을 핑계로 케냐로 모험을 떠났다(우리 학과장은 '엘러드의 사기꾼'으로 불릴 만큼 수완이 좋은 사람이었다). 당시 아프리카 야생에 관해 내가 아는 것이라고는 앨런 루트[Alan Root]의 유명한 자연 다큐멘터리에서 본 게 전부라서 나는 포식자인 고양잇과 동물과 가젤 사이의 극적인 추격전을 기대했다. 우리의 가이드가 성가셔하는 영양이나 코끼리 무리에 끼어 오도 가도 못하는 상황을 훌륭하게 연출하면서 지프차를 몰고 마사이마라 국립보호구를 지나는 사이 나는 순진하게도 고양잇과 동물이 몰래 숨어 있다가 먹잇감이 방심한 틈을 타 살금살금 다가가 절정에 이르러 대단한 추격전을 펼칠 줄 알았다. 나는 탈출의 성공과 실패를 가르는 요인을 알아낼 수 있을 거라는 막연한 기대에 부풀었다. 잡아먹히지 않는 마법의 공식은 무엇일까?

얼마 후 나는 처음으로 **피식자–포식자 상호작용에서 중요한 교훈을 얻었다. 잠행과 추적의 게임이 아니라 지루한 경제학과 관련이 있었다.** 시야가 트인 광활한 사바나 지역에서 피식자와 포식자 사이의 가장 일반적인 상호작용은 평온한 균형 상태다. 한마디로 비용과 이익을 신중히 따져보는 게임이다. 가젤들은 무리지어 풀을 뜯으면서 치타를 본다. 치타는 가젤 무리를 지켜본다. 양쪽 모두 정확히 어떤 상황인지 알지만 가젤은 공포에 질려 근처 언덕으로 우르르 뛰어가지 않는다. 되도록 오랫동안 풀을 뜯고 싶어한다. 도주 거리, 곧 치타가 가젤 떼와의 거리를 좁혀 희생양을 하나 잡아채기까지의 거리를 신중히 계산하고 또 계산한다. 가젤은 도주 거리에서 벗어나 있기만 하면 안전한 편이므로 계속 먹이를 찾아다닐 수 있다. **불필요한 공포와 도주 반응에는 비용이 따르고, 피식자는 그 비용을 감당하는 것이 합당할 때만 그런 방식에 적응한다.** 이 게임의 장기적인 결과는 대개 비용을 얼마나 정확히 계산했느냐에 달려 있다.

그럼 다시 사하라 이남 아프리카 평원에서 돌아와 도시의 삶을 생각해 보자. 우리가 불안감(위험에 처할 수 있다고 알리는 내면의 경고 장치)에 이끌려 결정할 때마다 우리는 마사이마라에서 풀을 뜯는 가젤과 상당히 유사한 방식으로 행동한다. 밤에는 걷기보다 운전을 선택하거나 외출 계획을 아예 취소하기도 한다. 위험하다는 생각이 드는 지역을 피해 멀리 돌아가기도 한다. 길에서 어슬렁거리는 사람들과 부딪히지 않으려고 길을 건너거나 에둘러 가거나 왔던 길로 되돌아가기도 한다. 꼭 하고 싶은 행동을 해서 얻는 상대적 이익과 그 행동 때문에 위험에 처할 가능성의 경중을 따져서 나온 경제적 선택이다. 적응적으로 행동할 때 우리는 몸으로 느끼는 불안 수준으로 이런 위험과 혜택을 계산한다. 우리가 대체로 위험을 과장하는 것처럼 보인다는 점에서 필요 이상으로 욕구를 좌절시킨다고 볼 수도 있지만 가젤의 판단을 기준으로 볼 때, 전체 비용 중에서 좀 더 안전해 보이는 행동을 선택하는 비용이 불안을 지나치게 무시하는 비용에 비해 상당히 적은 편이다. 진화심리학자 로버트 온스타인Robert Ornstein은 이와 같은 수학을 다음과 같이 설명한다.

죽을 위험이 비록 1만분의 1이라고 해도 실재하는 위험에 대응하지 못하면 죽는다. 몇 년이 지나면 우리의 유전자가 적게 살아남아 진화적 의미에서 더 많이 죽는다. 하지만 위험에 과잉반응하면 약간의 히스테리만 일으킬 뿐 (…) 번식 능력은 잃지 않는다. (…) 모든 위협에 공포 반응을 보이면 생존력은 1만분의 1밖에 높아지지 않더라도 공포에 사로잡히는 개체가 그렇지 않는 개체보다 4억 8,400만 배 많아질 것이다.[15]

흠칫흠칫 놀라는 가젤처럼 행동할 때 진화적 혜택이 주어질 수 있듯이, 주로 원시시대에 뿌리를 둔 각성과 불안, 공포와 회피를 유발하는 직접적인 환경 요인이 존재하는 것으로 보인다. 도시 환경의 공포에 관한 연구에서는 위험하다고 느끼게 하는 가장 중요한 요인은 공간 속성과 관련이 있다고 밝힌다. 사람들은 만일의 사태에 대비해 도주할 퇴로가 막힌 공간에 들어가고 싶어하지 않고, 범죄자나 부랑자가 숨어 있을지 모를 으슥한 공간이 많은 구역에는 들어가고 싶어하지 않고, 모퉁이 너머에 무엇이 있는지 잘 보이지 않는 곳으로는 가고 싶어하지 않으며, 아무도 없는 곳을 지나가고 싶어하지 않는다.

때로는 물리적 무질서나 사회적 무질서의 단서가 있을 때 불안감이 커지기도 한다. 물론 개인적인 경험이나 폭력을 다룬 언론 보도를 통해 안전하지 않을 수 있다는 인상이 형성된 지역에 선뜻 들어가지 못하기도 한다. 한 개인이 위험을 지각하는 데 영향을 끼칠 수 있는 지극히 합리적인 전후 맥락상의 변수, 곧 개인적인 변수도 있다. 사람들은 낮보다 밤에 신중해질 가능성이 훨씬 높다. 여자와 노인들은 불안이나 회피에 대한 임계치가 낮다. 이들이 위협에 대한 취약성이 더 높은 것과 완벽하게 일치하는 현상이다.

　　위험에 대한 지각과 취약성에 대한 남녀의 차이는 아무리 강조해도 지나치지 않고 바람직한 도시 계획의 핵심이 되어야 한다. 1991년에 오스트리아 빈의 한 설문조사에서는 도시에서 남자와 여자가 일상적으로 다니는 길이 전혀 다르게 나왔다. 남자들은 출근할 때 한 번과 퇴근할 때 한 번, 이렇게 하루에 두 번 운전하거나 대중교통을 이용하는 반면에, 여자들은 육아와 장보기를 비롯해 다양한 활동을 하느라 여러 경로로 이동하는 것으로 나타났다. 빈은 이 설문조사 결과를 바탕으로 도시 환경에서 남녀 모두가 동등하게 접근할 기회를 누리도록 설계된 '성 주류화gender mainstreaming' 정책을 도입했다.[16] 그중에 가로등 개선과 보도 설계 개선 같은 일부 요소는 범죄 피해와 범죄에 대한 공포에서 성별 차이를 해소하도록 고안된 것이 명백해 보인다. 현재 빈의 정책은 도시 계획의 다양한 측면에서 성별 문제를 고려해야 한다는 예산 원칙에 기초한 시행 계획에 따라 정부가 관리 감독한다. 이 정책은 공공장소와 생활 편의시설에서 성별 차이를 없애려고 시도하는 모든 도시가 본받아야 할 모범이다.

내 안의 나를 보호하라

건축 환경에서 신체적 위해를 당하는 공포와 관련된 불안은 어찌 보면 직접적이다. 우리는 신체와 재산이 범죄자의 손에 휘둘리는 실질적인 위험이 존재한다는 사실을 안다. 이런 위험에 대한 정서 반응이 현실과 동떨어져 있다고 보는 사람들도 있지만, 대다수 사람들은 위험한 환경 요인에 대한 적절한 감수성을 갖추고 있고(그중에서 적어도 일부는 수천 년에 걸쳐 진화해 오면서 적응한 결과다), 이런 감수성에 따라 스스로 행동을 조정한다.

이런 반응에 비하면 내면의 자아를 보호하기 위해 낯선 사람들이 모여 있는 세계에 노출되지 않도록 취하는 행동은 덧없어 보일 수 있다. 범죄와 달리 이런 위험은 정의하기가 쉽지 않기 때문이다. 내면의 비밀이 노출되면 물질적으로나 심리적으로 해를 입을 위험이 생길 수 있지만(명백한 사례로 페이스북이나 트위터 같은 SNS를 통한 신원 도용이나 심리적 괴롭힘을 생각해 보라), 우리가 사생활을 보호하려고 취하는 조치는 이런 종류의 위험을 고려하는 정도를 훌쩍 넘어선다. 버스에서 낯선 사람과 이야기하려면 신중함의 임계치를 넘어서야 하지만, 사실 그런 일로 위험에 처할 가능성은 매우 낮다. 낯선 사람들의 시선으로부터 스스로를 지키는 데 이용하는 본능적 충동이 동시에 대도시에 드리운 심리적 그림자, 곧 외로움의 급속한 확산에도 일부 기여한다는 사실은 도시 거주민들에겐 아이러니다.

세계 여러 지역에서 인구통계학적으로 중요한 변화가 일어나고 있다. 2013년 인구통계에 따르면, **정확한 인구통계가 집계된 이래 처음으로 미국 인구에서 독신자 비율이 50퍼센트를 넘었다.** 비교적 짧은 기간에 극적인 변화가 일어난 것이다(비혼자 비율은 1976년 이래로 약 35퍼센트 증가했다).[17] 유럽 북부에서도 이와 유사한 변화가 일어났다. 예를 들어 런던에서는 2011년에 독신가구 비율이 50퍼센트를 넘었고, 영국의 다른 지역에서도 독신가구가 급격히 증가했다.[18] 이런 변화는 정치와 문화뿐 아니라 우리가 가정부터 공공장소까지 모든 공간을 이용하는 방식에도 중요한 함의를 갖는다.

한편 일부 사회학 연구에서는 가까운 친구들 모임이 서서히 줄어들 수 있다고 제시했다. 예를 들어 한 연구에서는 미국인의 대규모 표본집단을 대상으로 '중요한 문제'를 상의할 수 있는 사람들을 열거하라고 요청했다. 이 표본집단에서 절친한 친구는 평균 2.08명이었다. 이보다 10년 전쯤 실시된 유사한 연구보다 1명 정도 줄어든 결과였다.[19] 가장 절친한 친구가 주로 배우자라는 점에서 보면 이런 감소 추세가 놀랍지는 않다. 또한 같은 기간에 SNS의 이용이 급격히 증가했다. 구글에서 '친구'라는 단어를 잠깐만 검색해봐도 맨 위에 뜨는 결과는 친구와 커피나 와인을 마시면서 그날의 일들을 함께 나누는 것과는 전혀 상관이 없고, 페이스북에서 사생활 공개 수준을 정확히 설정하는 문제와 더 관계가 있다.

전반적인 결혼률 감소와 독신생활의 증가, 언제 어디에나 퍼져 있는 온라인 사회관계망 같은 변화가 인간의 사회적 행동에 끼치는 영향에 관한 연구와 책과 의견이 봇물처럼 쏟아져나왔다. 본격적인 논의가 시작되기도 전에 몇 가지가 명백히 드러난다. 최근에 밴쿠버의 한 조사에서는 참가자들이 도시생활에서 가장 중요한 문제로 외로움을 꼽았다. 다른 경제적 문제나 생활양식의 문제보다 더 중요한 문제로 본 것이다.[20] 오스트레일리아의 유사한 연구에서는 친구가 한 명도 없다고 보고한 응답자의 비율이 1985년부터 2005년까지 20년 동안 무려 50퍼센트나 증가한 것으로 나타났다. 이 연구에서는 응답자의 13퍼센트가 도움이 필요할 때 도움을 요청할 이웃이 없다고 보고했다.[21] 심리학자 존 카치오포 John Caccioppo는 대표 저서 《외로움: 인간 본성과 사회적 연결의 욕구 Loneliness: Human Nature and the Need for Social Connection》[22]에서 혼자라는 것이 외로움과 동의어는 아니지만 **결혼률이 낮고 독신 비율이 높고 전반적으로 사회집단이 줄어드는 현상으로 인해 외로움이라는 고통스러운 심리 상태를 피하려고 애쓰는 사람들은 더욱 어려운 환경에 처해 있다고 지적한다.**

외로움으로 인한 손실이 크다는 점은 여러 연구에서 밝혀졌다. 만성적으로 외로움을 느끼는 사람은 우울증과 낮은 자존감, 승진 기회의 감소, 심지어 질병과 조기 사망까지 불러올 가능성이 높다. 외로움이 급격히 증가한 원인은 명확히 밝혀지지 않았지만 일각에서는 주거 환경이 교외로 퍼져나가고, 그로 인해 장거리 출퇴근을 해야 하는 추세에서 원인을 찾기도 한다. 한편에서는 인터넷과 SNS를 비롯한 전자 미디어의 발달로 실용적으로 살기는 하지만 꼭 행복하지는 않은 채로 사람들과 더 멀리 떨어져 지내는 상황에서 원인을 찾는다. 요즘은 집에서 나가지 않고도 쇼핑하고 놀고 사회집단으로 모이는 것이 (어느 정도는) 가능하다. 사회집단이 점차 줄어들고 양극화되는 듯하다. 다만 이런 추세와 만연하는 SNS의 관계는 그리 명확하지 않다.

실제로 사회학자 키스 햄튼[Keith Hampton]의 연구에 따르면, 우리가 예전에 비해 친한 사람을 적게 댈 수는 있지만, 여기에는 우정의 의미가 바뀌고 사회생활의 방식이 달라진 점도 한몫한다.[23] 게다가 햄튼은 이런 변화가 SNS 탓이라는 증거는 거의 없다고 주장한다. 일부 연구에서는 SNS의 크기가 현실의 사회적 네트워크의 크기와 직접적인 상관관계가 있다고 밝히고, 사회생활의 일부 측면을 조절하는 것으로 알려진 일부 뇌 영역(편도체)의 크기와도 상관관계가 있다고 밝혔다.[24] 게다가 이웃에게 정보를 제공하도록 설계된 SNS가 이웃과의 사회적 통합에 매우 긍정적인 영향을 끼칠 수 있다고 밝히는 연구도 있다.[25]

사회관계망(현실이든 가상이든)과 건축공간의 설계 사이의 연관성이 명확하지 않고 혼란스럽기는 해도 한 가지는 확실하다. 광대한 진화의 시간에서 우리가 소집단 거주 형태를 벗어나 대도시에서 국제적인 생활양식으로 살기까지 일어난 가장 큰 변화는 우리가 날마다 마주치는 모든 사람과 친해지는 능력을 잃어버렸다는 점이다. 대도시에서 우리를 둘러싼 무수한 사람들은 우리가 알고 지낼 수 있는 범위를 훌쩍 뛰어넘는다. 존 로크는 《도청: 내밀한 역사》[26]에서 이와 같은 변화가 인간의 사회 발전에서 핵심을 이루는 이유는 과거에는 현재 우리가 소중하게 여기는 사생활과 신뢰와 같은 인간의 기본 욕구가 훨씬 덜 중요했기 때문이라고 주장했다. 모두가 거의 항상 서로에게 노출되는 상황에서는 내적 자아라는 말 자체가 생경해 보인다.

따라서 현대의 환경에서는 개인의 내적 자아가 노출될 위험이 있을 때 과잉보호 반응을 보이는 것이 그리 이상하지 않을 수 있다. 도시 환경에서는 서로 노출되는 소규모 사회에서 효과적으로 대처하도록 진화한 행동양식과 낯선 사람들과 어깨를 부딪치며 살아야 하는 물리적 환경 사이에서 불편하게 타협하면서 살아야 할 수 있다. 하지만 우리를 범죄로부터 보호해 줄 수 있는 불안 반응은 '뒤늦게 후회하느니 미리 조심하는 편이 낫다'는 전략에 따라 차라리 실수하는 편이 낫다는 식의 낮은 설정값을 정당화해 준다.

반면에 **낯선 군중 속의 삶에서 야기된 사회적 고립은 비용이 좀 더 클 수 있다.** 엘리베이터에 같이 탄 낯선 사람이나 슈퍼마켓에서 뒤에 줄을 선 사람으로부터 스스로를 차단해서 자기와 비슷한 타인과의 유쾌한 만남을 끊어버릴 뿐 아니라 불안 수준과 스트레스 반응을 건강하지 않은 수준까지 끌어올릴 수도 있다. 그래서 도시 설계자인 찰스 몽고메리Charles Montgomery는 저서 《행복한 도시Happy City》에서 친화 행동을 끌어내는 방향으로 도시를 계획하고 설계를 바꾸자고 주장한다. 말하자면 **순응적인 공공장소, 쾌적한 도심의 녹색공간, 기분이 좋아지고 긍정적으로 생각할 수 있는 환경에서 서로에게 더 가까이 다가가는 데 도움이 되는 저층 콘도미니엄 같은 주거지 배치가 필요하다는 것이다.**[27]

따라서 페이스북 같은 SNS가 걷잡을 수 없이 확산되는 이유를 이렇게 설명할 수 있다. 페이스북 뉴스피드의 상태 업데이트가 항상 접속 상태인 것은 원시 농경사회 정착민의 소규모 집단에서 사람들이 불가에 둘러앉아 서로 잘 보이지만 그렇다고 직접 소통하지는 않으면서 눈으로 서로의 움직임을 감시하는 생활양식의 현대적 형태로 볼 수 있다. 상태 업데이트가 깜빡거리며 새로운 내용이 올라오고 원하면 언제든 확인할 수 있지만 꼭 집중해서 봐야 하는 것도 아닌 방식은 원시시대에 무심히 정보를 교환하는 모습과 상당히 닮았다. 따라서 페이스북 이용자 한 명의 친구 수의 중앙값이 약 200명이라는 점이 흥미롭다. 인류학자 로빈 던바^{Robin Dunbar}가 인간의 마음에서 안정적인 관계에 허용하는 대략적인 용량이라고 제안한 유명한 '던바의 수' 150명에 가깝고 신석기시대의 농촌부터 오늘날 군대의 중대 하나 크기에 이르기까지 다양한 사회조직의 평균 참가자 수와도 상당히 일치하기 때문이다.[28]

SNS를 통해 사회적 실재감을 좇는 행위와 신석기시대의 농부들이 불가에 둘러앉아 서로를 응시하는 행위를 비교하는 것이 그럴듯해 보이긴 하지만 두 네트워크 사이에는 중대한 차이가 있다. **인간의 자연스럽고 유기적인 관계망은 아래에서 위로 올라가고 자체적으로 조직된다.** 서로 응시하고 경청하는 단순한 방법으로 서로의 행동과 사고를 추적하고 관찰한다. 서로 주고받는 행동과 관찰은 어떤 식으로든 집단 이해와 결속력을 형성한다. 반면에 **페이스북 같은 SNS에서는 우리가 직접 단어와 이미지를 게시해서 네트워크에 기여할 뿐 아니라 따로 수행 통제 단계가 존재한다.** 페이스북 경영진은 우리가 제공한 정보를 추적하고 관찰하고 자체적으로 빈틈없이 적정한 알고리즘으로 필터링하며, 심지어 우리를 대상으로 실험을 실시하여 네트워크를 수정하고 수익을 낼 목적으로 우리의 일상에 최대한 파고든다.[29] 상황에 따라 적당한 광고를 게시하는 경우를 제외하고는 일반 이용자에게 거의 보이지 않는 이런 통제 단계는 SNS를 이용하는 행위를 원시시대에 불가에 둘러앉는 행위와 전혀 다른 종류의 사건으로 만들뿐더러 우려할 만한 사건으로 만든다. 사회관계망을 이용하고 싶은 충동은 원시시대의 소규모 집단에서 통용되던 지속적인 사회 감시에 대한 갈증에서 유래하는 것으로, 인류가 큰 도시로 이동하기 시작할 때 발생한 분리의 불안과 공포에 대한 반응일 것이다.

6장

경외의 장소

우리가 숭고한 존재와 접촉한다고 느끼고 자아의
식이라는 기적을 축복하는 뇌 구조는 지극히 인
간 고유의 것이다. 바로 이 뇌 구조에서 우리가 존
재의 칼날 위에 기적적으로 균형을 잡고 마음의
극장에 펼쳐지는 모든 혜택을 누리는 동시에 궁
극적으로 피할 수 없는 죽음의 심연에 대처하게
해주는 비법을 찾을 수 있다.

조망효과: 우주에서 본 지구

1968년 크리스마스이브, 아폴로 8호의 우주비행사 윌리엄 앤더스 William Anders가 인류역사상 가장 유명한 장면으로 남을 사진 한 장을 찍었다. 프랭크 보먼Frank Borman, 짐 로벨Jim Lovell과 함께 탄 소형 우주비행선이 달 주위를 돌고 푸른 지구별이 모습을 드러내자 흥분한 앤더스는 핫셀블라드 카메라를 들고 미공군 전투기 조종사의 입에서 나옴직한 말을 외쳤다. "저기 지구가 떠오르고 있다. 와, 정말 아름답군!"[1]

어렸을 때 나는 그 사진 포스터를 방에 붙여놓고 밤마다 가슴이 부푼 채 잠자리에 들었다. 그 사진에 대한 내 감상은 단순한 열살짜리 아이다웠다. 내게 그 사진은 모험심 넘치고 이국적이고 아주 멀리 있는 무언가를 의미했다. 그 사진은 내게 보통의 소년이 보고 느낄 법한 감정을 더 생생하게 만들어주었다. 그것은 탐험의 욕구이자 인간이 본격적으로 지구의 대기권을 벗어나게 되었으니 이제 무엇이든 가능하고 조만간 모두 우주선에서 살게 될 거라는 기대였다. 미래는 미지의 가능성으로 넘쳐났다.

세월이 흘러 이제는 어디서나 그 사진을 볼 수 있다. 박물관 전시와 학교 과학박람회부터 기념품점 벽에 덕지덕지 붙어 있는 포스터, 심지어 나이로비와 몸바사 사이의 타들어갈 듯 뜨거운 흙 길 위에 있는 작은 선술집에 이르기까지 어디나 있다. 우리가 그 사진에 끌리는 이유는 그 자체의 경이로운 아름다움 때문만이 아 니다. 우리는 누구나 그 사진을 보면서 무한히 펼쳐진 우주를 떠도 는 미미한 우주선과 같은 행성에 사는 존재라는 사실을 떠올린다.

1968년 크리스마스, 이 사진이 본격적으로 유포되기 시작한 바로 그날, 시인 아치볼드 매클리시Archibald MacLeish는 《뉴욕타임스New York Times》에 사람들의 심정을 이렇게 표현했다. "있는 그대로의 지 구, 영원한 침묵 속에서 떠도는 작고 푸르고 아름다운 지구를 보자 니, 우리는 모두 지구에 함께 탄 사람들이요, 영원한 추위 속 눈부 시게 아름다운 지구 위의 형제란 걸 알겠다. 진정한 형제란 걸 아 는 형제."[2]

아폴로 8호에 승선한 세 우주비행사가 느낀 감정과 우리가 지구의 표면에서 경이롭게 바라보며 간접적으로 경험한 감정은 그 뒤로도 머나먼 우주로 여행을 떠나는 우주비행사들이 거듭 경험해 왔다. 작가 프랭크 화이트Frank White는 1987년의 저서에서 지금 설 명하는 효과를 "조망효과Overview Effect"라고 부르고 이 명칭을 책 제 목으로 삼았다. 화이트가 속한 플래니터리 컬렉티브Planetary Collective 라는 단체에서 제작한 단편영화 〈조망Overview〉에서 철학자이자 선

사^{禪師}인 데이비드 로이^{David Loy}는 우주비행사들이 지구를 바라보면서 느끼는 감정을 "아름다운 푸른 공과 서로 연결되어 있음"에 대한 깨달음이라고 말한다. 그는 더 나아가 우주비행사들이 거의 보편적으로 보이는 반응을 경외감, 곧 일면 "자기를 놓아버리려는 의지, 분리된 느낌을 초월하려는 의지"[3]로 정의한다.

우주로 날아가 멀리서 지구를 바라보며 경외감을 느낄 만큼 운 좋은 사람은 극히 드물지만 누구나 '경외감^{awesome}'(그리고 요즘 진부하게 많이 쓰는 awesome[끝내준다]의 의미만이 아니라)이라고 분류할 만한 경험을 해왔다. 경외감에 사로잡히면 그 사실을 모를 수가 없다. 별이 빛나는 캄캄한 밤하늘, 뇌우, 산맥, 협곡의 장엄한 광경과 같은 극적인 자연현상을 보거나, 심지어 세계의 주요 사건을 생각하거나 토론만 해도 경외감에 압도당할 수 있다(예를 들어 무전으로 온 달 탐사 우주비행사들의 대화 내용을 듣기만 해도 아주 거대한 전 지구적 경외감에 사로잡힐 수 있다).

이 장에서는 건축공간에서도 경외감에 사로잡힐 수 있다는 데 관심을 둔다. 그런데 경외감의 정확한 뜻은 무엇일까? 사전적 정의로 경외감이란 '놀람과 두려움의 독특한 조합'이다. 그러나 조망효과를 경험한 우주비행사들의 설명에 따르면 경외감에는 초월적인 요소도 들어 있다. 이런 경험은 우리를 신체 공간이라는 좁은 경계 밖으로 데려가 우리의 존재가 단지 연약한 유기체로 된 껍질 속에서 뛰는 심장만은 아니라는 믿음을 준다. 우리에게 무한성이라는 감각이 생기면서 우리를 담는 시간과 공간의 경계가 갑자기 모두 무너진다.

압도적 크기: 경외의 심리학

장소와의 상호작용은 주로 우리가 거의 모든 동물과 공유하는 깊은 차원의 생물학적 원칙에서 나온다. 다른 동물들도 인간처럼 주거공간에만 있는 안락하고 둘러싸인 느낌에서 이익을 볼 수 있다(그리고 그 느낌을 즐길 수 있다). 굴 속에 옹기종기 모여 있는 새끼 쥐들의 경험이 자기 방에서 쉬고 있는 아이의 경험과 크게 다르다고 볼 만한 근거는 없다. 그리고 간혹 우리는 카지노나 쇼핑몰의 새로운 풍경과 소리에 본능적으로 이끌려 분에 넘치게 돈을 쓰기도 한다.

스키너 상자 안에서 실험쥐가 보상으로 초콜릿 우유가 나올 거라는 기대로 정신없이 막대를 눌러대는 동안 쥐가 느끼는 풍부한 현상학적 경험을 설명하기는 어렵지만 쥐의 행동체계와 신경학적 기제는 인간과 크게 다르지 않다. 사실 우리가 이럴 때 경험하는 감정, 이를테면 갈망과 결핍의 감정이 다른 동물들과 질적으로 다른 것 같지는 않다. 우리는 위험한 상황을 감지하면 불안해진다. 이런 불안감(그리고 불안감에서 기인하는 행동)과 누군가의 저녁밥이 되지 않으려는 반사 반응의 진화적 연관성은 쉽게 드러난다. 하지만 우리의 관심사는 장소에 대한 인간 고유의 반응 유형이다.

이를테면 초월적 장소에 몰입할 때 나타나는 경외의 경험이다.

윌리엄 제임스(가끔 보면 남들이 기회를 얻기 전에 먼저 심리학의 모든 중요한 문제를 생각한 인물로 보인다) 같은 초기 심리학자들도 물론 경외감을 다루었고, 지그문트 프로이트·칼 융·오토 랑크^{Otto Rank} 같은 정신역학 이론가들도 인간 행동 이론에서 이런 초월적 경험의 중요성을 설명했지만, 더 많은 냉철한 심리학자들이 이 문제에 진지하게 관심을 보이기 시작한 것은 비교적 최근의 일이다. 여기에는 여러 가지 이유가 있지만 경외감이 두려움과 놀람, 혐오감과 같은 수준의 기본 정서로 간주된 적이 없다는 점에도 원인이 있다. 역시나 경외감이 인간 고유의 정서이기 때문에 기본 정서로 간주되지 않았을 것이다.

다른 동물들에게도 기본 정서가 있다고 보기 어렵지 않은 이유는(그리고 동물들이 기본 정서를 경험하는 것이 아주 당연한 이유는) 기본 정서가 분명 생존에 필요하기 때문이다. 인간이든 아르마딜로든 무서우면 방어하고 놀라면 뛰고 혐오감이 들면 피한다. **그런데 인간 고유의 정서인 경외감의 목적은 무엇일까? 경외감은 어떻게 작용할까? 정확히 무엇 때문에 경외감이 생길까? 그리고 어떻게 측정할까?**

신학자와 사회학자, 심리학자와 일반인이 경외^{awe}라는 단어를 언급하는 방식을 예리하게 분석한 심리학자 대처 켈트너^{Dacher Keltner}와 조너선 하이트^{Jonathan Haidt}의 연구를 이어받은 오늘날의 많은 연구자는 **모든 경외 경험에서 공통으로 나타나는 '광대함^{vastness}'과 '순응^{accommodation}'이라는 두 가지 고유 속성에 초점을 맞춘다.**[4] 광대함은 물리적으로 그랜드캐니언 저 너머를 바라보면서 느끼는 경험이지만 간접적인 경험이 될 수도 있다. 가령 슈퍼히어로는 특수한 힘을 방대한 범위로 발휘하여 광대함을 자아낼 수 있다. 아인슈타인 같은 명석한 지성은 엄청난 이해력으로 경외감을 불러일으킨다. 모든 광대함에는 어떤 것의 '크기'에 대한 감각이 깔려 있다.

순응이란 경외감을 일으키는 자극에 반응하여 세계관을 조정할 필요를 느끼는 방식을 의미한다. 통찰 경험과 관련해서 순응의 핵심은 일반적으로 (개념이든 생각이든 감각이든) 모순된 두 가지를 하나로 결합하는 데 있다. 모순 또는 경험의 '기이함'에 대한 감정을 극복하려면 우리가 세계에 관해 안다고 생각한 내용을 대대적으로 수정하는 방법밖에 없다. 가령 물리학을 배우는 학생이 빛을 파동과 입자 두 가지 모두로 설명할 수 있다는 사실을 처음 배울 때 경험하는 정신적 갈등이 좋은 예다.

순응과 통찰에 관한 사례가 종교 체험과 관련되어 많이 나타나는 것도 우연이 아니다. 예수가 유한한 인간인 동시에(예수가 살해당한 것으로 설명되듯이) 신(죽었다가 살아난 데서 알 수 있듯이)이라는 기독교의 개념은 이런 이원성을 납득하기 위한 최고의 순응행동으로서 우리의 세계관(또는 좀 더 적절한 표현으로 우주관)을 적극 재구성하게 만드는 모순의 가장 좋은 예다. 우주비행사가 조망효과를 통해 광대한 우주와의 상호연결성을 확인하면서 순응해야 하는 경우도 이에 해당하고, 그 밖에 다른 환경에서도 많이들 경험하는 감정이다.

로마의 성 베드로 대성당에 처음 들어선 순간 나는 넓은 실내와 정교한 장식, 풍부한 예술품의 규모만으로 압도당했다. 나의 첫인상은 다른 방문객들의 반응을 보고 더욱 증폭되었다. 순례자들은 바닥에 엎드려 성당의 나르텍스^{narthex}(고대 기독교 교회당의 본당 입구 앞의 넓은 홀로, 참회자를 위한 공간 : 옮긴이)에서 트랜셉트^{transept}(십자형 구조의 좌우 날개 부분 : 옮긴이)까지 기어갔다. 평범한 관광객들도 숨 막힐 듯 압도된 듯했다. 나의 통찰 경험은 건축물이 종교적 신념(내 경우에는 빈약하다고밖에 할 수 없는 수준)을 막론하고 강렬한 감정을 끌어내는 위력을 새롭게 이해한 데서 비롯했다. 실제로 그날의 경험을 계기로 나는 생각과 감정을 이루는 건축 구조의 힘에 관심을 갖기 시작했다.

머리로는 장소가 중요한 줄 알지만 인간의 마음을 상세히 아는 것과 장엄한 대성당에서 거부할 수 없는 힘에 압도당하는 경험 사이에는 엄청난 차이가 있다. 나의 학문적 관심과도 연관된 광대함과 순응 반응 외에도 나는 그곳에 같이 있던 사람들뿐 아니라 나보다 수세기 먼저 다녀간 모든 사람과 합일된 느낌이 들었다. 우주비행사들이 시간과 공간이 서서히 사라지는 느낌, 그들의 육체를 우주와 구별하는 뚜렷한 경계가 무너지는 느낌을 받았다고 보고한 것처럼, 나도 나라는 자아의 경계가 무너지고 신비롭게 합일되는 경험을 했다. 그리고 내가 느끼는 감정이 어떤 식으로 의도된 결과라는 사실을 알기에 더더욱 놀라웠다. 말하자면 **내가 서 있던 건물의 목적은 내가 느끼는 바로 그 감정을 불러일으키고, 그 감정을 이용해 나라는**

● **성 베드로 성당** 로마 가톨릭의 총본산으로, 바티칸시티에 있는 대성당. 어마어마한 규모와 화려함, 그리고 시선을 저 높은 천장으로 이끄는 설계가 신비로운 경외감을 자아낸다.

존재를 변화시키는 데 있었다.

방금 설명한 완전한 경외감, 곧 더 큰 대상과의 신비롭게 결합하면서 생기는 광대함과 순응 반응이 인간만의 경험이라고 해도, 동물의 세계에서 진화적으로 앞서는 경외감의 기원은 좀 더 단조롭고 앞서 설명한 인간의 다른 정서 능력과 함께 진화해 왔으며, 이 경험에서도 광대함이 핵심이다. 작은 개가 덩치 큰 개(골목대장)의 위협에 굴복하는 모습을 본 적이 있다면 광대함의 위력을 알 것이다. 작은 개는 큰 개를 만나면 스스로를 보호하려는 욕구에서 나오는 대본대로 행동한다. 옆으로 굴러 배를 보여주지 않으면 갈등이 악화될 가능성이 훨씬 커지고, 큰 개가 공격을 서두를 수 있으며, 그 결과로 심각한 부상을 당할 수 있다. 문제는 애초에 왜 갈등이 생기느냐는 데 있다. 왜 두 개는 그냥 못 본 척 지나가지 않을까?

이 질문의 답을 완벽히 제시하려면 이 책의 주제를 멀리 벗어나지만 만족스러운 답을 간략히 제시하는 것은 어렵지 않다. 집단으로 모여 살면 분명 혜택이 있다. 동물들은 무리지어 살아야 공격으로부터 스스로를 보호하는 데 유리하고 자기 영역에서 나는 자원을 보호할 수 있다. 기숙사나 아파트에서 다른 사람들과 함께 살아본 적이 있는 사람이라면 알겠지만 함께 사는 데는 그만한 희생이 따른다. 무리 중에 누군가는 힘과 책략을 동원해 자원을 더 많이 차지할 수 있기 때문이다.

이런 문제를 해결하는 방법으로 자원 갈등이 생길 때마다 심각하게 부상을 입거나 죽을 때까지 싸우는 방법이 있지만, 동물행동학자 콘래드 로렌츠Konrad Lorenz가 유명한 책 《공격성에 관하여On Aggression》에서 처음 지적했듯이, 갈등 상황의 동물들이 서로 싸움의 예상 결과를 신호로 보내서 문제를 해결하는 식으로 애초에 싸움이 일어날 필요를 없애는 편이 더 적응적인 행동이다.[5] 뾰족뾰족한 철제 장식이 달린 개목걸이를 찬 불독과 맞붙어 싸우면 일요일의 한가한 산책을 중단해야 하는 작고 불쌍한 슈나우저에게 답은 아주 간단하다. 패배할 것을 알고 싸움이 일어나기 전에 미리 포기해 버리면 된다.

이런 단순한 생존의 대수학을 통해 인간을 비롯한 동물의 세계에 나타나는 사회 행동의 상당 부분을 이해할 수 있다. 크면 어디서나 유리하다. 인간 이외의 유인원의 경우 몸집이 제일 크고 힘이 센 수컷은 먹이와 은신처와 짝에게 접근하는 특권을 누린다. 인간은 키가 제일 큰 남자들이 돈도 더 많이 벌고 더 높은 사회적 지위도 누린다. 심지어 권력을 많이 가진 사람에게는 큰 글씨체로 이름을 새겨주거나 건물에서 제일 높은 층 사무실을 쓰게 하는 식으로 상징적으로 크기를 존중하기도 한다. 인간을 날마다 동종의 더 크고 무서운 구성원과 넉넉지 않은 자원을 놓고 싸우는 존재로 여기고 싶지는 않겠지만, 사회적 관계에서 크기의 힘을 이해하는 능력은 우리가 말을 배우기도 전에 이미 주입된 것으로 보인다.

수전 캐리Susan Carey가 이끄는 하버드대학교 심리학 연구팀은 말을 배우기 이전의 영아들에게 눈알 모양의 반점과 입만 있는 움직이는 단순한 사각형 두 개(큰 것과 작은 것) 사이에 벌어지는 '전투'를 시뮬레이션한 동영상을 보여주었다.[6] 두 사각형은 마치 길에서 서로 지나가려는 것처럼 움직였지만(앞서 가정한 두 마리 개처럼) 지나갈 공간이 없어서 서로 밀치는 경기가 이어졌다. 한 조건에서는 작은 사각형이 일종의 굴복의 표시로 바닥에 엎드려 큰 사각형이 지나가게 해주었다. 다른 조건에서는 큰 사각형이 굴복했다. 연구자들은 아기가 두 화면을 보는 동안 아기의 시선을 면밀히 관찰했다. 아기들은 지배와 복종을 시뮬레이션한 화면에 얼마나 집중했을까? 두 조건 간에 차이가 있었을까? 놀랍게도 11개월이 된 영아들은 작은 사각형이 큰 사각형을 지배하는 장면이 펼쳐지는 화면에 훨씬 더 관심을 보여서 사각형들 사이에 정상적으로 기대되는 서열이 뒤집힌 낯선 상황을 알아챈 모습을 보였다. 다시 말해 **아기는 언어를 사용하기 이전에 이미 사회 지배의 정상적인 작동을 이해하는 고유의 기제를 타고났다는 뜻이다.**

경외감이 적응적이냐는 문제에 관한 고찰에서 조금 벗어나기는 했지만 크기의 중요성에 관한 보편적인 관찰과 광대함에 대한 반응, 그중에서도 대성당 같은 거대한 건물에서 마주하는 물리적 광대함에 대한 본능적인 반응 사이에는 강력한 연관성이 있다. 간단한 다윈주의의 주장에 따르면, 커다란 건물과 그랜드캐니언이나 별이 가득한 캄캄한 밤하늘과 같은 광대한 경관에 대한 우리의 반응은 사회적 질서의 규칙을 따르고 약한 측의 복종을 끌어내서 경쟁자들 사이의 공격성을 무마시키도록 진화해 온 뇌 기제에서 나

온다.[7]

사물의 무지막지한 크기에 보이는 본능적인 반응 외에도, **본
성과 진화에 관한 지식 중에 종교 기념물이나 기타 건축 환경에서 마주하는
거대한 구조물에 대한 반응에 관한 영역도 있다.** 이 영역을 이해하기 위
해 정자새(바우어새)의 행동을 살펴보자. 수컷 정자새는 오직 암컷
을 유혹하는 기능만 있는 거대한 구조물을 만든다. 이 구조물을
'바우어bower'(정자亭子)라고 하는데 인간이 만든 거대한 건축물과 놀
랍도록 유사한 측면이 있다. 바우어에는 대개 짝이 될 암컷이 접근
하는 일종의 둑길이 있다. 암컷은 거대한 궁궐 같은 바우어에 다가
가는 동안 수컷이 부르는 소리에 즐거워한다. 울림이 좋은 방에서
그 소리가 증폭되어 수컷이 실제보다 더 커 보이기 때문이다.

오스트레일리아 디킨대학교의 생물학자 존 엔들러John Endler에
따르면, 수컷은 일종의 시각적 착각을 일으키는 방식으로 바우어
로 들어가는 둑길을 만든다.[8] 둑길 바닥에 점점 커지는 물체를 깔
아서 사실상 어떤 장면을 원근법으로 볼 때 관찰되는 구조의 정상
적인 변화율을 뒤집는 것이다. 정상적으로는 눈에서 더 멀리 있는
물체가 망막에 더 작은 상으로 맺히는데, 이것은 우리가 거리와 차
원을 가늠할 때 기준으로 삼는 기본적인 시각 단서다. 이렇게 변화
율을 교묘히 역전시키는 수법으로 수컷이 실제보다 더 커 보이고,
암컷은 응당 그에 감명을 받는다.

바우어는 규모가 거대할 뿐 아니라 매우 복잡한 구조물이다.
수컷은 먹이를 잡아먹고 경쟁자와 천적으로부터 스스로를 보호하

는 일상적인 하루 일과에 더해서 상당한 시간과 에너지를 할애해야 하는데, 이것은 좋은 바우어를 짓기 위해 치러야 할 대가다. 공작 수컷이 무겁기만 하고 기생동물의 서식지가 되며 천적의 눈에 띌 위험이 큰 꼬리깃털을 달고 다니듯이, 정자새 수컷에게 바우어는 엄청나게 불리한 조건에서도 살아남을 수 있는 능력을 보여줌으로써 수컷의 건강 상태를 알리는 도구다. 마찬가지로 **기념비적 건축물(앙코르와트, 기자의 피라미드, 거대한 성당)은 보는 이에게 그곳을 만든 주인공은 거대한 건물을 세울 만큼 자원을 보유했다는 사실을 드러낸다.** 노골적인 힘의 과시다.

건물의 기능을 뛰어넘어서 크기와 힘과 장식을 갖춘 거대하고 값비싼 건축물을 짓고 싶은 욕구가 새를 비롯한 동물들이 암컷에게 구애하기 위해 정교한 구조물을 만들거나 동물 집단에서 몸집이 제일 큰 동물이 무리를 지배하면서 이빨이나 턱뼈는 거의 사용하지 않고 권리를 지켜서 우두머리가 되려는 동기와 비슷한 것은 확실하다. 이상의 모든 사례에서는 크기와 투자를 이용하여 힘을 과시하고 사회질서를 지키는 것이 관건이다. 하지만 인간의 장엄한 건축물의 기능을 생략하는 관점 중에서 현실정치와 관련이 적고, 거대한 성당을 짓는 행위를 정새가 암컷을 유혹하기 위해 바우어를 만드는 행위와 구별해 주는 시각은 없을까? 사회의 미천한 구성원들이 통제를 더 충실히 따르고 사회적 화합에 기여하도록 만드는 가시적인 힘의 상징물로서의 기능 이외에 이런 건축물이 우리의 행동에 끼치는 다른 영향이 있을까? 성 베드로 대성당을 보면서 내가 시간과 공간이 허물어지고 더 큰 존재와 합일된 느낌이 든 것을 보면 분명 더 큰 무언가가 작용하는 것 같다.

점점 크게: 불멸을 향한 자기의식

거대하고 기념비적인 건물의 기능을 달리 해석할 방법을 알아보려면 우리의 심리 구조의 다른 부분이자 인간의 본질을 이룬다고 누구나 동의하는 부분, 곧 인간의 '자기의식self-consciousness'으로 눈을 돌려야 한다.

　살면서 이따금, 특히 삶의 더 큰 의미를 이해하려고 애쓰는 어린 시절에는, 누구나 자기의식을 갖는 것이 어떤 의미인지 알려고 노력한다. 나를 비롯해 많은 사람이 마음이라는 마법의 극장에는 우리가 사실상 증명하지는 못해도 감정을 가진 다른 모든 인간과 함께 나눌 수 있는 특별한 무언가가 존재한다는 사실을 깨달은 순간을 비교적 선명히 기억할 것이다. 우리는 스스로를 의식한다. 깨어 있는 모든 순간에 우리는 근본적인 분열을 경험한다. 이를테면 내면의 사적이고 정신적인 생활과 우주의 사실상 다른 모든 것 사이의 모순을 안고 사는 것이다. 그리고 이런 측면이 전적으로 인간만의 것인지 의구심이 들 만한 이유가 있지만(돌고래와 코끼리) 완전한 의식과 자기의식, 개인 경험의 풍부한 현상학은 지구와 현재 우리가 아는 우주에서 오직 인간만의 것으로 보인다.[9]

뇌가 행동을 유발하는 기제에 관해 점차 밝혀지고 분자생물학과 유전학도 어느 정도 발전했지만, 인간에게 자기의식이 생긴 이래로 인간은 인간이라는 존재만이 갖고 있는 단 하나의 경이로운 사실을 완벽히 이해하기를 거부해 왔다. 사실 최근 몇 년 사이에 풍경이 달라지기는 했지만, 신경과학의 짧은 역사에서 자기의식의 핵심을 이해하는 문제(자기의식이 무엇인지에 관해서조차 환원주의 관점으로 돌아가는 문제)는 아주 어려운 문제라고 연구자들은 입을 모은다. 자기의식은 과학자의 전극과 뇌영상 장치의 영역을 넘어서는 것으로 보인다. 왜 의식이 존재하는지조차 이해하기 어렵다. 우리가 내면의 정신 상태에 접근하는 능력과 마찬가지로 단연 눈부시고 다른 무엇으로도 대체 불가능한 방식으로 인간 조건에 영향을 끼치는 결정적인 무언가가 인간의 생존하고 번영하는 데 중요한 역할을 할 거라고 간주할 수는 있어도, 그것이 무엇인지에 관해서는 정확히 설명할 방법을 모른다.

나는 언젠가 대학원생이 가득 들어찬 강의실에서 인간의 행동에서 자기의식을 언급하지 않고는 온전히 설명되지 않는 측면이 있다면 한번 떠올려보라고 주문한 적이 있다. 그러고는 만약 의식이 행동에 기여하는 측면을 아무도 정의하지 못한다면 의식은 전적으로 불필요한 것, 즉 감탄할 만하지만 신경 쓸 필요는 없는 알록달록한 싸구려 보석에 지나지 않을지도 모른다고 농담처럼 말한 적이 있다. 기능이 명확하지 않다면 존재하지 않는 것일 수도 있다. 의식에 관한 철학적 입장인 이 개념은 새로울 것이 없다. 이른바 부수현상학자^{epiphenomenalist}들이 영국의 생물학자 토머스 헉슬리 $^{Thomas\ Huxley}$의 주장에 따라 의식의 재료가 적응적인 행동에 끼치는 영향은 기적 소리가 기관차의 작동에 기여하는 정도에 불과하다고 제안한 바 있기 때문이다.[10]

철학과 신경과학의 접점에서 난해한 이론의 토끼굴에 완전히 빠져버리기 전에 얼른 손을 떼고 의식이 무언가를 위해 존재하기는 하지만 그 무언가가 정확히 무엇인지는 모른다고 전제하는 편이 낫겠다. 니콜러스 험프리$^{Nicholas\ Humphrey}$의 저서 《영혼의 먼지$^{Soul\ Dust}$》에 나오는 비교적 단순한 주장에 따라, 진실이 무엇이건 우리에게 생생한 내적 존재가 생기면 삶이 무척 흥미로워지고, 바로 이것이 중요하다고 주장할 수 있다.[11] 우디 앨런$^{Woody\ Allen}$의 영화 〈맨해튼^{Manhattan}〉의 등장인물 아이작 데이비스$^{Isaac\ Davis}$는 "인생을 살 만하게 만들어주는 것들"로 그루초 막스$^{Groucho\ Marx}$, 윌리 메이스$^{Willie\ Mays}$, 주피터 교향곡 2악장, 세잔의 사과와 배, 샘 우 레스토랑의 게 요리, 트레이시의 얼굴을 꼽는다. 그 역시 같은 점을 지적한다. 모든 것이 상상의 산물일 뿐이고 설명하기는커녕 마음의 팔레트에서 위치를 알아내거나 식별하지 못할 정도로 명멸하는 불가해한 찰나의 현상일지라도, 삶의 정신적 풍요를 즐기는 것이야말로 다윈주의의 측면에서 애초에 의식이라는 '난제'가 발생한 이유를 정당화하는 데 필요한 전부일지 모른다.

하지만 **고도로 발달한 인간의 자기의식이 엄청난 정신적 풍요를 안겨주고 재미없는 순간을 아찔한 감각과 풍성한 정서의 변화무쌍한 경험으로 바**

꿔놓을 수 있듯이, 그 속에는 어둠의 씨앗도 있다. 자기의식의 거의 모든 즐거운 순간은 그 순간이 영원하지 않다는 명백한 사실 때문에 시들해진다. 주체와 객체를 가르는 울타리의 양쪽 모두에 서 있을 수 있는 기이한 존재로서 치러야 할 대가는 바로 우리가 언젠가 죽는다는 사실을 깨닫는 것이다. 어니스트 베커Ernest Becker는 인간의 조건을 예리하게 분석한 책인《죽음의 부정The Denial of Death》에서 인간의 삶에서 이렇게 깊이 통감하는 진실이야말로 인간의 본성을 이해하는 열쇠라고 주장했다.[12]

사실 서양 창조신화의 중요한 요소인 아담과 이브가 에덴동산에서 추방당한 이야기는 인간이 유한성을 깨달은 결과를 직접적으로 해석한 것으로 볼 수 있다. 치명적인 열매를 먹고 자기의식의 창문을 열었을 뿐 아니라 자기의식이 어떻게 끝날지도 깨달은 것이다. 결코 사소한 깨달음이 아니다. 니콜러스 험프리도《영혼의 먼지》에서 죽음을 자각한 심리적 여파가 워낙 강력해서 인간이 감당하기 힘들었을지 모른다고 말한다. 언젠가 막이 내릴 줄 알면서도 어떻게 매일 아침 침대에서 일어날 수 있을까? 험프리는 심지어 원시인 인구 가운데 딱히 설명하기 어려운 이유로 죽은 사람들은 아마 이런 새로운 자기의식을 안고 살다가 불가해한 사실을 감당하지 못해서 죽은 것이라고 제안하기까지 한다.

정신생활에 시간을 흥청망청 허비하지 말라고 위협하는 죽음의 먹구름이 드리운 탓에, 인간은 자연스럽게 죽음에 대한 인식을 감당하기 위한 전략을 개발했을 것이다. 이런 전략은 절망의 벼랑 끝에서 물러나 생산적인(다윈주의로 보면 죽음의 불안을 일찌감치 떨쳐내고 스스로를 보살피고 짝을 찾아 자식을 낳는 편이 생산적이다) 삶으로 돌아가도록 설계된 특수한 뇌 회로의 형태로 나타날 수 있다. 내가 지금 이 글을 쓰고 당신이 이 글을 읽는다는 단순한 사실에서 어느 정도 성공을 가늠할 수 있다.

사실 세 가지 대처 전략이 있다. 모두 험프리가 소개한 전략으로 일상에서 광범위하게 나타난다. 물론 **가장 중요한 전략은 단순한 부정이다.** 누구나 새벽 세 시에 다가올 종말과 싸우는 것이 무의미하다는 자각에 절망해 본 적이 있겠지만, 다행히 이런 자각은 대다수 사람들에게 일상의 존재에 동기를 부여하지 않는다(또는 의욕을 꺾지 않는다). 맛있는 음식이나 멋진 휴일이나 사랑하는 사람의 따스한 미소를 즐기다 보면 죽음에 대한 생각이 줄어들어 배경으로 사라진다. 사실 우리는 언제까지나 내일이 있을 것처럼 생각하고 행동한다.

다음으로 다른 종류의 부정이 있다. 살아 있는 사람 대다수가 어느 정도 갖고 있는, **우리의 존재가 어떤 형태로든 육체의 죽음을 넘어 살아남을 거라는 믿음이다.** 다시 말해서 대다수 사람들은 어떤 형태로든 사후세계를 믿는다. 환생해서 새로운 모습으로 지상의 여행을 이어갈 거라는 확신부터 지상에 머무른 시간 너머에 전혀 다른 종류의 모험이 뒤따를 거라는 기독교적 믿음(우리가 육체는 넘겨주어도 어떻게든 새로운 불멸의 형태로 자아를 지킬 거라는 믿음)까지 믿음의 형태는 극단적으로 다를 수 있다.

끝으로 인간이 죽음을 의식하고 나타나는 세 번째 반응은 부정보다는 우주와의 관계를 새롭게 이해하는 것으로, 종류가 전혀 다르다. **우리가 육체의 틀에 담긴 것보다 더 큰 존재의 일부라고 스스로를 설득하는 일종의 정신훈련이다.** 우리는 자신을 문화나 제도와 동일시한다. 둘 다 우리의 육체가 나기 전부터 존재하고 우리가 죽은 뒤에도 계속 남아 있다. 죽음에 대한 세 번째 반응이야말로 건축 환경과 우리의 관계에 관한 질문에 가장 많은 것을 말해 준다. 한마디로 우리는 문자 그대로 우리가 떠난 뒤에도 계속 살아남을 유산을 건축해서 죽음에 대한 인식에 대처하는 것이다.

지금까지 설명한 죽음에 대한 가능한 반응에는 특정 논리가 있다. 우리가 죽는다는 사실을 명확히 인식한 데 대한 각각의 반응은 직관적이므로, 이 글을 읽는 독자들도 대부분 세 가지 사고양식 중 하나 이상에 의지해 불가피한 죽음의 불안에 대응해 본 적이 있을 것이다. 학술 연구에서는 어떤 결과가 나올까? 죽음의 인식에 대한 방어 반응에 관한 심리학 실험을 어떻게 시작할까?

스키드모어대학교의 심리학자 셸던 솔로몬^{Sheldon Solomon}이 이끄는 유명한 연구팀은 죽음의 공포가 일상의 행동에 어떤 영향을 끼치는지, 그리고 특히 죽음과 관련된 무의식적 충동이 우리의 태도와 믿음, 편견을 어떻게 변형하는지를 설명하는 통합 이론을 개발했다.[13] '공포관리이론^{terror management theory}'이라는 이 이론은 죽음에 대한 인식으로 문화가 발전한다는 베커의 주장에 뿌리를 둔다. 이 이론은 더 나아가 '죽음의 현저성^{mortality salience}', 곧 개인의 환경에서 죽음에 관한 암시에 노출될 때의 심리 상태를 설명한다.

전형적인 죽음의 현저성 실험에서는 참가자들에게 사전 준비 작업으로 다양한 방법(죽을 때 몸이 어떻게 될지 적게 하거나 '관'이나 '장례식' 같은 죽음과 관련된 단어를 읽게 하거나 그냥 장례식장 앞을 지나가게 하는 방법) 중 한 가지를 제시해서 죽음을 연상시킨다. 죽음의 현저성 조건에 노출시키고 난 뒤 참가자들의 행동을 탐색한다.

하지만 이 연구팀에서 사용한 행동 탐색 방법에는 독창성과 당당함이 특히 눈에 띈다. 한 실험에서는 참가자들에게 벽에 못을 박아 십자가를 걸거나 가루에서 검은 찌꺼기를 걸러내는 문제해결 과제를 수행하게 했다. 참가자들에게 과제를 수행하는 데 사용할 수 있는 도구를 제공하기는 했지만 못을 박는 데 쓸 수 있는 도구라고는 십자가밖에 없고 가루를 거르는 데 쓸 수 있는 도구는 성조기밖에 없었다. 사전에 죽음의 현저성 단서에 노출된 사람들은 통제집단에 비해 십자가를 망치로 쓰거나 성조기를 거름망으로 사용하는 방법을 더 꺼리는 것으로 나타났다.[14] 이런 결과(사실 실험 자체)가 조금 이상해 보일지 몰라도, 연구자들은 신성한 물건을 불경하거나 신성모독으로 보일 법한 방식으로 쓰고 싶지 않은 마음이 커진 것으로 보아 죽음의 현저성 조건이 참가자들의 세계관을 좀 더 경건하고 보수적으로 변화시켰다고 볼 수 있다고 주장한다.

수백 편의 연구 결과에 따르면, 사전에 죽음의 현저성 단서에 노출된 참가자들이 대체로 더 보수적이 되고, 자기 문화에 애착을 더 강하게 느끼며, 남의 문화를 관대하게 수용하지 못하는 태도를 보인다. 사실 공포관리이론을 지지하는 연구자들은 미국의 비극적인 9·11테러 사건이 죽음의 현저성 단서가 되어 미국역사상 국기 판매량을 최고로 끌어올리며 성조기를 대유행시켰을 뿐 아니라 조지 부시George W. Bush의 극우 공화당 정권이 재선에 성공하는 결과까지 낳았다고 주장한다.[15]

전반적으로 이와 같은 결과를 보면 **죽음의 공포를 수면 위로 끌어올리는 사건은 우리의 행동에 엄청난 영향을 주어서 우리가 타인을 보는 관점을 변화시킬 뿐 아니라 앙코르와트와 거대한 피라미드, 샤르트르 대성당처럼 막대한 비용과 시간이 들어가는 건축 프로젝트를 이끌어내기도 한다는** 사실을 알 수 있다. 우리는 존재가 위협받고 불가피한 죽음의 공포에 가까이 다가갈 때마다 물리적 인공물을 비롯해 오랜 세월 지속되는 문화와의 관계를 공고히 다져서 우리의 연약한 육체는 찰나만 존재하더라도 우리가 속하고 공헌한 문화는 아주 오래도록 지속될 거라는 믿음에 기댄다.

경외감 체험이 우리를 어떻게 바꾸는가

공포관리이론의 주장과 죽음의 현저성 조작이 인간의 태도와 행동에 끼치는 강력한 영향에 관한 경험적 실험과 더불어 권력의 출현을 진화적 성공과 연결시키는 맥락에서 우리가 어떻게 생존을 위한 소박한 거처나 장사를 위한 작은 상점, 시장보다 더 큰 건물을 짓게 되었는지 이해할 수 있지만, 성당이나 웅장한 은행 본사, 법원 같은 거대한 공간에 들어설 때 정확히 무슨 일이 벌어지는지에 관해서는 더 자세히 알아보아야 한다. **존재 자체가 죽음의 공포에 대한 반응으로 보일 수 있는 이런 건물에 들어설 때 개인에게 구체적으로 어떤 일이 벌어질까? 어째서 경외감에 사로잡힐까?** 최근까지도 심리학자들은 이 질문에 답하지 않았지만 최근의 몇몇 연구에서 몇 가지 단서를 제시한다.

스탠퍼드대학교의 심리학자 멜라니 러드^{Melanie Rudd}는 세인의 주목을 받은 한 실험에서 참가자들에게 폭포와 고래, 우주 탐사 장면 같은 웅장한 자연경관을 담은 짤막한 비디오를 보여주어 경외감을 유도했다. 통제집단에는 흥겨운 거리 행진과 하늘에서 색종이 조각이 흩날리는 장면을 보여주었다. 러드는 경외 체험이 시간 지각에 영향을 끼쳐서 순간을 사는 느낌을 일으킬 수 있다는 이전의 관찰을 바탕으로, 시간의 주관적 경험에 초점을 맞춘 질문지를 설계했다. 러드는 경외 체험이 주관적 시간의 확장을 유도한다는 점을 설득력 있게 제시했다. 일을 마무리할 시간이 더 많은 것처럼 느껴지고 주관적인 순간이 느려진다. 이 실험의 후속 실험에서 경외 체험을 한 사람들은 중요한 명분이 있는 사안에 돈을 기부하려는 의지를 드러내도록 설정된 친사회적 행동에 더 개입하려 했다.[16]

이런 결과가 앞서 설명한 것처럼 경외감이 순응과 존재에 관한 상반된 생각을 조율하려는 노력을 끌어낸다는 이론의 틀에 꼭

맞지는 않지만, 시간의 확장에 관한 러드의 발견과 우주가 확장되어 우리 자신과 우주를 가르는 경계가 무너진다고 느끼는 조망효과와 같은 현상을 연결할 수 있다. **경외감을 느끼는 동안 우주의 공간 분할이 무너지듯이 우리 삶의 시간적 지평에도 변화가 일어날 거라고 기대할 수 있다.**

심리학자 피에르카를로 발데솔로[Piercarlo Valdesolo]와 제시 그레이엄[Jesse Graham]은 최근의 실험에서 경외감을 유도하는 비디오를 보는 것과 같은 경험을 하면 초자연적 존재를 향한 믿음이 커지고 무작위성을 용인하는 성향이 줄어든다는 것을 입증했다. 말하자면 참

● **미국 대법원** 건물을 거대하게 지어 경외감을 불러일으킴으로써 사회질서를 유지하려는 인간 본성에 부합하는 건축의 사례.

가자들은 경외감을 일으키는 영상을 보면 보이지 않는 전능한 존재가 우주를 설계하는 역할을 했다는 종교적 신념을 더 강력히 표현하고, 경외감을 일으키는 자연의 구조가 신의 손길이 아니라 무작위로 만들어졌을 수 있다는 개념을 인정하려 하지 않았다.[17]

이들 실험에서 경외감을 일으키는 건물을 제시한 것은 아니지만 거대한 성당을 거닐어도 유사한 태도와 감정의 변화가 일어날 수 있는 것으로 보인다. 그리고 이들 실험의 결과는 이런 건물의 목적이 우리가 집단의 성공을 높이는 방식으로(친사회적으로) 행동하게 만들고 사후세계를 약속하는 전능한 존재를 믿게 해서 죽음의 공포를 누그러뜨리는 데 있다는 앞선 주장에 어렵지 않게 부합할 수 있을 것이다.

거대한 건물을 짓고 경외감을 일으키는 건축을 경험하는 것은 인간의 본성에서 권력관계와 사회질서를 유지하려는 성향과 밀접히 연결된다. 그중 일부는 공격과 영역 지배 본능을 해소하는 데 도움이 되는 동물 행동의 기본 과정과 진화적 연장선에 있는 것으로 보인다. 도시의 한 구역 전체를 차지하는 거대한 은행 건물은 송곳니를 드러내며 지배권을 과시하기만 하면 되는 사나운 전투견과 같다. 좋게 보면 금융제도와 사법제도의 권력을 상징하는 웅장한 건축물은 우리가 안전하다고 느끼는 데 도움이 될 수 있다. 법원 로비나 사원의 거대한 기둥 아래 서면 자기보다 더 큰 존재 안에서 일말의 외경심을 느낄 수 있다. 손을 살짝 휘둘러 파리를 날려보내는 정도일지라도 아이가 부모의 튼튼한 다리 아래 서 있을 때 느끼는 것과 같은 안전감을 느낄 수도 있다. 머리 위로 우뚝 선 건축물이 자애롭게 느껴지면 그만큼 위험에 노출된 느낌이 줄어들 것이다.

이런 원시적인 동물적 반응의 기저에 깔린 신경 과정은 공포를 조절하는 원시적인 피질하 뇌 회로에 속하는 것으로 보인다. 인간의 깊은 차원의 정서적 욕구와 우리의 육체를 에워싸는 광대함의 연관성은 실재한다기보다 상징에 가까울 때가 있지만, 위대한 존재 앞에서 마음이 가라앉고 보수적이 되고 순응하게 되는 인과관계는 어리거나 나약한 동물이 근엄한 우두머리 수컷이 이끄는 무리를 따르는 인과관계와는 조금 다르다.

그뿐 아니라 인간의 기질에는 특별한 무언가가 있다. **우리는 우리 자신이고 잠잘 때 빼고는 살아 있는 모든 순간에 우리가 우주의 일부이면서도 완전히 별개의 존재라는 주체-객체 구분을 정교하게 인식한다.** 이런 놀라운 자기의식을 비롯한 우리 존재의 모든 사실이 물리적 힘과 원자운동으로 발생한다는 사실을 전적으로 받아들인다고 해도, 우리는 우리의 내면세계가 그 어떤 것과도 다른 '것들'로 이루어진다고 느낀다는 사실을 마음 깊이 인식한다. 따라서 자아를 인식하면서 죽음의 공포가 생기고, 죽음의 공포는 다시 우리를 초자연적 존재에 의지하거나 문화를 고수하거나 때로는 마음 깊은 곳에서 불가피하다고 인식하는 것, 곧 죽음을 부정하게 만든다. **우리는 거대한 건물에 의지해 공포를 누그러뜨리고 시간과 공간이 해체되는 마법 같은 경외감을 경험하려 한다.**

어디에서 어디까지가 내 몸인가

이렇게 광대함을 이용해 공간의 경계를 허무는 마음의 연금술은 신경계의 구조에 기반을 두지만 신경계의 하층부에 속하는 것 같지는 않다. 이런 경외 반응이 신경세포와 시냅스 차원에서 어떻게 발생하는지 이해하려면 우선 우리가 우리 몸을 어떻게 인식하는지 생각해야 한다. 이를테면 몸의 크기와 형태, 그리고 신체적 자아를 우주와 구별하는 신체 말단 부위를 어떻게 인식하는지 고려해야 한다. 다시 말해 조망효과, 곧 순례자가 웅장한 사원과 성당 앞에서 엎드리는 것처럼 개인의 자아가 무한한 시공간과 신비롭게 합일되는 현상을 관장하는 기제를 알기 위해서는 우리가 애초에 우리의 몸을 어떻게 인식하는지를 이해하는 데서 시작해야 한다.

아주 간단한 과제로 시작하자. 내가 당신에게 눈을 감고 팔을 머리 위로 들라고 하면 당신은 팔이 어디에 있는지 보지 않아도 안다. 우선 팔의 관절과 근육에 있는 수용기의 풍부한 네트워크가 팔의 운동에 반응해서 뇌가 신체의 위치를 추적하는 데 도움을 준다. 뿐만 아니라 뇌에는 처음에 팔을 들게 한 운동 명령의 사본이 저장된다. 이 모든 정보가 긴밀히 공조하여 신체의 위치에 관한 그럴듯하고 정확하고 곧바로 갱신되는 표상을 제시한다. 신체 위치의 신경계 표상을 갱신하는 어려운 과정은 팔에서 시작해서 뇌간의 신경회로에서 정교해지고 마지막에 대뇌피질에 풍부한 신체 표상이 생긴다.

이와 같은 과정의 연구 증거는 이런 신체 표상의 위치를 직접 밝힐 수 있는 영상 실험뿐 아니라, 신체 일부를 자기 것으로 느끼지 못하는 환자처럼 뇌 손상으로 기이한 병리가 나타난 사례에서 발견된다. 신체 인식 장애군 중 하나인 '신체병공포증^{somatophrenia}' 환자들은 신체 일부가 자기 것이 아니라면서 병든 팔이나 다리를 잃어버리거나 도둑맞았고, 대신 그 자리에 친척이나 병원 직원, 심지어 뱀과 같은 다른 생물체의 팔다리가 붙어 있다고 주장한다. 이 장애는 측두엽과 두정엽에 영향을 끼치고 주로 전두엽에도 영향을 끼치는 넓은 병변 때문에 발생한다.[18]

적어도 이들 사례는 신체의 범위와 경계와 소유권에 대한 인식을 질서정연하게 유지해 주는 대뇌피질의 신경망이 존재한다는 사실을 입증한다. 간단히 말해서 우리는 항상 가까이 붙어 있는 팔다리를 비롯해 세계의 어느 것이 우리에게 속하고 어느 것이 우리에게 속하지 않는지 인지하고, 뇌에는 이런 중요한 문제를 해결하는 역할을 훌륭히 해내는 신경망이 존재한다는 뜻이다.

일면 간단한 문제로 보일 수 있다. 우리는 우리 몸은 느낄 수 있지만 남의 몸은 느끼지 못한다. 우리는 평생 우리 몸의 기능과 크기, 범위에 완벽히 부합하는 상태로 살아간다. 우리는 우리 자신과 친밀하다. 하지만 신체 공간에 대한 머릿속 지도가 놀라울 정도로 진실하지 않다고 제시하는 연구도 많다. 일례로 '고무손 환각' 실험에서는 참가자들에게 고무로 만든 손 모형을 보여준다. 참가자들은 실험자가 고무손을 부드럽게 쓰다듬는 모습을 보고 마치 실험자가 자기 손을 쓰다듬는 것처럼 느낀다. 참가자들은 짧은 시간 안에 고무손을 몸의 일부로 여긴다. 예를 들어 실험자가 갑자기 망치를 들어 고무손을 내리치려고 하면 참가자들은 움찔하면서 자기 손이 맞을 것처럼 생리적 공포 반응을 일으킨다.[19]

우리 실험실에서는 가상현실 도구를 이용하여 새로운 신체 부분이 체현되는 한계를 탐색했다. 우리는 참가자들에게 헬멧을 씌우고 그들 팔의 디지털 버전이 보이는 보통의 실내 장면을 보여주었다. 다만 중요한 변화를 주었다. 몸에서 팔을 늘려서 기다란 신축식 팔에 평범한 손이 붙어 있게 했다. 참가자들은 자기 팔을 움직이면서 가상의 긴 팔이 움직이는 장면을 보았다. 고무손 환각처럼 참가자들은 순식간에 새로운 팔을 신체 일부처럼 움직이면서 그에 따른 지각 반응과 정서 반응을 보였다(우리 연구에서는 망치 대신 거대한 가상의 주사기를 가상의 팔에 가까이 가져가서 주사를 놓을 것처럼 조작했다. 참가자들은 이것을 좋아하지 않았다).

이보다 인상적인 연구가 있다. 스톡홀름 카롤린스카 연구소의 헨릭 에어손Henrik Ehrsson과 스위스 로잔 뇌-마음 연구소의 올라프 블랑케Olaf Blanke 교수는 참가자들에게 그들의 몸에서 떨어진 위치에서 본 그들의 신체상을 보여주어(원격 카메라와 가상현실 헬멧으로 참가자들에게 몇 걸음 떨어진 위치에서 본 그들의 몸을 보여주었다) 유체이탈 환각을 유도했다.[20] 많은 참가자가 단시간에 자기 몸에서 완전히 떠나서 다른 위치에서 자기를 바라보는 것처럼 지각하기 시작했다. 그 밖에 다른 많은 실험에서도 이런 느낌과 일치하는 결과가 나왔다. 영상 연구에서는 유체이탈 환각과 관련된 뇌 영역은 신체병공포증 같은 신체 인식 장애의 영향을 받는 영역과 상당히 중첩되는 것으로 나타났다.[21]

전반적으로 이런 유형의 연구들은 놀라운 결과를 보여준다. 이를테면 **생애 초기부터 몸에 지니고 다니고 환경과 상호작용하는 데 이용하는 신체 말단 부위에 대한 정신적 표상은 가소성이 크다**는 점이다. 몇 분간의 간단한 유도 절차로 우리는 신체의 크기와 형태에 대한 지각을 조작할 수 있을 뿐 아니라 새로운 신체를 우리 몸의 일부로 느낄 수 있다는 여러 가지 징후가 있다. 뇌가소성의 여러 사례에서 신경계가 경험에 쉽게 영향을 받는 것이 당연한 이유를 알 수 있다. 가령 두 눈에 들어온 정보를 통합하고 처리하는 '입체시stereopsis'에는 깊이를 보는 기능이 상당 부분 관여한다. 입체시는 생애 초기에 발달하지만 경험에 따라 적절히 구경□徑을 맞춘다. 성인기의 머리 크기와 두 눈 사이의 정확한 거리에 따라 구경이 달라진다는 점에서 경험이 일정한 역할을 하는 것은 당연하다. 그러면 신체 인식은 어떨까? 물론 생애 초기에는 신체 표상의 가소성이 나타나는 것이 당연하지만 성인이 된 이후에도 이렇게 신체 형태와 위치에 대한 개념을 순식간에 재편하는 특이한 능력은 그리 합리적으로 보이지 않는다. 자기의식이 이렇게 순식간에 새로운 크기와 형태의 신체 부위로 스며들 수 있는 이유는 무엇일까?

시선을 위로 향하면

《인간의 진화와 역사에서 도파민으로 활성화되는 마음*The Dopaminergic Mind in Human Evolution and History*》의 저자 프레드 프레빅*Fred Previc*에 따르면 이 질문의 답은 아주 단순한 관찰에서 찾을 수 있다. 이를테면 우리는 광대한 시간이나 공간을 생각할 때 눈을 위로 든다.[22] 머릿속으로 복잡한 수학문제를 풀어야 할 때도 눈을 위로 든다. 광활한 공간이나 머나먼 시간을 생각할 때도 눈을 위로 든다. 흥미롭게도 시선이 위로 향하는 현상은 주로 강렬한 종교 체험과 명상의 트랜스 상태, 환각 상태에서도 나타난다. 그리고 물론 거대한 건물에 들어설 때도 눈길이 천장으로 향한다.

사실 **거대한 종교 건축물은 애초부터 우리가 저 높은 천국에 닿을 것처럼 보이는 건물의 꼭대기를 쳐다보도록 설계되었다.** 예를 들어 고딕양식에서는 일정한 범위로 반복되는 요소(앞서 설명한 프랙털 디자인과 상당히 유사한 요소)를 통해 건물 끝이 천국으로 뻗어가는 것처럼 엄청난 높이의 환각을 일으킨다. 프레빅에 따르면, 위로 향하는 시선이 신과의 긴밀한 연결과 어떤 관계가 있는지 이해하려면 공간을 추적하는 뇌 기제의 전반적인 구조를 살펴보아야 한다. 다른 모든 포유류와 마찬가지로 인간에게는 '주변 공간*peripersonal space*', 곧 신체 주위를 둘러싼 손을 뻗으면 닿는 거리 안의 공간을 감시하고 통제하는 뇌 구조가 있다. 당연히 주변 공간은 주로 시선이 수평으로 이어지는 선 아래에 위치한다. 시야보다 위(지평선 위)에 위치한 공간은 주로 손 닿는 거리를 크게 벗어난 곳에 있는 물체를 포함한 세계의 일부다. '외부 공간extrapersonal space'이라는 이 범위는 멀리까지 뻗어나가서 주변 공간의 경계 너머에서의 행동을 계획하는 데 유용한 정보를 포함한다.

프레빅은 인간의 신경계에서 외부 공간의 표상이 다른 동물보다 유독 두드러진 것이 우연이 아니라고 말한다. 외부 공간이라는 이 뇌 구조에는 먼 곳을 바라보는 시선을 부호화할 뿐 아니라 추상적인 사고와 추론을 관장하는 기제도 포함되기 때문이다. 이론적으로 추상적 개념은 본래 지금 여기 너머의 정보를 처리하는 과정을 의미하므로 당연히 이런 기제가 필요하다. 그리고 이 작업에는 가까운 신체 경계와 손 닿는 거리 안의 공간을 넘어서는 작업을 담당하는 하드웨어가 적합할 것이다.

뇌 구조에서 이런 식으로 공간을 분석하고 이해하고 통제하는 전반적인 계획을 이해하는 것은 인간의 광범위한 심리 현상, 그중에서도 초월성이나 영성과 연관된 현상을 이해하는 데 도움이 된다. 예를 들어 조현병처럼 도파민으로 활성화되는 뇌 기제가 과도하게 활성화되면 세계와의 관계에 대한 정상적인 이해가 왜곡될 수 있다. 환각과 망상은 세계와의 관계에서 정상적인 물리적 덫이 더 이상 작동하지 않는다고 믿는 현상이다. 우리 자신과 더 큰 세계의 관계를 처리하는 외부 공간 조직에 문제가 생겨서 나타나는 현상으로 볼 수 있다. 신체 경계가 사라지고 우주와 합일된 느낌으로 보고되는 깊은 명상 상태는 신경 활동이 주변 공간 조직에서 멀어지고 특수한 도파민으로 활성화되는 외부 공간 조직으로 나아가면서 균형이 깨진 상태로 보였다. 주변 공간 조직에 관여하는 뇌 영역에 영향을 끼치는 병변으로 활동의 균형이 외부 공간 정보 처리 쪽으로 기운다. 일부 연구에서는 이런 병변이 있는 사람들이 강렬한 종교 체험과 초월 체험을 보고하는 것으로 나타났다.[23]

아름다운 자연경관이든 웅장한 대성당이든 인상적인 시청이나 법원 건물이든, 이런 거대한 공간을 지날 때 다들 눈을 위로 드는 보편적인 반응을 보인다. 신비주의자가 초점을 위에 두어 '제3의 눈'로 보려고 하거나 열렬한 기도에 빠진 사람이 저 높은 곳의 천국에 정신을 집중하려 할 때처럼 주의가 위로 향하면 멀리 있거나 동떨어져 있거나 무한한 무언가에 집중하게 만드는 외부 공간 정보 처리 기제가 활성화된다. 이렇게 **초점이 위로 향하면 평범한 일상과 순전히 생존하기 위한 행동과 신체 유지와 보호, 궁극적으로 죽음에 대한 인식에 스스로를 옭아매는 세속의 사슬을 끊고 더 큰 존재를 느끼고 때로는 신성한 존재와 연결되는 순간의 긍정적 정서와 위안을 느낄 수 있다.**

우리가 건축 환경에서 광대함에 사로잡혀 복잡한 감정을 느끼고 행동을 조정하는 태도는 일면 다른 동물들이 사회질서에서 자기 위치를 찾거나 힘센 부모에게 보호받는다고 자각할 때의 효과와 진화적으로 연속선에 있지만, 우리가 숭고한 존재와 접촉한다고 느끼고 자아의식이라는 기적을 축복하는 뇌 구조는 지극히 인간 고유의 것이다. 바로 이 뇌 구조에서 우리가 존재의 칼날 위에 기적적으로 균형을 잡고 마음의 극장에 펼쳐지는 모든 혜택을 누리는 동시에 궁극적으로 피할 수 없는 죽음의 심연에 대처하게 해주는 비법을 찾을 수 있다. **우리가 좁은 절벽 난간에 아슬아슬하게 발 딛고 서 있게 해주는 건축 환경의 힘이 가장 눈부시게 표현된 결과를 발견하는 곳도 바로 이곳일 것이다.**

7장

공간과 기술 1:
기계 속의 세계

인간은 신경계 구조의 어떤 요소로 인해 손쉽게 현실세계의 덫을 끊고 상상의 세계로 여행을 떠날 수 있다. 우리가 몸의 표상을 기괴하게 변형하거나, 심지어 몸을 완전히 떠나도록 설득당할 수 있듯이 상상 속 가상세계로 들어가는 것도 간단할 수 있다.

'지금 여기'를 벗어나 배회하는 마음

2007년 선선한 어느 가을날, 나는 캘리포니아주립대학교의 아름다운 해안가 캠퍼스가 있고 주로 대학 연구에서 파생된 첨단기술 산업이 모여 있는 아름다운 도시 산타바버라에 도착했다. 내가 이곳을 찾은 이유는 앤디 빌Andy Beall이라는 유능한 심리학자의 지도로 세계적인 가상현실 하드웨어와 소프트웨어 시스템 공급업체를 구축해 발전시킨 젊은 기업가들의 모임을 방문하기 위해서였다. 사실 나는 우리 대학에 가상현실 연구소를 건립하도록 학장을 설득했고, 놀랍게도 그는 상당한 자금을 마련한 터였다. 나는 혹시라도 시스템을 잘못 구입할까 봐 걱정되어 사비로 그 회사를 직접 방문해서 광고에 나오는 제품 그대로인지 직접 확인하기로 했다. 나는 빌과 그의 동료들과 함께 도심의 우중충한 뒷골목에서 떨어진 곳에 위치한 평범한 창고에 앉아 그 회사의 설립 취지에 관해 듣는 둥 마는 둥 했다. 친절하고 재미있는 사람이기는 했지만 설교나 들으려고 여기까지 온 것은 아니었다. 물건을 직접 만져보고 싶었다.

이윽고 그들은 나를 데리고 미로 같은 복도를 빠져나와 커다란 헤드 마운트 디스플레이[HMD](사용자의 머리에 장착해 입체화면을 표시하고 아울러 머리의 움직임을 검출해 로봇이나 제어시스템에 이용하는 장치 : 옮긴이)와 컴퓨터 몇 대 말고는 아무것도 없는 방에 들어갔다. 잠시 후 나는 HMD를 쓰고 한 시간 정도 깊은 웅덩이에 걸쳐놓은 좁은 판자 위에 불안정하게 서 있기도 하고, 고속열차가 터널을 지나 내 쪽으로 돌진하는 동안 기차역 플랫폼에 서 있기도 했다. 불에 탄 중세의 어느 마을을 지나 무장한 병사를 뒤쫓자 그 병사가 나에게 활을 겨누기도 했다.

이렇게 써놓고 보니 문득 지난 몇 년 사이에 컴퓨터와 시각화의 세계가 아주 많이 변했구나 싶다. 당시에는 몇 주에 걸쳐 두고두고 이야기할 만한 놀라운 경험이었지만, 이제는 비 오는 주말 오후에 게임기 앞에 앉은 여느 청소년의 흔한 경험담처럼 들린다. 하지만 그때도 그랬고 앞으로도 당분간은 연구실 등급의 가상현실 시스템 기능과 최신 게임 시스템의 기능에는 차이가 있을 것이다.

고급 그래픽 성능과 컴퓨팅 기능을 갖춘 HMD를 이용한 가상현실 시스템은 사용자가 눈에 보이는 장면에 완전히 몰입할 정도로 강렬한 가상세계를 파노라마식 3D 복제판으로 제공한다. 모든 감각이 자극적인 장면과 소리로 채워지는 몰입 경험은 가상현실의 궁극의 목표인 '실재감[presence]'을 일으킨다. 실재감이란 문자 그대로의 의미다. 헬멧 바깥의 '현실'세계와 접촉이 끊어지고 우리가 시뮬레이션 안에 구현된 것처럼 느끼는 것이다. 중동의 군인이 전투가 한창일 때 경험하는 장면과 소리를 구현하는 '버추얼 이라크Virtual Iraq' 같은 위험한 환경의 시뮬레이션은 심장이 뛰고 손이 땀으로 축축하고 몸에서 아드레날린이 분출할 만큼 사실적이다. 매우 효과적인 이 시뮬레이션은 전쟁터에서 돌아온 군인들의 외상후스트레스장애를 치료하는 데 성공적으로 활용되었다.[1]

이 시뮬레이션이 자각몽과 비슷하다는 점 말고는 고선명도 가상현실 체험을 글로 표현하기가 쉽지 않다. 참가자들은 눈앞에 보이는 장면이 일종의 지각적 속임수라는 자각을 완전히 잃지는 않는다. 꿈에서 깨어날 무렵 주변의 소리를 서서히 인식하듯이 현실에서 신발 끌리는 소리와 제어판을 조작하는 기술자들이 중얼거리는 소리가 들린다. 하지만 HMD 화면에 나타나는 영상과 소리는 공포와 놀람, 흥분 같은 본능적인 정서를 끌어내고 방어 자세를 취하게 만든다. 가령 시뮬레이션에서 자동차 운전석에 앉으면 모든 것이 상상이고 절벽 끝으로 넘어가도 아무 일도 일어나지 않는다는 사실을 알면서도 절벽을 넘지 않으려는 심리적 저항을 극복하기가 쉽지 않다. 눈에 보이는 모든 것이 픽셀로만 이루어진 이미지일 뿐이라는 사실을 알면서도 좁은 공간에서 걸을 때는 자기도 모르게 벽에서 몸을 떼고 낮게 걸린 장애물 아래서는 몸을 숙인다.

이런 가상현실의 현상학에 관한 간단한 설명은 이 책의 마지막 장의 일부 설명과 일치한다. 인간은 신경계 구조의 어떤 요소로 인해 손쉽게 현실세계의 덫을 끊고 상상의 세계로 여행을 떠날 수 있다. 우리가 몸의 표상을 기괴하게 변형하거나, 심지어 몸을 완전히 떠나도록 설득당할 수 있듯이 상상 속 가상세계로 들어가는 것도 간단할 수 있다.

내가 가상의 이라크 병사들과 싸우는 장면을 보았던 산타바버라 여행 중에 나는 캘리포니아주립대학교의 사회심리학자 짐 블라스코비치^{Jim Blascovitch}를 방문할 기회를 얻었다. 그는 심리학 실험으로 가상현실의 놀라운 잠재력을 알아본 최초의 연구자들 중 한 사람이자 여전히 이 분야의 주요 연구자다. 블라스코비치의 연구실에서 태평양의 장관이 펼쳐진 거대한 전망창 앞에 앉은 나는 처음에는 그의 말에 집중하는 것도 조금 힘들었다. 공교롭게도 그는 내게 인간의 정신은 산만해지는 성향이 강하다고 설명하는 중이었다. 정신이 산만해지는 성향을 연구하기 위해 이용자가 임의의 시간에 정신 상태를 표시하는 특수한 프로그램이 깔린 스마트폰을 이용하여 일지를 작성하게 하는 연구에 따르면, **우리가 현재의 활동에 투입하는 시간의 최대 50퍼센트나 집중하지 못하고 평균 1분에 한 번씩 정신이 다른 시간이나 장소를 배회할 수 있다.**[2]

나는《당신의 현 위치^{You Are Here}》에서 이처럼 지금 여기를 벗어나 살아가는 성향이 특정한 공간과의 친밀한 관계를 불편하게 만들 수는 있지만, 상상하고 추정하고 계획하고 구축하는 인간의 고유 능력을 발전시켜 왔다고 주장했다. 다시 말해서 **배회하는 마음이야말로 물질문화를 가능케 한 인지 구조의 핵심**일 수 있다.[3]

블라스코비치의 관점에서 이처럼 거부할 수 없는 마음의 경련은 우리가 가상 환경에 몰두하는 성향과도 관련이 있다. 우리는 늘 의자에 반쯤 걸터앉아 다른 곳으로 향하는 마음으로 살아가기 때문에 강렬한 3D 시뮬레이션에 들어가면 순식간에 새로운 합성 환경에 존재하는 것처럼 느낄 수 있다. 테이블 너머로 블라스코비치가 환하게 웃으며 말했다. "인간에게는 모든 것이 가상입니다."

가상현실의 현상학

블라스코비치의 공동 연구자인 스탠퍼드대학교의 제러미 베일린슨Jeremy Bailenson의 연구에서는 조금만 실감나는 환경에서도 어느 정도의 실재감을 드러내는 행동을 끌어낼 수 있었다. '세컨드 라이프Second Life'는, 열려 있는 거대한 샌드박스(게임 안에서 유저가 마음대로 설정을 바꿀 수 있는 시스템 또는 플레이 방식 : 옮긴이)에서 아바타(얼굴 생김과 복장, 새로운 해부학적 부속기관까지 개인 맞춤형으로 꾸밀 수 있는 인간과 유사하면서 단순한 형태)를 구현할 수 있는 메타버스metaverse(또는 비유적 우주)다. 여기서 방문객들은 이리저리 돌아다니며 가상의 건물을 탐색하고, 무엇보다도 다른 방문객이 메타버스 안에 구현한 아바타들과 소통할 수 있다.

　'세컨드 라이프' 설계자들은 메타버스에서 마주치는 다른 아바타의 이름과 성별, 간단한 몇 가지 생물학적 특징을 습득하는 간단한 도구를 실험에 포함시켰다. 이 도구는 대화를 나누는 두 아바타의 몸의 방향과 둘 사이의 거리를 비롯한 사회적 상호작용의 특징을 측정할 수도 있다. 베일린슨과 그의 동료 닉 이Nick Yee는 다른 아바타들을 '스토킹'해서 상호작용을 관찰하는 독창적인 실험을 실시했다. 베일린슨과 닉 이는 대화를 나누는 아바타들의 신체언어가 현실의 사회적 상호작용과 동일한 규칙을 따른다는 점을 발견했다.[4]

예를 들어 사회학자 에드워드 홀$^{Edward\ Hall}$이《보이지 않는 차원$^{The\ Hidden\ Dimension}$》에서 설명한 '공간학^{proxemics}' 규칙에 따르면, 남자 둘이 대화를 나눌 때는 여자 둘이나 남녀가 대화를 나눌 때보다 더 멀리 떨어져 있는 경향을 보인다. 남자 둘이 대화할 때는 여자 둘이나 남녀가 섞인 한 쌍보다 서로의 눈을 마주 보는 경향이 적었다.[5] '세컨드 라이프'에서도 아바타의 대화 장면에 이런 공간학 규칙이 적용된다. 대화를 나누는 남자들은 대화를 나누는 여자들보다 픽셀 거리를 더 멀리 하고, 몸의 방향도 정면으로 마주 보기보다는 서로 비스듬한 각도를 유지했다.

아바타의 그래픽이 정교하지 않아 만화 캐릭터와 비슷하고 아바타를 조작하는 사람이 완전한 1인칭 조망을 채택하지 않는다는 점을 고려하면('세컨드 라이프'에서 이동할 때는 주로 가상의 신체에서 뒤편으로 약간 위의 시점으로 보게 되어 올라프 블랑케의 유체이탈 시뮬레이션과 상당히 유사하다), '세컨드 라이프'에서 아바타의 대화 장면은 우리의 물리적 정체성의 위치가 공간에서 미끄러지듯 움직이며 비록 컴퓨터 코드로만 구성된 존재라고 해도 너무나 쉽게 다른 장소를 차지하는 현상을 보여주는 강력한 증거다.

몰입형 가상현실을 가장 창의적으로 이용하는 연구는 짐 블라스코비치와 제러미 베일린슨의 연구와 같은 사회심리학 실험실에서 발견된다. 사람들이 새로운 환경으로 들어가면서 자신의 정체성의 일부를 지니고 들어가는 것처럼 보이기 때문일 것이다.

런던 유니버시티칼리지의 멜 슬레이터Mel Slater가 이끄는 연구에서는 잉글랜드의 축구클럽 아스널의 팬들을 실험실로 불러서 영국의 펍을 재현한 가상현실에 들여보냈다. 참가자들은 가상현실에 머무는 동안 축구 얘기로 친근하게 말을 걸어오는 아바타를 만났다. 두 가지 실험 조건을 설정했다. 한 조건에서는 아바타가 아스널 팬이라고 밝히지만 다른 조건에서는 아바타가 다른 팀이나 다른 스포츠의 팬이라고 밝혔다. 대화의 어느 시점에 제삼자(역시 아바타)가 나타나 원래 아바타에게 시비를 걸었다. 그리고 종속 변수로 참가자(연구에서 유일하게 실제 인간)가 분쟁에 어느 정도나 개입하는지 측정했다. 비디오 녹화 장면을 보면 아스널 팬 아바타와 짝을 이룬 참가자는 아바타들의 다툼에 점차 동요되고 두 아바타 사이에 몸을 던지려고도 했다. 중립적인 아바타와 짝을 이룬 참가자는 이보다 덜 개입했다.[6]

이 실험에서는 아주 짧은 시간 안에 인간 참가자의 주의와 감정, 반사적 사회 조건화를 포착하는 몰입형 시뮬레이션의 힘을 알 수 있다. 이런 시뮬레이션 환경은 인간의 상호작용에 관심을 둔 연구자들에게 매우 유용한 기회를 제공한다. 사회심리학에서는 주로 실험마다 행동이 조금씩 달라질 것으로 예상되는 인간을 공모자로 개입시켰지만, 시뮬레이션으로 만든 인간은 구체적인 행동 하나하나까지 통제받을 수 있어서 실험마다 정확히 동일한 행동을 할 거라고 믿을 수 있다.

블라스코비치는 이 연구를 약간 응용하여 교실 안에서 어디에 앉는지가 학생들의 학습에 어떤 영향을 끼치는지 알아보았다. 현실세계에서 실시한 실험에서는 당연히 학생들이 교실의 중앙과 앞쪽에 앉을 때 더 많이 학습하고 정보를 더 많이 기억하는 것으로 나타났다. 이런 위치의 학생들은 교사와 가까이 있고 눈을 자주 마주치고 전반적으로 수업에 좀 더 적극적으로 참여했다. 블라스코비치는 가상 환경에서 공간을 휘어서 교실의 모든 학생을 동일한 위치, 곧 앞쪽과 중앙의 명당 자리에 앉힐 수 있다는 사실을 발견했다. 그리고 이렇게 개발한 **가상의 교실에서 가장 좋은 자리에 앉은 학생들은 실제 교실에서와 동일한 학습 효과를 보여주었다.**[7]

우리 연구실에서는 건축 환경이 인간의 행동에 끼치는 영향에 초점을 맞추고, 몰입형 가상 환경으로 건물 내부부터 도시의 광대한 거리 풍경까지 건축 장면의 기하학적 구조와 표면 질감의 변화에 따라 사람들이 어떻게 반응하는지 자세히 관찰할 수 있었다. 우선 기존의 집을 흥미롭게 시뮬레이션한 가상현실에 참가자들이 어떻게 반응하는지 알아보았다. 사람들이 집의 기하학에 따라 그 안에서 어떻게 돌아다니고 어떤 위치를 선호할지에 관한 우리의 예측과 가상현실 모형에 나타난 참가자들의 이동 양상 사이에 놀라운 연관성이 드러났다. 건축심리학에 관한 우리의 이론을 검증하기 위한 시험대로서 픽셀로 집 한 채를 지을 수 있는 기능은 매우 요긴했다.

하지만 건축 설계의 현실에서는 어떨까? 좋은 건축가는 주거공간을 설계할 때 그 공간을 소유하는 사람의 성격과 기호에 맞추는 데 중점을 둔다. 우리는 개인의 개성과 기호를 경험적 맥락에 넣는 방법을 실험에 활용했다. **건축가들은 설계 모형을 만들 때 실제로 고객을 모형에 넣어보고 어떻게 반응하고 어디로 이동하는지 알아볼 수 있다.** 필요에 따라 고객에게 간단한 생리 측정 장치를 부착해서 고객의 정서 상태와 관련된 생리적 자료를 수집할 수도 있다.

우리 실험에서는 이런 측정 자료를 바탕으로 참가자들이 밝힌 특정 공간에 대한 선호도가 그들의 생리 측정 자료 및 이동경로에서 해석한 결과와 일치하지 않을 때가 있다는 예비 증거를 수집했다. 이런 차이를 근거로 사람들이 공간에 보이는 반응을 흥미롭고 섬세하고 궁극적으로는 아주 유용하게 그려볼 수 있을 것이다.

규모를 넓혀서 가상의 도시 풍경에 대한 방문객의 반응을 관찰하고, 여러 구간으로 이루어진 도시의 장소에 대한 반응을 측정할 수도 있다. 우리 연구실의 내 제자인 케빈 바튼Kevin Barton은 이런 가상 환경을 이용해서 도시의 길찾기 표지판에 영향을 끼치는 요인을 알아보았다. 바튼은 도시 규모의 두 가지 환경을 만들었다. 하나는 거리를 멀리까지 시야가 확보되는 대로와 복잡하지 않은 교차로를 격자 형태로 만들어서 앞을 내다보면서 한 장소에서 다른 장소까지 이동하는 간단한 경로를 계획했다. 이 환경은 맨해튼 거리와 비슷한데, 휘어진 구역을 몇 군데 추가해 현실감을 살렸다. 두 번째 환경에서는 거리 풍경이 좀 더 유기적이고 구불구불해서 한 장소에서 다른 장소까지 눈에 보이는 경로가 더 짧고 복잡한 교차로가 훨씬 더 많았다. 런던이나 뉴올리언스의 한 구역에 좀 더 가까워 보였다.

공간의 언어로는 두 가지 거리 계획의 '문법'이 다르다고 할 것이며 격자 계획이 좀 더 '이해하기 쉽다'는 말로 표현될 것이다. 이 말은 일상적인 의미에서 이해하기 쉽다는 뜻이지만, 한편으로는 거리가 교차하는 방식과 한 위치에서 다른 위치로 이어지는 경로의 평균적인 복잡성(명확히 말해서 방향이 바뀌는 횟수)에 관한 정교한 수학적 의미이기도 하다. 길찾기 표지판 실험은 보통 실제 거리와 도시에서 진행되지만, 가상현실 도시에서 실시하면 거리가 서로 어떻게 연관되는지를 정확히 명시할 수 있다는 장점이 있다.

실험 참가자들은 환경의 가장자리에서 출발해서 기념비와 같은 눈에 띄는 랜드마크가 있는 미지의 위치까지 길을 찾아야 했다. 당연히 참가자들은 단순한 격자무늬 환경보다는 이해도가 떨어지는 런던 같은 환경에서 기념비를 찾는 것을 훨씬 어려워했다. 기념비를 찾는 데도 오래 걸리고 출발점으로 되돌아오는 길을 찾는 데는 더 오래 걸렸다. 가다 말고 두리번거리는 횟수도 더 많았다.

그런데 가상 환경 실험에서는 다른 구체적인 행동 측정치를 이용해 참가자들의 심리를 좀 더 깊이 들여다볼 수 있었다. 우선 참가자들이 눈을 얼마나 자주 깜빡거리고 환경의 어느 지점에서 눈을 깜빡거리는지 측정했다. 눈 깜빡임에 관심을 갖는 것이 이상해 보일지 몰라도 어느 연구에서는 사람들이 어렵고 수고로운 인지 과정에서 눈을 더 자주 깜빡이는 것으로 나타났다. 마치 눈을 깜빡여서 외부세계를 차단하고 생각이나 사고 과정으로 시선을 돌리려고 애쓰는 것 같다. 가상 환경에서 깜빡임의 빈도를 측정하니, 두 환경에서 깜빡임의 공간 분포가 극명하게 차이 났다. 이해도가 낮은 환경에서는 여러 위치에서 강렬한 깜빡임 반응이 나타난 데 반해 이해도가 높은 환경에서는 복잡한 한두 위치에서만 깜빡임 반응이 나타났다. 따라서 우리는 이 방법을 통해 환경의 특정 위치에서 참가자에게 일어나는 정신 과정의 평균 용량을 시각화할 수 있었다.[8]

그 밖에도 가상현실에서 길찾기 과정을 이해하는 데 도움이 되는 기법이 있다. 예를 들어 우리 실험의 질문 중에는 목적지를 찾아가는 길에 교차로가 나타나면 어느 길을 택할지 결정하는 과정에 관한 질문이 있었다. 사람들은 어디에 갔었는지를 어떻게 기억하고, 다음에 어디로 가고 싶은지를 어떻게 알아낼까?

우선 교차로에서 시야에 들어오는 지역의 특징을 기억하려고 한다는 가설이 있다. 현실세계에서는 유명한 랜드마크와 간판, 물건이 될 수 있다. 우리의 실험 환경에는 이런 랜드마크가 전혀 없지만, 기하학적으로 다양한 형태의 교차로가 있었다(예: X, T, Y 형태의 교차로). 다음으로 어려운 길찾기 문제를 풀기 위해 멀리 내다보는 방법도 있다. 현재 위치에서 보이는 거리 풍경을 유심히 살펴서 다음 교차로에서 나타날 특징을 알아내는 것이다. 우리 실험에서는 가상 환경에서 날씨를 도입하는 방법으로 두 가지 정보를 간단히 구별할 수 있었다! 환경에 안개를 넣어 참가자들이 특정 거리 너머를 보지 못하게 했고, 안개의 농도로 참가자의 가시거리를 구체적으로 제어했다. 결과적으로 참가자에게 도움이 되는 국지적인 정보(근처 교차로)와 전체적인 정보(이용 가능한 대로 내려다보기)의 조합은 거리 풍경의 전반적인 설계에 따라 다른 것으로 나타났다.

짐 블라스코비치와 멜 슬레이터, 제러미 베일런슨의 실험과 마찬가지로 **가상 환경을 이용한 우리의 실험은 이론적으로 흥미로운(공간 문제를 다루는 방식에 관해 새로운 사실을 제시하고 새로운 가설을 제기하는) 동시에 실질적으로도 유용하다.** 우리가 현재의 거리 설계에서 무슨 일이 일어날지 이해하는 동시에 설계를 변경하면 우리 마음에 어떤 영향을 끼칠지 미리 알아보기 위해 제작한 길찾기 시각화 프로그램을 설계자가 어떻게 활용할지 상상이 간다. 나는 연구자로서 새로운 기술을 이용해 참가자들에게 흥미롭고 복잡하지만 내가 정확히 통제할 수 있는 환경을 제시할 수 있다는 데 흥분한다. 그러나 이제 연구자의 입장에서 벗어나 보통 시민처럼 생각해 볼 때다. 앞으로 설명하겠지만 **우리가 실험실에서 사용하는 기술은 더 이상 실험실의 폐쇄된 환경에 국한되지 않는다.** 우리의 일상에 스며들고 있고, 최근 몇 년 사이에 그 과정이 아주 빠르게 진행되고 있다.

10년도 채 안 되었지만 내가 그때부터 본격적으로 가상현실 실험하기 시작한 데는 경제적 이유가 작용했다. 그전에는 실험실 수준의 가상현실 비용이 천문학적이어서 대규모 연구팀이나 연구비를 충분히 지원받는 군 연구실에서만 사용할 수 있었다. 그런데 내가 이 경쟁에 뛰어들 무렵, 괜찮은 가상현실을 설계하는 비용이 약 10만 달러 수준으로 떨어졌다. 여전히 큰돈이기는 했지만 참가자를 사진과 거의 똑같은 품질의 가상세계로 데려다주는 기술이 여러 기관에서 감당할 수 있는 수준으로 떨어졌다는 뜻이다. 지루하게 돈 얘기를 늘어놓는 이유는 현재 대대적으로 일어나는 변화를 좀 더 명확히 전달하기 위해서다.

2011년에 캘리포니아에 사는 조숙한 열여덟 살 소년 팔머 럭키Palmer Luckey는 가상현실용 고품질 헤드셋 디스플레이를 구하기 어려운 현실에 화가 난 나머지 값싼 부품을 기발하게 조합하고 건강에 해롭지 않을 만큼의 덕테이프로 붙여서 '오큘러스 리프트Oculus Rift'라는 헤드셋의 원형을 제작했다. 이 헤드셋은 현재 내가 실험실에서 쓰는 3만 달러짜리 모델을 비롯해 훨씬 더 비싼 헤드셋보다 성능이 뛰어나 보인다. 럭키는 몇 차례 새로운 버전을 내고 창업자 사이트인 크라우드스타터Crowdstarter 캠페인에서 크게 성공한 후 초반의 성공을 잘 다져서 2015년에 제품을 출시하기 위한 만반의 준비를 갖추었다. 가격은 300달러쯤이 될 것이다(2016년 초반에 판매를 시작했으며, 가격은 약 600달러다 : 옮긴이). 오큘러스 리프트가 가상현실 몰입의 세계에 끼칠 영향을 여실히 증명하듯 럭키는 이 제품의 제조사를 20억 달러가 넘는 돈을 받고 페이스북에 매각했다.[9]

오큘러스 리프트의 성능이 광고에서 설명한 그대로이고 초기 사용자들

이 광고한 대로 나왔다고 인정해 준다면 일반 소비자들은 강력한 가상 환경에 몰입하게 해주는 도구를 일상적으로 이용할 수 있다. 거실에서 경량 헤드셋을 쓰고 사진이나 모형으로 고해상도의 입체적 장관을 표현할 수 있는 곳이면 어디로든 이동할 수 있을 것이다. 미래를 예측하는 건 부질없지만 그 이름도 적절한 '리프트Rift'(균열, 갈라진 틈이라는 뜻 : 옮긴이)가 우리가 사는 시간과 공간에 말 그대로 큼직한 구멍을 낼 거라는 결론은 디스플레이 기술의 미래에 대한 냉정한 전망에 비춰봐도 결코 지나친 과장으로 보이지 않는다.

　　손쉽게 이용할 수 있는 가상현실의 매력을 이해하기 위해 우선 컴퓨터게임의 인기가 크게 치솟는 현상을 살펴보자. 게임이 주로 십대 남자아이들이 한 번에 몇 시간씩 환상의 세계와 1인칭 총싸움에 빠지는 배타적인 영역이던 시대는 이미 지나갔다. 오락등급평가제도위원회Entertainment Rating System Board의 최신 통계자료에 따르면, 미국 가정의 3분의 2가 게임기를 갖추었다고 한다. 게임 인구의 평균 연령은 34세이고, 성인으로 구성된 게임 시장의 무려 26퍼센트가 50세 이상이다. 컴퓨터게임 시장의 거의 절반은 여성이다. 게임산업의 매출은 미국에서 100억 달러가 넘고, 2013년에는 세계 매출이 900억 달러를 넘어섰다.[10] 영화와 비교하자면 미국 영화산업의 총 매출이 게임산업과 거의 비슷하며, 영화산업의 매출은 지난 몇 년간 사실상 감소해 왔다. 현재의 정교한 그래픽과 강렬한 서사로 흥미진진하게 몰입할 수 있는 컴퓨터게임에 비하면 커다란 화면이나 가정용 모니터나 노트북 위에 펼쳐지는 이야기를 수동적으로 관람하는 행위는 시대에 뒤떨어질 날이 머지않았다.

우리가 게임 안에서 더 높은 수준의 개입과 행위를 갈구하듯 게임과 접속하는 수단에서도 키보드나 간단한 소형 컨트롤러 이상의 새로운 장치를 갈망한다. 위^{Wii}와 키넥트처럼 좀 더 자연스러운 동작 인식으로 컴퓨터 게임과 소통하게 해주는 장치는 이용자의 활동 범위를 넓히고 몰입도를 높여준다. 이런 간단한 동작 추적$^{motion\ tracking}$ 장치를 이용하면 게임 속 상황과 비슷한 현실에서 취할 법한 동작을 게임에서도 취할 수 있다.

게임산업의 형성기에는 흥미로운 서사가 절대적으로 부족했다. 예쁜 그래픽에 아바타도 꽤 그럴듯했지만 그들이 들려주는 이야기는 질적으로 떨어지는 현실의 만화 버전에 지나지 않았고, 대부분 머리털이 곤두서는 짜릿함을 안겨주는 총격전에 만족해야 했다. 하지만 지금은 그마저도 달라지는 추세라 게임 개발자들은 배경과 액션에 이야기 요소를 넣어야 한다는 사실을 잘 안다.

몰입의 측면에서는 아무리 훌륭한 비디오 게임이라도 위대한 이야기(디킨스나 톨스토이의 소설)가 주는 즐거움이나 도피와는 비교할 수 없다고 주장할 수 있지만, 수치만 놓고 보면 사정이 다르다. 특히 젊은 사람들은 이런 주장에 전적으로 반대한다. 인터랙티브 게임으로 오락과 풍부한 문화를 추구하는 청중이 극적으로 변화한 추세로 볼 때 잘나가는 예술가들이 이렇게 대중적이고 흥미로운 매체로 돌아서기까지 얼마나 걸리겠는가? 부모와 교육자, 작가, 그리고 전통적인 표현양식을 보존하려는 사람들은 이런 발전을 개탄할 수 있지만 발전하고 있다는 것은 엄연한 현실이다. 게다가 수동적인 게임보다 적극적인 게임이 강렬하게 흥미를 자아낸다는 면에서 **완전몰입형과 광역, 3D와 동작 추적 가상현실을 웬만한 게임기보다 저렴한 가격에 누구나 이용할 수 있게 된다면 오락과 교육, 문화 분야에서도 인터랙티브 컴퓨터로 가는 추세가 가속화될 것이다.**

광범위하게 활용할 수 있는 가상현실 기술이 출현하면서 강력한 몰입 경험을 이용할 가능성에도 엄청난 발전이 일어날 것이다. 멀리 떨어져 있는 연인들이 생생한 복제판으로 직접 마주하는 듯한 느낌을 받을 수 있을 것이다. 텔레딜도닉스teledildonics(사이버 공간의 원격 섹스)라는 특수 분야가 점차 발전해서 시뮬레이션으로 애무나 전희가 가능하고, 심지어 가상현실 도구를 이용하는 이상성행위에도 몰입할 수 있을 것이다.[11] 학생들은 교실에서 경량 헤드셋을 쓰고 고대 로마의 시가지를 돌아다닐 수 있을 것이다. 기자들은 단어와 이미지의 단순한 표상을 뛰어넘는 뉴스를 전달할 수 있을 것이다. 뉴스 시청자가 전쟁으로 피폐해진 현장이나 인도주의가 위기에 처한 현장에 들어갈 수 있으면 '동침 저널리즘embedded journalism'(전쟁이나 전투 중에 군부대에 파견되어 취재하는 저널리즘 : 옮긴이)의 의미가 완전히 달라질 것이다. 그리고 이미 이런 일이 제한된 방식으로 일어나고 있다. 예를 들어 서던캘리포니아대학교의 인터랙티브 미디어 연구소에서는 〈프로젝트 시리아Project Syria〉를 제작해서 시청자가 시리아의 알레포를 로켓으로 공격하는 장면과 소리를 체험할 수 있게 했다.[12]

우리가 공간을 이해하고 공간에서 이동하는 방식이 급격히 달라질 거라는 전망과 새로운 경험에 대한 흥분을 생각할 때 굳이 어둡고 무서운 이면을 들추는 것이 심술궂어 보일지 모르겠다. 하지만 **여행과 오락, 소통의 수단에서 변화를 끌어내는 바로 그 기술이 적어도 우리가 건축공간을 이해하는 방식에서는 위기를 초래할 수도 있다.**

난해한 방향감각 상실 증후군

나는 가상현실 실험실을 만들고 얼마 후 실험 제안을 위한 첫 윤리 심사 지원서를 대학 심사위원회에 제출했다. 며칠 후 나는 특이한 답변을 받았다. 심사관 하나가 이런 질문을 던졌다. 참가자가 나의 훌륭한 가상 환경 속 경험에 빠져서 가상세계와 실제 세계의 관계를 혼동해서 두 세계를 구별하지 못하면 어떻게 될까? 참가자가 혼란에 빠져 더 이상 일상의 공간에서 일상의 용무를 처리하지 못하는 지경에 이르면 어떻게 될까? 내가 사비를 털어서라도 참가자를 택시에 태워 보내고 나중에 그가 안전하게 다시 현실 공간에 들어 갔는지 확인하겠다고 해야 할까? 나는 이 질문에 나도 모르게 웃음을 터뜨리며 내가 만든 실험 환경이 그 정도로 설득력 있다면 아주 잘했다고 스스로를 칭찬해 줄 거라고 대답해 주고 싶었다.

그런데 지금 와서 돌이켜보면 선견지명이 있는 질문이라는 생각이 든다. 우리 실험실에서 사용한 환경보다 정교하지 않은 환경을 이용한 여러 실험에서 **특정 가상현실의 몰입 경험이 참가자에게 지속적인 영향을 끼칠 수 있는 것으로 나타났다.** 가상현실에서 더 젊거나 매력적이거나 건강한 자기 이미지를 본 사람들은 스스로를 보살피려는 의지를 더 많이 드러냈다. 가상현실에서 초능력(이를테면 하늘을 나는 능력)을 경험한 사람들은 이후에 영웅적이거나 적어도 좀 더 친사회적으로 행동하는 경향이 강했다.[13] 이런 경우에는 실험자의 조작에 의해 참가자들이 실제로 더 나은 사람이 되었다고 볼 수 있다.

그런데 가상현실의 경험을 통해 더 좋은 사람이 될 수 있다면 더 나쁜 사람도 될 수 있다는 뜻이다. 몰입형 가상 환경에서 폭력 행위에 장기간 노출되면 어떤 효과가 나타날까? 가상현실로 시리아를 겨냥한 로켓 공습 현장에 파견되면 정체성에 어떤 변화가 일어날까? 이보다 몰입도가 떨어지는 폭력 게임에 장기간 노출된 효과에 관한 논의가 한창 진행 중인데 과연 이 질문의 답을 아는 사람이 있을지 의문이다.

몰입형 가상공간이 행동에 끼치는 영향에 관한 논의와 관련해서 내가 건축학 강의에서 우리 실험실의 초기 실험을 시연한 일이 떠오른다. 나는 학생들에게 감명을 줄 요량으로 실험용으로 설계한 실물 크기의 가상공간을 정교하게 재현한 모형을 보여주었다. 학생들은 집 안을 돌아다니면서 질감과 관점을 탐색하고 대체로 환경 안에서 실재감을 느낄 수 있었다. 아니, 나는 그러기를 바랐다. 결국 학생들은 모형의 계단으로 기어 올라가서 어떻게 되는지 보려고 이층 창문에서 뛰어내렸다. 내 모형의 각본에는 이런 이상행동이 들어 있지 않아서 학생들의 돌발행동으로 모형이 파손되고 세상의 모든 컴퓨터 프로그램에게는 암울한 신호로 악명 높은 '죽음의 파란 화면'이 나타났다.

돌이켜보면 창의적이고 모험심 강한 학생들이 3D 환경의 갖가지 고성능 시각화 기법에 몰입하는 데서 뭘 더 기대했나 싶다. 하지만 중요한 것은 앞으로 합성 환경이 일상에 더 많이 침투하는 현실에서 사람들이 물리적 공간에서 허용되는 정상적인 제약과 장벽을 덜 중요하게 여기게 되느냐는 질문이다. 가상현실이 현실세계로 전이되는 효과를 제시한 실험자들의 주장이 옳다면, 그럴 가능성이 높을 것이다. 그렇다고 머지않아 너도나도 창문이나 건물 옥상에서 뛰어내릴 거라는 얘기가 아니다. **물리적 공간이 동작과 활동을 정상적으로 제약하는 방식에 대한 이해가 예측하기 어려운 방향으로 흘러갈 수도 있다는 뜻이다.**

나는 《당신의 현 위치》에서 전화기에서 텔레비전에 이르기까지 다양한 공간 이동 기술이 출현하고 비행기나 기차를 타고 고속으로 여행할 수 있게 되면서 지리적 공간, 사물 사이의 연관성, 물리적 공간의 질서에 대한 우리의 허술한 이해가 더 약화될 수 있다고 지적했다. 별안간 한 시공간에서 다른 시공간으로 내던져지는데 대한 마음의 준비가 몰입형 가상현실에서는 자극의 변화 양상에 따라 훌륭하게 적응하도록 설계된 신경계와 공모한다.

뇌의 놀라운 가소성 때문에 우리가 가상현실에 오래 노출된 효과에 얼마나 취약할 수 있는지 알아보려면 지각심리학 초기의 고전적인 실험을 살펴보면 된다. 19세기 말에 버클리 소재 캘리포니아대학교의 심리학자 조지 스트래튼^{George Stratton}은 눈에 들어오는 '시각상^{視覺像}'을 좌우와 상하로 역전시키는 프리즘 안경을 특수 제작해서 실험을 실시했다. 이런 기이한 형태의 시각이 입력되면 참가자가 방향감각을 상실하고 현실에서 움직이는 데 문제가 생길 거라고 생각할 수 있다. 실제로 스트래튼이 발견한 결과이기도 하다. 그러나 놀랍게도 피험자들은 며칠 만에 특수 안경에 완벽하게 적응해서 평소처럼 시각을 이용할 수 있었다. 그리고 안경을 벗자 다시 방향감각을 상실해서 한동안 눈에 들어오는 정상적인 시각 입력에 다시 적응해야 했다. **심각하게 무질서한 시각 정보에 단 며칠 만에 적응할 정도로 뇌가소성이 뛰어나다면 가상현실에서 반복적으로 경험한 뒤 공간이 휘어지는 환각과 유사한 환각에 사로잡히기 쉬울 거라고 보아도 무방할 것이다.**[14]

같은 맥락에서 로드아일랜드 브라운대학교의 윌리엄 워런^{William Warren}과 그의 제자들은 몰입형 가상현실로 기이한 '웜홀^{wormhole}' 환경을 구축했다. 이 환경에는 입구가 몇 개 있는데 참가자들이 그 안으로 들어가면 곧장 환경 안의 새로운 위치로 이동했다. '포털^{Portal}'이라는 컴퓨터게임을 해본 사람이라면 어떤 효과인지 당장 알아챌 것이다. 놀랍게도 참가자들은 그들이 여행하는 공간의 기하학적 구조에 이런 이상한 왜곡이 존재한다는 사실을 모른 채 환경에 관한 마음의 지도를 상당히 설득력 있게 구성할 수 있었다.

워런은 이 실험이 우리가 정신적으로 공간을 표상하는 방식과 관련이 있다고 결론지었다. 우리는 고리타분한 유클리드 기하학보다 공간들 사이의 연결성, 곧 공간의 위상位相 기하학에 훨씬 더 잘 적응한다.[15] 몰입 환경을 구축하는 기술이 갈수록 더 넓게 침투하는 세계에서 워런의 연구와 같은 결과는 우리가 앞으로 공간이 작용하는 방식과 우리의 일상에 끼치는 영향에 관해 더욱 혼란스러워할 것임을 보여준다.

보는 대로 나오는 게 아니야

앞으로는 일상에서 현실과 가상공간이 기이하게 혼합된 공간에 몰입할 가능성에 관해서는 걱정할 것은 없고 기대만 가득하다고 보는 시각도 있다. 마법의 토끼굴을 통해 새로운 장소로 튀어나가서 길고 지루한 여정을 피하고 싶지 않을 사람이 있을까? 〈스타트렉〉의 환상적인 트랜스포터 빔이 보여주는 매력과 상당히 비슷하지 않은가? 〈스타트렉〉에 나오는 홀로데크 같은 가상공간에 간단히 접근하고 싶지 않은 사람이 있을까? 이 기술은 오락산업에도 훌륭한 재료일 뿐 아니라 훈련과 교육, 비즈니스와 여행, 심지어 친밀한 대인관계를 형성하는 데도 유용한 자원이 되지 않을까?

좀 더 신중한 입장에서는 공간을 구부리는 가능성이 그렇게 무해하지만은 않을 수도 있다고 본다. 앞서 몇 가지 사례를 살펴본 대로, 카지노는 우리의 주머니를 털도록 설계된 공간이다. 쇼핑몰과 백화점 설계자들은 특히 환경 변수가 충동구매를 조장하는 데 주목한다. 인간의 유한성을 연상시키는 환경에서는 사회적으로 보수주의를 수용할 가능성이 높다. 실제로 건물을 지을 때는 자원 효율적이고(벽과 천장을 만드는 데는 시간과 돈이 들어간다) 평범한 사람의 취향에 맞는(누구나 같은 구조물을 본다) 기준에 맞춰야 한다. 하지만 가상 환경에서는 이런 제약이 모두 사라진다.

가상 환경은 디스플레이 장치에서 방출되는 광자로만 구성되기 때문에 즉석에서 구축하고 수정할 수 있다. 게다가 각자 개인용 장치에서 생성된 자기만의 환경에 몰입하므로 각자의 역사와 취향, 관심사에 적합한 환경을 설계할 수 있다. 앞에서 페이스북이 오큘러스 리프트 제조사를 수십 억 달러에 사들였다고 언급했다. **페이스북을 친구들과 소통하도록 설계된 애플리케이션으로 여기고 싶겠지만, 사실 페이스북은 개인 맞춤형 마케팅 수단으로서 우리가 물건을 사도록 부추기는 데 그 존재 이유가 있다.** 친구들의 접속 상태 옆에 뜨는 거슬리는 광고 차원이 아니라, 제품이 화려한 3D로 나타나서 페이스북을 하면서 말 그대로 광고의 장애물 넘기를 치러야 원래 목표에 도달할 수 있는 경우를 상상해 보라. 그리고 3D 환경에서 친구를 찾다가 도중에 길을 잃고 문득 정신을 차려보면 뉴스피드가 이케아 매장의 복잡한 복도와 비슷해 보일 수도 있다. 다만 매장에서 지나치는 모든 물건이 어찌 된 일인지 최근에 각종 온라인 스누핑^{snooping}(인터넷상에서 남의 정보를 염탐하여 불법으로 가로채는 행위 : 옮긴이)으로 측정한 당신의 관심사와 관련이 있다.

　　페이스북이 오큘러스 리프트와 합병해서 구체적으로 무엇을 하려는 것인지와 상관없이 거래에서 오간 액수만 봐도, 가상 환경을 SNS와 결합해서 우리의 기호와 열정을 이용해 돈을 벌 방법을 강구하려는 의도가 짙게 배어 있다고 볼 수 있다.

1인칭 시점

자기의식의 출현은 건축 환경에 대한 인간 고유의 반응에서 중요한 사건이다. 자기의식의 본질은 누구나 1인칭 시점으로 소유하고 지각하는 세계에 대해 특권을 지닌 내부자의 시점이라는 데 있다. 우리는 문학과 영화, 컴퓨터게임에서도 이런 고유의 시점과 관찰자에게 초점을 맞추지 않는 다른 시점을 구별한다. 프레드 프레빅이 주변 공간과 외부 공간을 나눈 것처럼 내밀한 1인칭 시점에 영향을 주는 개별 구역이 있을 수 있지만, 이런 모든 구역조차 자기중심적인 시점에서 나온다. 다른 사람의 1인칭 시점과 그 모습이 어떨지를 생각해 볼 수는 있다(그리고 이런 능력이 공감의 기초가 된다). 하지만 우리는 분명 지배적인 1인칭 시점으로 본 세계에 사는 데 익숙하고 그것은 우리만의 세계다.

　　우선 올라프 블랑케가 웹캠과 가상현실 헬멧을 결합하여 비교적 간단히 조작한 유체이탈 경험 실험으로 다시 돌아가보자. 어떻게 보면 단순한 시점의 변화 같다. 몸에서 뒤로 몇 걸음 떨어진 위치로 이동한 느낌이 들어서 '세컨드 라이프'처럼 조금 떨어진 위치에서 보고 키보드나 컴퓨터 마우스로 조작해서 아바타를 구현하는 감각까지 얻을 수 있다. 하지만 자세히 들여다보면 체현 감각의 적응성에 관해 중요한 사실을 배웠을 수는 있어도 소중한 1인칭 시점의 일부를 잃어버렸다.

우리는 살면서 세계에 관한 자기만의 조종실의 존엄성과 사생활, 고유성에 관한 특유의 감각을 키웠다. 그런데 갑자기 기술이 개입하면서 이런 능력이 훼손된 듯하다. 가상현실 기술이 세계를 시각화하는 사용자 인터페이스에 고유의 기술로 고착된다면 개인의 시점이 다른 어딘가로 배치될 수 있다. 시리아 내전 지역인 알레포처럼 접근하기 어려운 장소뿐 아니라 아주 긴 팔을 가진 존재처럼 기괴한 어떤 존재의 '내부'로 들어가거나, 재론 래니어^{Jaron Lanier}가 마이크로소프트를 위해 실시한 실험처럼 바닷가재 시뮬레이션의 몸속으로 들어가기도 한다. **우리의 1인칭 시점은 기술을 통해 세상에 침입해서 어디든 원하는 곳으로 갈 수 있다.** 이런 기능의 함의는 엄청나다.

인간으로 존재하는 것을 '통 속에 든 정신(뇌)'를 경험하는 것쯤으로 간주할 수는 없다('통 속에 든 뇌'는 철학에서 회의론을 설명하는 데 주로 쓰이는 생각실험의 한 요소다 : 옮긴이). 말하자면 우리가 마치 세계와 임의로 연결된 컴퓨터 같은 중앙처리장치에 불과하다고 볼 수는 없다. 정신과 육체(자세, 동작, 전반적인 신체 능력)의 연결은 감각 발달뿐 아니라 사고에도 매우 중요하다. 이런 신체 능력은 또한 우리가 건축물뿐 아니라 다른 사람을 비롯한 환경의 모든 요소와 관계를 맺는 방식을 좌우할 만큼 중요하다. 가상현실 기술은 우리가 머릿속에서 하나의 시공간에서 다른 시공간으로 이동하는 성향에 접속해서 구체적인 체현의 형태를 변형할 수 있다는 사실을 보여주었다. 몰입형 가상현실 헬멧과 같은 고글을 뒤집든 구글 글래스 같은 장치의 증강현실을 뒤집든, 신체의 형태만이 아니라 신체가 어디서 시작되고 어디서 끝나는지에 대한 이해까지 얼마든지 변형할 수 있다. 이제 이런 과학을 알아가기 시작했지만 새로운 발견이 인간 존재에 얼마나 광범위한 함의를 지니는지는 아직 진지하게 고민하지 않았다.

이미 실현되었든 곧 다가올 미래든, 이런 기술의 발전에 대해 적절한 감정의 균형을 찾기란 쉽지 않다. 한편으로는 자기의식과 체현을 새롭게 이해할 방법을 제시하는 기술의 출현이 반갑다. 덕분에 심리학의 혁신적인 실험방법이 가능해져서 나도 잘 써먹고 있는 건 사실이다. 실용적인 차원에서 대화를 나누고 새로운 관계를 맺고 달리 접근하지 못할 장소에 가보고 교육용으로 효과적인 환경을 설계하는 새로운 방법이 풍부해졌다.

그러면서도 새로운 기술이 더 강력해지면 내가 평생 소중하게 간직해 온 것들의 가치가 떨어질까 봐 조금 우려스럽다. 닉 험프리의 말처럼 자기의식의 진화적 혜택이 특별하고 직접적으로 경험한 감각 환경으로 삶을 더 살 만하게 만들어주는 데 있다면, 이런 개인의 시점을 한 장소에서 다른 장소로 보내고 가구점부터 정당에 이르기까지 모든 이해 당사자의 요구에 맞게 조정할 수 있게 해주는 기술은 개인의 고유 경험을 폄하하는 기술로 느껴질 것이다.

숲속에서 거닐며 빽빽한 나뭇잎을 쳐다보고, 바람에 나뭇잎이 살랑거리는 모습을 바라보고, 새소리와 바스락거리는 내 발소리를 들으면서 내가 느끼는 즐거움의 핵심은 그 순간이 온전히 나를 위해 존재한다는 사실을 아는 데 있다. 이때 나는 시간과 공간에서 고유한 순간, 두 번 다시 오지 않을 순간을 즐기는 것이다. 발터 벤야민이 《기술 복제 시대의 예술작품》에서 예술작품을 똑같이 복제하면 그 작품이 새로운 맥락으로 들어가 작품의 본래 의미가 완전히 달라진다고 말하듯이, 우리는 예술만이 아니라 모든 경험에 관해 벤야민처럼 생각할 것이다.[16] 벤야민은 인공물을 똑같이 복제할 수 있는 시대에 본래의 맥락이 제거된 복제품은 원본의 가치를 훼손시킬 뿐 아니라 의미까지 변형할 거라고 우려했다. 마찬가지로 나 역시 실제 경험을 시연한 몰입형 시뮬레이션에 들어갈 수 있다면, 그 경험을 대량으로 배포해서 공유할 수는 있어도 어쩔 수 없이 경험이 희석되고 평가절하될 거라고 생각한다.

내 아이들이 진짜 공룡 뼈를 보고는 시큰둥하게 어깨를 으쓱하면서 그 뼈의 주인이던 공룡이 달리는 모습을 구현한 증강현실 화면으로 눈길을 돌리는 걸 보니, 진품의 가치가 하락하는 상황이 바로 오늘의 현실이라는 생각이 든다. 누구에게나 똑같은 감각을 제공하는 진짜 같은 3D 몰입형 경험을 불러낼 수 있으니 물건 자체는 특별할 것이 없다. 불멸하는 시간과 공간의 순간들을 실리콘으로 짠 조각보와 같은 세상에서 경험의 맥락은 점점 무의미해진다. 벤야민이 예술품 복제에 관해 이런 문제로 고민했다면, 현실 복제가 우리에게 주는 함의는 아주 놀라우면서도 '우리는 아직 미래에 대비하지 않았다는 것'이다.

8장

공간과 기술 2: 세계 속의 기계

'유비쿼터스 컴퓨팅', 곧 '유비콤프' 방식에서는 기계가 세계가 된다. 이 세계에서 통용되는 '조용한 기술'의 중요한 장점은 "우리가 집처럼 편하게 느끼게 해줄" 수 있거나, 우리가 알아야 할 사건을 지속적으로 알리면서도 부담스럽게 주의를 끌려고 하지 않는 데 있다.

유비콤프 시대의 도래

몰입형 가상환경으로 들어갈 때 사실 우리는 우리의 마음을 컴퓨터 속에 집어넣는 것이다. 대체로 우리는 물리적 세계를 벗어나서, 보이고 들리는 세계를 조직하고 우리의 동작 반응을 정교하게 추적하여 우리가 몸이 있는 곳이 아닌 다른 어딘가에 있다는 거대한 환상을 생성하는 프로그램의 통제를 받는다는 뜻이다.

하지만 기술이 공간으로 침투하는 전혀 다른 방법이 있다. 가상의 '기계 속의 머리' 은유의 정반대 개념이라고 설명할 수 있다. 이런 '유비쿼터스 컴퓨팅Ubiquitous Computing', 곧 '유비콤프Ubicomp' 방식에서는 기계가 세계가 된다. 제록스Xerox 팔로 알토 연구소의 연구교수이자 환경과 기술의 관계에 관한 유비콤프 방식을 처음으로 제시한 마크 와이저Marc Weiser는 이런 새로운 방식을 일상에서 기술의 역할이 자연스럽게 진화한 형태로 보았다. 큰 방 크기의 메인 프레임 컴퓨터를 설치하던 시대부터 책상 위의 작은 PC로 서서히 발전한 인간-기계 관계의 양상보다 인간의 행동과 훨씬 더 조화를 이루는 방식이라는 것이다.

와이저는 1996년에 존 실리 브라운John Seely Brown과 함께 쓴 논문을 비중 있게 언급하면서, 유비콤프의 영향을 "복도 측 창문inner office window"이라는 단순하고 강력한 은유로 설명한다. 이 창문은 세밀한 양방향 시야를 제공한다. 사무실에서 일하는 사람은 문 밖의 활동을 볼 수 있다. 창문에 사람들의 머리가 지나가면 회의시간이나 점심시간이 시작되는 사건을 알리는 신호가 될 수 있다. 머리가 반복해서 까딱거리는 모습이 보이면 사무실에 앉아 있는 사람은 밖에서 누군가 들어올 차례를 기다린다는 걸 알 수 있다. 밖에서 볼 때는 사무실 창문의 조명이 켜져 있으면 안에 누가 있다는 신호다. 잠깐 들여다본 장면은 외부 사람에게 사무실 내부 활동의 성격을 알려준다. 안에 누군가 혼자 있는가? 전화통화를 하고 있는가?

와이저와 실리 브라운은 사무실 창문의 기능을 "조용한 기술calm technology"이라고 설명했다. 조용하다고 표현한 이유는 문 양쪽 사람들의 중심 시야로 밀고 들어가지 않고 주변부에서 조용히 정보를 제공하고 그에 따라 양쪽 사람들이 행동을 조직하도록 도와주기 때문이다. 간결하면서도 깊이 있는 이 논문에서 와이저와 실리 브라운은 **조용한 기술의 중요한 장점은 "우리가 집처럼 편하게 느끼게 해줄"** 수 있거나, 연구자들의 용어를 빌리자면 **우리가 알아야 할 사건을 지속적으로 알리면서도 부담스럽게 주의를 끌려고 하지 않는 데 있다**고 밝힌다. 사실 조금만 더 들어가면 유비쿼터스 컴퓨팅 방식으로 작동하는 프로세스와 앞에서 내가 편안하게 무심히 집중하거나 '매료'

● **캐나다 라이프 빌딩** 캐나다 토론토에 있는 역사적인 건물. 고풍스러운 15층 건물 꼭대기에 있는 날씨 신호등은 간단한 일기예보를 부호로 처리하여 전달해 준다. 오늘날 유비콤프의 원형이라고도 할 수 있다.

당하는 방식을 유용하게 활용하는 방법을 설명할 때 언급한 프로세스 사이의 유사성이 드러난다. 집중이나 매료는 자연 경관에서 주변 환경에 주의를 기울이는 우리의 타고난 수단으로 보인다.[1]

어릴 때 나는 토론토에서 살면서 남들처럼 캐나다의 가장 오래된 보험회사 본사가 있는 보자르 양식의 아름다운 건축물인 캐나다 라이프 건물 꼭대기의 날씨 신호등을 넋 놓고 쳐다보곤 했다. 지금도 건물 꼭대기에서 작동하는 그 신호등은 간단한 일기예보를 부호로 처리하여 끊임없이 불빛으로 표시해 준다. 스키 상태(흐린지 맑은지), 강수량(비는 파란색, 눈은 흰색), 기상 상태가 불안정한지 안정적인지, 기온이 올라가는지 내려가는지 따위의 정보를 표시한다. 최소한의 기상 정보만 표시하고, 그마저도 대부분 그냥 잠깐 하늘을 보면 알 수 있는 수준의 정보이지만, 도시 공간에서 유비콤프가 작동하는 가장 좋은 사례다. 그 부호에 익숙한 사람들은 날씨 신호등을 올려다볼지 말지 선택할 수 있다. 신호등은 의식의 언저리에서 유용한 정보 한 토막을 전달하는 셈이다.

와이저는 유비콤프의 핵심 개념을 구상하면서 오늘날 환경의 구석구석까지 침투하는 임베디드 컴퓨팅imbedded computing의 폭발적인 증가를 염두에 두었을 것이다. '시티 오브 사운드City of Sound'라는 인기 블로그를 운영하는 도시 설계가 댄 힐Dan Hill은 〈플랫폼으로서의 거리Street as Platform〉라는 에세이에서 우선 일반 도시의 거리를 덮고 있는 데이터 클라우드data cloud에 포함된 온갖 형태의 정보를 상세히 설명한다. 주로 단순한 분산 방식의 센서와 프로세서 네트워크를 조용히 조작해서 얻는 정보다. 데이터 클라우드에는 거리에 있는 사람들의 스마트폰에서 발생하는 다량의 개인정보만이 아니라 교통량과 상거래, 기온(외부와 실내 모두)을 모니터하는 거리의 장치에서 나오는 정보도 있고, 심지어 거리 가까이 위치한 냉장고의 환경소음, 길가의 소음, 도로에 있는 모든 차량의 성능 파라미터, 주차요금 징수기 상태를 비롯해 무수한 곳에서 나오는 정보가 포함된다. 데이터 클라우드에는 공공 데이터와 개인 데이터가 뒤섞여 있고 주로 네트워크로 연결되어 있어서 멀리 떨어진 관찰자도 이용할 수 있다. **이제는 이렇게 도시의 거리에서 떠도는 데이터가 물리적 건축물의 철근과 콘크리트만큼 중요해졌다.**[2]

1996년에 와이저와 실리 브라운이 유비쿼터스 컴퓨팅의 철학을 설명하는 짧은 논문을 발표했을 때만 해도 특정한 장치 하나가 놀랄 만큼 발전하리라고 예상하기는 어려웠다. 그 장치는 바로 기술이 우리의 일상에 들어오는 데 지대한 영향을 끼치는 스마트폰이다.

1991년 워털루대학교에 교수로 부임했을 때 나는 학교 건물 벽에서 전화번호를 떼어가게 해놓은, 눈에 잘 띄지 않는 광고지를 보았다. 그때 사진을 찍어두었으면 좋았을걸 싶다. 하긴 요즘처럼 사진을 찍는 게 쉽지 않은 시절이었다. 당시 워털루대학교의 학생이던 마이크 라자리디스Mike Lazaridis가 창업한, 리서치 인 모션Research in Motion이라는 신생 회사가 붙인 광고지였다. 라자리디스는 그 광고지에 주머니에 넣고 다닐 수 있는 소형 패키지로 소장하는 컴퓨팅 플랫폼의 기초적인 개념을 짤막하게 설명해 놓았다. 신입사원 모집 광고였다. 그때 나는 광고지를 읽고서는 머리를 긁적이며 과연 이렇게 이상하고 특이한 제품의 용도를 알아볼 사람이 있을까 생각했다. (살면서 내 상상력이 어이없을 정도로 빗나간 순간들 중 하나였다.) 공학도들이 주로 쓰는 고성능 공학용 계산기인데 전화 기능이 포함된 장치라는 것 같았다.

라자리디스의 회사는 꾸준히 성장해서 엄청난 성공을 이룬 블랙베리BlackBerry 휴대폰을 생산하면서 캐나다 최대의 첨단기술 기업으로 성장했고, 1997년에 상장되어 운 좋은 수많은 캐나다인들의 퇴직자 저축계획을 부채질했다. 당시 세계시장에서 휴대폰의 침투는 미미해서 세계 인구의 약 4퍼센트만 휴대폰을 보유했다. 그에 비해 2014년에는 세계 인구의 70퍼센트 가까이가 스마트폰을 이용할 수 있고 북미의 스마트폰 수는 전체 인구와 거의 맞먹는다.[3] 20년도 안 되는 시간이 흐르는 동안 한때는 돈 많은 얼리어댑터의 전유물이던 장치가 일상생활의 기본 장치가 되었다. 게다가 이 장치의 컴퓨팅 성능은 몇십 년 전부터 상용화된 컴퓨터의 성능을 훌쩍 뛰어넘는다. 예를 들어 아이폰 5S는 조만간 구형이 되어 우리 집 십대 아이들은 그걸 들고 있는 걸 남에게 들키면 창피해할 테지만, 이 스마트폰 한 대는 아폴로 11호를 달로 보내는 임무를 수행한 컴퓨팅 장비보다 메모리도 더 크고 프로세싱 성능도 더 강력하다. 그래픽 성능은 1970년대의 유명한 크래이Cray 슈퍼컴퓨터의 성능을 1,000배나 능가한다.[4]

GPS의 출현과 장치 패러다임

이런 기술의 획기적인 발전으로 우리의 일상에도 엄청난 변화가 일어났지만 그 변화의 내용을 상세히 기술하는 것은 이 책의 범위를 넘어선다. 다만 누구에게나 해당하는 일상을 재편하는 데 스마트폰이 특히 중요한 역할을 하는 영역이 있다. **모든 스마트폰에는 작은 칩이 하나 들어 있는데, 이 칩은 미공군이 우주로 쏘아올린 인공위성에서 내보내는 신호를 잡아서 단 몇 미터의 오차 범위에서 위치를 알리는 기능을 한다.** 이런 칩은 취미용품점에서 몇 달러에 구할 수 있고, 대량으로 구입하는 전화기나 관련 기술의 제조업체에서는 그보다 훨씬 싼 금액에 구입할 수 있다.

저렴한 모바일용 소형 GPS 센서의 출현이 전 세계에 끼칠 파급효과를 어디서부터 설명해야 할지 모르겠지만, 이 책은 인간이 건축공간과 맺는 관계에 기술이 어떤 영향을 줄지에 중점을 두므로 자연히 내비게이션 기술이 길찾기의 전반에 끼치는 영향부터 살펴보겠다.

이 책을 읽는 청소년들은 길을 잃었을 때 스마트폰을 꺼내 우주에서 전송하는 신호를 기반으로 하는 작은 지도에서 현재 위치를 찾은 다음 원하는 위치를 눌러 길을 찾을 수 없었던 시절을 상상하기 어려울 것이다. 낯선 도시에서 목적지를 찾다가 길을 잃고 혼동에 빠진 여행자들에게는 지난 수천 년간 인간이 이용한 모든 길찾기 방식을 대체하는 이런 손쉬운 기능이 매우 요긴하다. 보통의 관광객들도 스마트폰 애플리케이션을 열어서 경로까지 표시된 근처 음식점 목록을 불러내는 기능, 곧 스마트폰에 내장된 위치 기반 기술을 이용하여 시간을 절약할 수 있다.

스마트폰 애플리케이션이 주변 환경에 관한 주석을 달아주기도 한다. 위치를 단서로 이용자에게 상세한 역사 및 건축 정보를 제공하는 애플리케이션도 있다. 스마트폰에서 지금 지나치는 흥미로운 건물에 관해 간략한 이야기와 자잘한 정보가 흘러나오는 식이다. 지오펜스 서비스가 설정되어 있다면 종이에 연필로 할 일 목록을 쓰는 대신 스마트폰이 특정 장소에 가면 어떤 일을 하라고 알려줄 수도 있다. 예를 들어 나는 가끔 스마트폰에 내가 사무실에서 나가는 순간을 감지해서 식료품을 사가라는 알림을 보내도록 설정한다.

스마트폰이 복잡한 문제를 단순하게 만들어주고 스마트폰이 없었다면 불가능했을 새로운 행동을 가능하게 해주는 것은 사실이다. 이 책에서 설명한 대다수 기술처럼 사실 나도 스마트폰의 열렬한 지지자이자 스마트폰을 애용하는 사람이다. 하지만 스마트폰에도 물론 어두운 이면이 있다. 여기서는 신호나 장비의 고장 또는 오래된 전자 지도로 인한 GPS의 오류를 다루지는 않을 것이다. 무턱대고 GPS의 안내만 따르면서 눈앞에 보이는 증거는 무시하다가 차를 몰고 집이나 호수로 돌진하는 불행한 여행자의 사연은 다들 들어봤을 것이다. GPS를 맹신하는 위험이 점차 증가하는 현상이 이런 자잘한 사고들과 관련이 있기는 하지만 두 가지가 완벽히 동일한 것은 아니다.

우선 GPS 애플리케이션이 없던 과거처럼 낯선 지역에서 날마다 용무를 처리해야 하는 상황을 상상해 보자. 그런 시절을 기억할 만큼 나이를 먹은 독자라면 더 유리하다. 낯선 지역을 탐색하는 방법은 매우 다양해서, 전문지식 수준에 따라 다르고 상황의 긴급성에 따라서도 다르다. 멈춰 서서 누군가에게 방향을 물으면 상대가 아마 차근차근 길을 설명해 줄 것이다. 이것은 GPS가 제공하는 해결책과 비슷하다. 이와 같은 경로 중심의 설명은 당면한 과제에는 효과적일지 몰라도 경로 주변의 환경에 관해 다양한 정보를 알려주지도 못하고 목적지까지 가는 길에 지나치는 장소의 기하학적 구조의 의미를 전달하지도 못한다.

장소를 이해하는 더 나은 방법, 곧 우리를 목적지까지 안전하게 데려다주면서도 좀 더 상세히 탐색하고 우리가 어디에 있는지 더 잘 이해할 수 있게 해주는 방법은 지도에 기반을 둔 방법이다. 이따금 종이 지도를 보고 길을 찾는 사람도 있다(이런 사람이 줄어들고 있는 것 같지만 말이다). 물론 지도는 주변 거리를 본뜨고 축소해서 만든다. 지도를 볼 때는 현재 위치를 찾기가 어렵다. 그래서 지도상에 표시된 랜드마크를 자세히 살펴보고 현재 위치의 주변을 둘러보면서 두 가지 정보를 일치시켜야 한다. 이 문제만 해결된다면 경로를 차례차례 설명해 주는 단순한 방법보다 훨씬 다양한 정보를 얻을 수 있다. 최선의 탐색에 가장 필요한 요소는 정신 지도 또는 '인지' 지도다. 이 지도는 어찌 보면 지금도 자동차 앞좌석 글

러브박스(사실 원래 이 이름이 붙여진 이유와 달리 장갑보다는 지도가 들어 있을 가능성이 더 높다!)에 들어 있을 종이 지도와 상당히 유사하다. 다만 인지 지도와 종이 지도의 가장 큰 차이는 인지 지도는 뉴런과 뉴런 사이의 연결과 뉴런의 발화 양상으로 작성된다는 점이다.

인지 지도가 꼭 기하학적으로 정확해야 하는 것은 아니다. 사실 왜곡이 많을 수 있지만, 지도상의 주요 랜드마크들 사이의 관계를 저장하기만 하면(지하철 노선도처럼 위상학적으로 정확하기만 하면) A 지점에서 B 지점으로 이동하는 데 도움이 될 뿐 아니라 C, D, E 지점을 가고 싶을 때도 어디로 가야 할지 알려줄 것이다. 다만 장소에 관한 정확한 인지 지도를 작성하려면 약간의 노력이 필요하다. 주변을 둘러보고 주변 환경에 주목하고 사물들 사이의 공간적 관계를 파악해야 한다. 사실 지상에서 한눈에 다 보는 새의 눈으로 본 장면으로 변환하는 과정이다. 실제로는 보이지 않는 시각에서 어떻게 보일지 상상해야 한다. 보통 사람에게는 쉬운 일이 아니다.

위의 두 가지 길찾기 방법(하나는 경로를 차례차례 기술하는 방법이고 다른 하나는 융통성 있는 인지 지도를 기반으로 하는 방법)에서 흥미로운 사실은 두 가지가 전혀 다른 신경계에 의존한다는 점이다. 경로에 기초한 학습은 주로 기저핵basal ganglia의 일부인 '선조체striatum'라는 뇌 영역에서 일어난다. 뇌 구조물이 모여 있는 이 영역은 대뇌피질의 표면 아래 깊숙이 자리잡아서 과거에는 주로 특정 유형의 운동 제어와 관련이 있는 영역으로 여겨졌다. 예를 들어 헌팅턴무도병(근육 간 조정 능력의 상실과 인지능력 저하, 정서 변화 등이 동반되는 신경계의 퇴행성·유전성 질환 : 옮긴이)과 파킨슨병 같은 운동장애는 기저핵의 구조물 손상으로 발생한다. 그런데 최근에는 기저핵의 여러 영역, 특히 선조체가 기억과 경로 학습을 비롯한 학습 과정과 관련이 있다는 사실이 밝혀졌다.[5]

해마는 뇌 측두엽 속에 위치한 일종의 원시 피질조직이다. 2014년 존 오키프John O'Keefe에게 노벨생리의학상을 안겨준 획기적인 연구에서 오키프는 해마의 위치에 민감한 세포가 다량 들어 있는 것을 발견했다. '장소세포place cell'라는 이들 세포는 실험동물이 환경에서 특정 위치에 있을 때만 활동이 증가한다. 오키프가 장소세포를 발견하자 신경과학계가 활기를 띠고 연구자들은 해마 세포의 활동을 기록하고 동물, 주로 실험쥐의 행동과 생리의 상관관계를 찾기 위한 수많은 새로운 방법을 발견했다. 최근에는 그 밖에 다양한 신경과학 방법을 이용한 연구에서 인간도 다른 포유류처럼 이런 장소세포를 보유하고 있으며, 이 세포가 인지 지도의 근간을 이루는 것을 밝혀냈다.[6]

예를 들어 엘리너 매과이어Eleanor Maguire가 런던의 택시기사를 대상으로 한 유명한 연구에서는 해마의 특정 부위의 크기가 탐색에 관한 전문지식과 상관이 있다고 밝혔다.[7] 그리고 다른 연구에서는 해마에는 공간 정보를 처리하는 작업을 관장하는 바람직한 성질, 곧 경험에 따라서 해마의 특정 부위가 훌륭하게 변형된다는 점을 밝혔다. 해마는 학습에 반응하여 크게 변형될 뿐 아니라 성인이 된 이후에도 새로운 세포가 생성되는 것으로 보이는 뇌의 영역들 중 하나다. 성인 초기에 이르면 평생 사용할 뇌 세포가 모두 갖춰지고, 그 뒤로 일생에 걸쳐 일어나는 뇌 변화는 대체로 느리고(바라건대) 불가피한 세포사^{細胞死}일 뿐이라는 수백 년간 이어져온 학설을 뒤집는 설명이다.

해마의 이런 특수한 성질과 지도 학습에서의 해마의 역할 사이의 연관성은 기술을 이용해서 길을 찾는 일이 크게 증가하는 현상을 고찰하던 중 밝혀진 사실이다. **요즘은 주위를 둘러보면서 자기만의 지도를 그려보려 하지 않고 스마트폰 지도의 파란 점만 들여다보면서 인간이 지난 1,000년에 걸쳐 학습한 과정을 간단하게 생략한다.** 길찾기에 관한 한 우리는 선조체의 자극-반응 기계가 되어 열심히 치즈를 좇는 미로 속의 쥐처럼 시공간을 달리고 있다.

맥길대학교의 신경과학자인 베로니크 보보^{Veronique Bohbot}는 현대인의 이런 행동 변화의 위험성을 앞장서서 알린 사람이다. 보보는 2010년에 세계 최대의 신경과학자 연례 학술대회인 신경과학학회의 발표에서 습관적으로 GPS를 이용하는 노인은 길을 찾을 때 기술에 의지하지 않는 통제집단에 비해 해마 기능이 감소할 뿐 아니라 다른 여러 인지 과제에서도 수행력이 떨어진다고 밝혔다.[8] 보보는 경험에 대한 해마의 반응과 쓰지 않으면 퇴화하는 뇌 세포의 전반적인 작업방식에 관해 밝혀진 사실로 볼 때, **지도를 보면서 장소와 좀 더 풍부하게 상호작용하는 과정을 생략하고 습관적으로 GPS를 남용**

하다 보면 알츠하이머병과 같은 치매에 나타나는 증상처럼 퇴행성 뇌 변화가 일어날 수 있다고 경고했다. 실제로 해마의 세포 변화는 심각한 퇴행성 질환의 전조로 알려졌다.

GPS의 장기적인 영향 중에는 뇌 손상의 위험 말고도 위치 탐색 기술에 과도하게 의존하는 습관과 관련된 다른 문제들이 있다. 길찾기보다는 전반적인 심리적 관계와 기술이 장소와의 관계에 어떤 영향을 끼치느냐에 관한 문제다. 이 문제에 접근하는 방법으로 과학철학자 앨버트 보르그먼Albert Borgmann의 주장을 살펴보자. 보르그먼은 초기의 저서 《기술과 현대인의 삶의 성격Technology and the Character of Modern Life》에서 '장치 패러다임device paradigm'이라는 개념을 소개한다. 이 패러다임은 '장치'와 '중심 사물과 관행'의 관계를 생각하는 방식이다.[9] 보르그먼에 따르면 장치는 인식의 한계를 넘는 과제를 수행하는 기구를 뒤에 숨기고 단순한 인터페이스(나서지 않는 얼굴)를 제시하는 기술이다. 간단한 예를 들어보면 보르그먼이 무슨 뜻으로 한 말이고 어디에 위험이 도사리고 있다고 보는지 명확히 드러날 것이다.

대다수 사람들은 냉난방 시스템을 갖춘 건물에서 거주하고 일한다. 이런 시스템의 나서지 않는 인터페이스로는 우리가 원하는 온도를 정교하게 설정해 주는 아주 단순해 보이는 온도조절장치가 있다. 온도조절장치의 숨은 기술은 간단한 기계식 스위치와 온도 측정 기능을 이용해 우리를 위해 다른 모든 것을 살펴준다. 온도조절장치에 연결된 전선이 나머지 난방과 냉방 시스템을 제어

한다. 날씨나 습관의 변화(창문을 열어둔 사실을 잊어버리는 경우)가 발생할 때 필요한 시스템 조작이 자동으로 매끄럽게 변형된다. 우리는 그저 이따금 온도조절장치를 건드리고, 꼬박꼬박 공과금을 내고, 가끔 기술자에게 점검을 받으면 그만이다.

온도조절장치가 사회적 위험을 초래하는 경우를 상상해 보려면 다른 대안을 생각해 보면 된다. 내 친척 중에 캐나다의 시골 뉴브런즈윅의 바람 부는 들판 한복판에 자리잡은 외딴 농가에서 혼자 사는 사람이 있다. 그 집에는 보일러가 있지만 기본 난방으로 주방에 있는 커다란 무쇠 난로에 나무를 때서 나오는 열을 사용했다. 친척 아주머니는 적당한 온도로 유지하기 위해 시시때때로 난로에 땔감을 집어넣어야 했다. 그리고 아들이나 손자나 내가 찾아가면 우리에게 주방 옆에 있는 방 근처에 땔감을 갖다놓으라고 부탁하는 것도 잊지 않아야 했다. 그뿐 아니라 날씨도 정확히 알아야 했다. 일기예보에서 일시적 한파를 알리면 땔감을 더 해놔야 하고 난롯불이 밤에도 꺼지지 않도록 조치를 취해야 했다. 전반적으로 주방의 난방을 효과적으로 유지하는 데 필요한 행동과 사전 숙고의 과정(보르그먼은 이것을 '중심 관행'이라고 불렀다)은 친척 아주머니를 가족과 지인의 공동체, 나아가 더 큰 환경과 연결해 주었다. 만약 그 집에 잘 돌아가도록 가끔 조작만 하면 되는, 중심 관행을 대신하는 온도조절장치가 있었다면 생활은 여러 모로 훨씬 더 편리했을지 몰라도 친척 아주머니는 상실과 단절, 서늘한 고립감을 경험했을 것이다.

마찬가지로 우리가 절대로 길을 잃지 않게 해주고, 디오게네스의 역설적인 등불처럼 한눈에 잘 보이는 파란 점이 우리를 지혜가 아니라 미리 설정된 목적지로 데려다주는 스마트폰을 생각해보면 그와 비슷한 상실을 쉽게 확인할 수 있을 것이다. 여기서 침해당한 중심 관행은 길찾기와 관련된 사회적 관행(길찾기 지식의 문화적 공유, 곧 길을 물어보는 단순한 방법)뿐 아니라 장소의 구조와 모양과 의미에 대한 인식이나 이해와도 관련이 있다.《당신의 현 위치》에서 나는 캐나다의 이누이트족, 남태평양의 전통적인 해양탐험가, 오스트레일리아 원주민들의 원시적인 길찾기 문화에서는 갖가지 독창적인 방법을 동원해서 길을 찾을 뿐 아니라 주변 환경과 내밀하고 경건하게 연결된 느낌도 경험한다고 설명했다. 탐색 능력과 환경을 관리하는 능력의 바탕에는 아무리 사소해 보여도 일상의 세세한 요소에 신중하고 세심하게 눈길을 주는 태도가 있다. 길찾기 기술이 깜빡이는 화살표와 음성명령으로 구성된 만화 같은 거리 지도만 제공하는 것이 아니라 훨씬 섬세하고 도전적이고 도발적인 경험을 제공하는 기술과의 장난스러운 관계를 발전시키는 식으로 관심을 끌어올릴 수는 있지만, 출장을 와서 어디로 가야 할지 몰라 근처 스타벅스를 찾아가는 사람이 그런 장난감에 관심을 보일 것 같지는 않다.

GPS가 장착된 스마트폰이 정말 그렇게 해로울 수 있을까? 텔레비전이 우리에게 해롭다고 말하는 것과 같은 맥락일 것이다. 하루에 여덟 시간씩 소파에 앉아 아무 생각 없이 리얼리티쇼나 어리석은 만화를 보게 하는 장치와 같다는 뜻이다. 말하자면 부적응적인 행동을 허용하지만 강요하지는 않는 방식으로 우리에게 진부한 생각을 심어주는 동시에 정보와 교육을 제공할 수도 있다. 스마트폰도 마찬가지로 해마 세포를 죽여서 환경의 세세한 부분에 주목하지 못하게 만들기도 하지만, 회의에 제시간에 참석하게 해주기도 하고 여행자에게는 방향을 잃을 걱정 없이 더 멀리 가보게 해주기도 하며, 각종 응급관리 전문가들의 손에서는 생명을 살릴 수도 있다.

텔레비전 같은 대중매체에서 기술의 부가가치는 가치 있는 콘텐츠를 제공하려는 사람들에게서 나온다. 그럼 GPS가 장착된 스마트폰에서 고품질 콘텐츠에 해당하는 것은 무엇일까? 위치 인식 기술을 통해 파란 점 이상으로 우리가 장소와 맺는 관계를 풍부하게 만들어줄 수 있을까? 장소나 공간과 좀 더 심오하고 명상적이며 즐거운 만남을 장려하는 애플리케이션을 찾기 위해 먼저 살펴볼 곳은 바로 게임의 세계다.

2000년에 초정밀 GPS 신호가 개시된 이래로 현재 시중에 나온 지오게임geogame의 간단한 예로 '지오캐싱geocaching'(GPS 보물찾기 스포츠 : 옮긴이)이라는 레크레이션 게임이 있다. 플레이어는 웹사이트로 접근할 수 있는 공공 데이터베이스의 몇 가지 단서에 따라 함께 게임에 들어간 다른 플레이어들이 숨겨둔 캐시cache라는 비밀의 보물을 찾아다닌다. 캐시는 따로 숨겨져 있을 수도 있고 여러 개가 모여 퍼즐이나 서사를 이루는 더 큰 캐시 집단의 일부일 수도 있다. 전 세계의 지오캐셔geocacher (캐시를 숨기거나 찾는 사람 : 옮긴이)의 수를 추산하기는 어렵지만 지오캐싱은 오리엔티어링(지도와 나침반만 가지고 정해진 길을 걸어서 찾아가는 스포츠 : 옮긴이) 게임 가운데 기술 지원을 받는 형태와 약간 비슷하고 위치 기반 게임 방식 중에서 오래되고 강력한 게임이다. 지오캐싱의 가치는 플레이어가 세상으로 나가서 주변 환경의 상세한 정보에 주목하고(누군가 신중하게 숨겨둔 캐시를 찾아다녀야 하므로) 디스플레이에 표시된 정보와 주변에서 보이는 정보를 연결시키려고 노력해서 그냥 생각 없이 GPS를 이용할 때 결여되는 작업을 수행하도록 권장하는 데 있다.

그 밖에도 퍼즐을 풀고 집단으로 활동하고 가끔 도시의 흥미로운 장소를 뛰어다니면서 경쟁자를 물리치는, 고양이와 쥐 놀이로 끝나는 위치 기반 게임도 많다. 하지만 이런 게임이 설득력이 있을수록 현실에서 동떨어질 가능성이 높다. 현실세계를 마법의 동그라미 같은 게임 공간으로 바꾸려 하는 것이다. 창의적인 콘텐츠가 우리를 공간에서 멀어지게 하지 않고 공간에 몰입하게 해준다면 그 콘텐츠는 어떤 식으로든 일상적으로 사용하는 공간과 기술로 스며들 것이다.

바르셀로나 야후Yahoo 연구소의 대니얼 케르시아Daniele Quercia 연구팀은 단지 목적지까지 최단 경로를 찾는 알고리즘에 의존하는 것이 아니라 일련의 심미적 변수를 기준으로 경로를 찾는 GPS 애플리케이션을 개발했다.[10] 케르시아 연구팀은 이 애플리케이션을 구축하기 위해 먼저 도시 관점의 심미적 가치에 관한 '크라우드소싱^{crowd-sourcing}'(전문가나 아마추어를 포함한 다양한 사람들이 참여하여 각자의 기술이나 도구로 특정 문제를 해결하는 방법 : 옮긴이) 데이터를 수집했다. 그러기 위해 우선 도시의 여러 위치의 이미지를 최대한 많이 만들어서 참가자들에게 아름다움과 행복, 고요함을 기준으로 이미지를 평가하게 했다. 이 평가를 기준으로 보는 사람에게 세 가지 심미적 속성의 강렬한 인상을 불러일으킬 가능성이 가장 높은 도시 풍경의 시각적 속성을 정의하고자 했고, 연구 결과를 사진 공유 애플리케이션 플리커^{Flickr}에 올라온 많은 이미지에 적용했다.

런던과 보스턴의 넓은 영역의 정서 특질을 지도로 그린 다음, 애플리케이션 개발의 마지막 단계로는 이용자가 애플리케이션에 출발지와 목적지를 지정할 뿐 아니라 두 지점 사이에서 가장 기분 좋거나 조용하거나 아름다운 경로를 찾도록 요청할 수 있는 길찾기 알고리즘을 구축해야 했다. 이 애플리케이션은 아직 개선 중이지만 초기 테스트에서 이용자들에게 긍정적인 평가를 받았다. 케르시아의 연구는 단순히 최단 거리를 찾는 이용자의 사고방식을 허물고 공간을 더 풍성하게 경험하는 데 시간을 조금 더 쓰도록 유도하는 등 앞으로 발전 가능성이 있다.

GPS 기술의 최첨단에서 일상의 길찾기 기술을 이용하는 동시에 공간에 대한 일상적인 이해를 뒤엎거나 확장하려 했지만 이제는 더 이상 이용할 수 없는 사례로 MATR 애플리케이션이 있다. MATR은 지역사회와 기관부터 생태계에 이르기까지 모든 시스템에 대한 우리의 이해를 바꾸는 데 중점을 두는 창의적인 설계 자문

회사이자 앞을 내다보는 학제간 모임인 스퍼스^{Spurse}에서 설계한 애플리케이션이다. '일시성 연구를 위한 모바일 장치^{Mobile Apparatus for Temporality Research}'의 약자인 MATR은 지리적 특징 이상으로 훨씬 많은 정보가 담긴 특수 제작된 지도상에서 이용자의 위치를 추적하는 애플리케이션이다.

MATR 지도에는 입력된 위치의 역사적 기후와 고대의 지리, 인간의 역사에 관한 정보도 들어 있다. 주어진 장소에 관한 오랜 역사가 들어 있기 때문에 MATR에서는 이것을 "심원한 시간^{deep time}" 변수라고 불렀다. MATR 이용자가 돌아다닐 때면 이렇게 지리적 데이터와 인간의 데이터가 복잡하게 결합된 정보가 헤드폰에서 흘러나온다. MATR의 목적은 우리가 보물찾기를 하듯이 아름다움과 고요를 찾는 데 도움이 되는 애플리케이션보다 훨씬 더 원대하다. MATR은 길찾기 기술뿐 아니라 머나먼 고대의 시간에 닿는 심원한 공간 변수 두 가지 모두에 기반을 둔 새로운 감각 경로를 제공하도록 설계되었다.[11]

MATR이나 케르시아의 쾌락 추구 길찾기 같은 애플리케이션이 전화의 일상 용도를 대신해서 우리가 길을 잃게 놔두지는 않겠지만, 나는 두 가지 모두 우리에게 일상적인 용도의 영향을 좀 더 진지하게 생각해 보게 해주어서 마음에 든다. 최단거리 알고리즘과 A 지점에서 B 지점으로 정신없이 달려가는 방식에 대안을 제시하여 기계가 우리의 타고난 인지 능력을 잡아먹는 시대에 우리가무엇을 잃어버릴지 각성시킨다. 그리고 아무 생각 없이 보는 유명인들의 텔레비전 게임쇼와 같은 공간 정보를 제공하는 장치가 한편으로는 세계에 관한 우리의 사고를 변화시킬 만한 인상적인 다큐멘터리도 제공할 수 있다는 사실을 생각해 보게 한다.

습관적으로 스마트폰에 의지하는 사람은 스마트폰의 위치 인식 기능이 길찾기 기능을 훨씬 뛰어넘는다는 사실을 안다. 스마트폰을 사용하는 이유는 우리가 어디에 있는지뿐 아니라 주변에 무엇이 있는지 알기 위해서이기도 하다. **스마트폰 애플리케이션은 정보를 원하는 이유를 밝히든 아니든 우리의 위치 정보에 접근하도록 허락해 달라고 요청하고, 우리는 잠시 고민해 보지도 않고 이런 유용한 데이터를 기꺼이 내줄 것이다.** 이런 정보는 적어도 세 가지 방식으로 활용된다.

우선, 가장 명백한 방식은 위치 정보를 기반으로 스마트폰에서 주변 환경에 관한 정리된 정보를 제공할 수 있다. 지도에서 우리가 어디에 있는지를 알려줄 뿐 아니라 주변에 어떤 음식점이 있고 가까운 커피숍은 어디에 있으며 앞에 보이는 신발가게를 남들은 어떻게 평가했는지도 알려준다. 손끝으로 이런 정보를 얻는다면 유용할 것이다. 특히 잘 모르는 지역에서라면 더더욱.

둘째, 위치 입력 정보가 축적된 데이터베이스에 생각과 기분을 넣을 수 있게 해주는 애플리케이션이 많다. 어떤 음식점에서 기분 좋게 식사를 마쳤다면(또는 그 반대라면), 그 음식점의 경험을 평가하고 소감을 몇 마디 적고 음식 사진도 올릴 수 있다. 크라우드소싱 방식의 평가 저장소에 정보를 기부해서 해당 애플리케이션을 이용하는 사람은 누구나 참고할 수 있으므로 거의 다 무료인 데이터에 엄청난 가치를 더하는 것이다. 역시 전화요금이나 데이터요금만으로 이렇게 가치 있는 정보의 보고에 접근할 수 있게 해주는 도구의 단점을 지적하고자 한다면 성격이 아주 고약한 사람으로 비춰질 것이다. 그래도 내가 '옐프Yelp'나 '푸드스포팅Foodspotting' 같은 애플리케이션을 이용하면 뇌가 손상될 수 있다고 말할까 봐 걱정되는가? 염려 마시라. 내가 아는 한 그럴 염려는 없다(뱃살이야 늘어날지 몰라도!).

다만 주변 환경에 관한 '온라인 큐레이션'(인터넷에서 원하는 콘텐츠를 수집해서 공유하고 가치를 평가해서 다른 사람이 소비할 수 있도록 도와주는 서비스 : 옮긴이)을 즉석으로 제공하도록 설계된 시스템은 우려스럽다. 이런 애플리케이션이 위험한 이유는 우리가 새로운 대상을 직접 생생하게 체험할 기회를 빼앗을 수 있기 때문이다. 다른 동물들과 마찬가지로 인간에게는 참신성과 복잡성의 적정 지점이 있다. 끊임없이 환경과 접촉하게 해주는 원동력은 계속 움직이고 찾다 보면 놀랍고 즐거운 무언가를 만날 거라는 희망이다. 풍부한 정보를 제공하는 탐지기인 스마트폰에 이끌려서 목적지에 도착하기 전에 미리 무엇이 있는지 알고 세상을 탐색한다면, 스마트폰은 우리와 현실세계의 즐겁고 직접적이고 생생한 경험을 가로막는 막을 한 겹 치는 셈이다. 그러면 우리가 무언가를 '우연히 만날' 수 있는 유일한 방법은 인터넷을 서핑밖에 없다. 현실에서 우연히 만남으로써 얻는 뜻밖의 기쁨과 활력이 구시대의 유물이 되고 있다.

하지만 내가 가장 우려하는 것은 스마트폰에서 나오는 엄청난 위치 정보의 세 번째 용도다. 언뜻 생각해도 유용한 정보를 공짜로 퍼주는 애플리케이션은 믿기지 않을 만큼 근사하다. 우리가 넘겨준 정보는 분명 누군가에게 가치 있는 정보일 것이다. 런던의 셀프리지나 파리의 봉 마르셰 같은 초창기 백화점의 화려한 시대로 돌아가보자. 이런 소비의 궁전 설계자들은 쇼핑객의 마음속으로 들어가 행복하고 편안한 기분이 들게 해서 돈을 펑펑 쓰게 만들 방법을 찾아내려고 고심했다. 그들에게 **쇼핑객의 머릿속을 들여다보고 어디로 가고 무엇을 보고 자기가 본 것을 어떻게 설명하는지 파악할 수 있는 도구**가 주어진다고 상상해 보자. 두말할 것도 없이 그들은 당장 기회를 잡아챌 것이다. 몇 년 전만 해도 마케팅 조사관이 클립보드를 들고 서서 쇼핑객들을 붙잡고 질문을 던지는 광경을 흔히 볼 수 있었다. 이제는 이런 사람이 눈에 띄지 않는다. 마케팅 담당자들에게 필요한 모든 데이터를 우리가 알아서 넘겨주기 때문이다. **우리는 우리가 스마트폰에 척척 입력한 우리의 습관과 동작, 생각의 소유권을 간단한 무료 애플리케이션을 제공해 주는 아무에게나 거리낌없이 넘겨준다.**

과학소설가이자 미래주의자인 브루스 스털링Bruce Sterling은 〈사물인터넷의 대대적인 투쟁The Epic Struggle of the Internet of Things〉이라는 소논문에서 이와 비슷한 부분을 좀 더 화려한 언어를 써서 지적한다.[12] 스털링은 우리가 일상의 세세한 정보를 자발적으로 넘겨주는 것 말고도 많은 이야기를 한다. 인상적인 내용은 주요 기업들(아마존과 구글과 애플)이 세계적인 우위를 점하기 위해 각축전을 벌이는 현실을 기술한 것이다. 세계의 모든 물리적 작용이 실리콘으로 구현되는 시대에 세계에 관한 정보는 최고의 자산이자 차지할 만한 가치가 있는 최후의 대상이다.

한 번 더, 감정을 더해서

새로운 세대의 모바일 기술은 단순히 우리의 움직임을 추적해서 구매 습관을 기록하는 것 이상으로 많은 일을 할 수 있다. 때로는 우리가 어떻게 느끼는지 꽤나 직접적으로 측정할 수 있다. 나는 국제적인 심리지리학 실험을 실시할 때 다양한 도시 환경과 인간 행동의 관계를 탐색하면서 손목시계처럼 생긴 간단한 장치의 민감한 전극을 통해 비간섭적 방식으로 땀샘 반응을 기록하는 식으로 참가자의 자율신경계 상태를 측정했다. 참가자의 각성 수준과 GPS 스마트폰 위치 정보의 상관관계를 밝힘으로써 참가자의 신체 상태 변화를 기준으로 도시의 스트레스 지도를 작성할 수 있었다.

도시의 공원과 정원에서 각성 수준이 크게 감소한다는 결과는 그리 놀랍지 않았다. 그런데 각성 양상은 사람들이 마주하는 거리 전경의 유형과 주어진 구역의 교통, 소음의 양상과도 상관관계를 보였다. 나 같은 연구자에게 도시 거리의 기본 요소가 사람들의 각성 상태에 어떤 식으로 영향을 끼치는지를 시각화하는 기술은 엄청난 발전을 의미했다. 이런 데이터를 활용하여 도시심리학 이론을 발전시킬 수 있을 뿐 아니라 도시 설계의 실용적인 문제를 해결할 수도 있을 것이다. 예를 들어 거리나 동네가 감당하기 힘든 수준의 스트레스를 유발한다는 설계자의 직감을 그 효과를 수량화할 수 있는 하드데이터가 보완해 주는 것이다. 솔직히 나는 사람들이 자연을 재현한 시설에 있는 동안의 정서 상태를 더 쉽게 감지하는 센서 기술에 흥분했다(내가 아는 최신 기술은 땀샘 반응을 측정하기 위한 전극이 내장된 지워지는 문신을 제작하는 방법이다).

하지만 웨어러블 기술이 크게 유행하는 요즘에는 소비자 시장에도 이런 도구가 나왔다. 핏빗Fitbit이나 나이키 퓨얼밴드Nike Fuelband 같은 피트니스 액세서리를 이용하여 활동 수준과 심장 수치를 측정할 수 있다. 내 고향의 신생기업인 키치너Kitchener는 실제로 사용자의 혈액을 들여다보고 분석해서 신진대사 지표를 추출하는 팔찌를 설계하고 있다. 이런 장비 제공업체는 대개 이용자에게 이 장치의 소프트웨어를 사용하려면 데이터를 넘기는 데 동의해야 한다고 명시한다. 우리의 움직임과 관심사를 모니터하는 스마트폰 애플리케이션처럼 현재 우리는 이렇게 넘겨준 데이터가 어떻게 이용되는지 거의 모른다. 예를 들어 최근에 캐나다의 어떤 여자는 신체상해 소송에서 핏빗의 활동 데이터를 이동성 상실의 증거로 제출하면서 헤드라인을 장식했다.[13] 이 사건에서는 이용자가 자발적으로 데이터를 제출했지만, 이런 데이터가 소송사건의 소환장에 올라갈 날이 오는 것은 불가피해 보인다.

직접적인 생리 측정 데이터 외에도 모바일 장치에서 새나가는 데이터에서 정서에 관한 지오코딩 지표를 추출하는 방법도 있다. 예를 들어 이용자들이 뉴스, 새로운 발견, 통찰, 점심식사 사진을 공유하는 무료 '마이크로블로깅'(스마트폰이 인스턴트 메시지 소프트웨어를 통해 자신의 생각이나 상황을 간단하게 블로그에 올리는 것 : 옮긴이) 서비스를 제공하여 세계적으로 엄청난 성공을 거둔 SNS 애플리케이션 트위터를 이용해서 세계의 감정 지도를 만들 수 있다. 컴퓨터 언어학을 통해 트위터 피드에서 정서 내용을 찾아낼 수 있다. 이른바 '감정 분석$^{sentiment\ analyses}$'은 기업들이 특정 제품에 대한 소비자의 태도를 측정하는 데 이용하면서 하나의 거대한 사업이 되었다(가령 '스타벅스'라는 단어가 포함된 모든 트윗에서 감정 내용을 분석한다).

하지만 트윗도 지오코딩할 수 있다. 여러 위치에서의 감정 단어의 사용빈도를 이용해 지도로 그릴 수 있다는 뜻이다. 이론적으로는 트윗이 발생한 위치를 도시의 동네 수준까지 정밀하게 태그할 수 있지만, 이는 애플리케이션 이용자가 사생활 보호 설정을 어떻게 하느냐에 따라 달라진다. 그럼에도 SNS를 이용해서 우리의 내면 상태를 탐색하는 과정에서 감정 분석이나 텍스트 정보를 파헤쳐서 다음에 무엇을 할 계획인지에 관한 단서를 찾는 의도 분석까지 이용할 가능성은 갈수록 중요한 역할을 수행할 것이다. 여기에 지리 변수를 더하면 광범위한 상업과 기관의 수많은 이해당사자가 장소의 정서 구조에 접근할 수 있을 것이다.

지상 관제소에서 지상 관제소로

스마트폰은 우리가 장소와 맺는 관계를 변형해 왔다. 우리는 스마트폰을 이용하면서 일정한 양식에 따른 평면의 풍경 속 한 점으로 우리의 위치를 표시하고 주변 환경에 관한 상세한 큐레이션을 제공하는 합성된 소우주를 손에 들고 다닌다. 많은 사람이 이렇게 세계의 작은 복제판에 반해서 복제판의 원본인 실제 대상과 관계를 맺기보다는 복제판에 더 몰두할 때가 많다. 스마트폰은 세계를 이해하는 데 엄청난 새로운 가능성을 열어준다. 그중에 바람직한 가능성도 있고 우려되는 가능성도 있지만, 어쨌든 개인 소유이므로 이렇게 거대하게 연결된 장치의 네트워크에서 접속점은 여전히 개별 인간을 의미한다.

공간과 장소의 인공두뇌학적 변형에서 다음의 최전선은 사람들 사이의 관계나 인간과 주변 환경 사이의 관계에만 초점을 맞추지 않는다. 기세등등한 사물인터넷의 세계에서는 장소 자체가 장치와 센서에게 철저히 침범을 당한다. 얼핏 보면 여전히 사람의 손길이 필요한 것 같지만 이제는 장면에 생기를 불어넣는 인간 행위자보다 사물 자체와 사물의 연결성에 더 주목한다. 다양한 뉴스 보도를 보고 사물인터넷에서는 일상의 가전제품과 장치들이 서로 대화를 나누기 시작할 거라고 생각할 수도 있다. 가령 일산화탄소 경보기는 보일러와 소통하면서 실내 공기에 치명적인 가스가 발견되면 시스템을 종료해야 한다고 판단할 것이다. 웨어러블 컴퓨터가

● **송도국제도시(송도경제자유구역)** 인천국제공항을 인프라로 삼아 세계 최대 규모의 민간 도시개발 사업으로 건설되었다.

● **마스다르** 아랍에미리트 아부다비에 위치한 계획도시. 청정기술 기업들의 허브를 표방하여 설계되었다.

가전제품과 소통해서 손목에 찬 피트니스밴드가 우리가 잠에서 깨는 순간을 감지하면 커피메이커에 알림을 보내서 모닝커피를 내리게 할 것이다. 어찌 보면 센서 네트워크가 우리의 습관을 학습하고 그에 따라 적응하고 행동을 최적화해서 지각과 감각, 보살핌의 고치 안에 우리를 감싸는 '반응형 집responsive home' 이야기로 들릴 수도 있다.

다만 사물인터넷의 다른 점은 규모다. 지멘스Siemens와 마이크로소프트Microsoft 같은 거대 기업들은 몇 가지 가전제품을 무선으로 연결해서 우리의 아침 일과를 수월하게 만들어주는 것을 뛰어넘어 네스트Nest 온도조절장치처럼 우리가 집에서 나갈 때 온도를 낮추는 법을 익혀서 전화로 알려주는 장치의 기능을 도시 전체에 적용하는 포괄적인 시스템을 개발하려고 추진하고 있다. 실제로 대한민국의 송도나 아랍에미리트의 마스다르처럼 이른바 스마트도시 공공기반시설을 완비한 도시가 출현하고 있다. 이런 **스마트도시의 이상은 도시 전체가 네트워크로 연결되어 모든 효율성을 실현하는 데 있다.** 교통체증도 없고, 긴급 상황에 자동으로 즉각 반응하고, 적응력이 뛰어난 HVAC 시스템이 가장 효율적으로 에너지 균형을 유지하며, 그 밖에도 주민들 일상에서 아주 세세한 부분까지 설계하는 시스템이 사람들을 보살핀다. 세세한 부분까지 모두 감지하고 모든 데이터를 저장하며, 위에서 아래까지 도시의 모든 복잡한 시스템을 도시 기능을 최적화하도록 설계된 복잡한 알고리즘으로 조절한다.

분명 매력적인 제안이다. 인구는 증가하고 자원은 줄어드는 시대에 인구 과잉 현상과 관련된 새로운 도시문제 한 가지만 해도 해결책이 너무 복잡해서 인간의 머리로는 해결하기 어려워 보일 수 있다. 그러니 모든 것을 연결하고 도시의 모든 용무를 이해하고 조율하는 엄청난 컴퓨터가 잔뜩 들어차 있는 불빛을 환히 밝힌 제어본부에 전부 맡기고, 우리는 그저 최선의 방식으로 알아서 작동하는 도시의 보살핌을 받을 수 있다는 개념만큼 매력적인 것이 또 있을까?

현재 구상하는 스마트도시 개발의 위험을 누구보다 잘 설명한 사람은 뉴욕의 설계사무소 어반스케일Urbanscale의 소장 애덤 그린필드Adam Greenfield다. 그린필드는 〈스마트도시에 반대한다Against the Smart City〉라는 소논문에서 스마트도시 시장을 주무르는 지멘스와 마이크로소프트, 시스코가 제공한 홍보자료에 주목해서 이 기술계의 거대 기업들이 가까운 미래를 위해 구상하는 세계를 분석한다.[14] 그의 예리한 분석에서는 우선 이들 거대 기업이 내놓은 계획은, 적어도 그들이 대중과 도시 당국에 제시하는 비전에 비춰보면, 사물인터넷의 집단적인 힘을 통해 모든 것을 총망라하는 알고리즘으로 도시 기능을 최적화하는 일괄 시스템 소프트웨어로 이루어진 것처럼 보인다고 지적한다. 문제는 도시'문제'가 어디나 똑같으므로 송도에서 효과를 본 방법이 파리나 베를린이나 상파울로에서도 효과적이어야 한다고 전제한다는 데 있다.

그린필드는 복잡하고 흥미로운 도시들의 집단에 일괄 시스템을 적용하면 그 도시에 사는 주민들에게 가장 중요한 문제인 도시의 문화와 역사, 개성을 무시하게 된다고 지적한다. 그리고 이런 맥락에서 대기업의 스마트도시 시스템을 도입한 도시들이 허허벌판에 솟아난 완벽한 계획도시인 것은 결코 우연이 아니라고 주장한다. 이들 도시는 사실 렘 콜하스의 포괄적 도시 개념의 완벽한 본보기다. 아마 콜하스의 도시에서 영감을 얻었을 것이다.

마찬가지로 적어도 지멘스와 마이크로소프트 같은 기업들의 반질반질한 안내책자와 웹사이트에 따르면, 이들 기업이 소프트웨어를 폐쇄하고 사용료를 청구하는 식으로 자사의 시스템 소프트웨어를 완벽히 통제하여 스마트도시의 상품화를 꾀하는 것도 우려할 일이다. 이렇게 산꼭대기에서 내려다보는 식으로 도시 시스템을 독재적으로 통제하는 방법은 무척 위험해 보인다. 아마존과 애플 같은 거대 기업들이 기술력을 동원해 오락 및 출판 산업에 막강한 힘을 행사해 온 것처럼 **'모든 것의 인터넷'에서 시장을 지배하려고 계획하는 기업들은 모든 것을 통제할 준비를 마쳤다.**

심리학 관점에서 다시 보르그먼으로 돌아가 생각해 보면, 스마트도시 설계에 관한 가장 중요한 질문은 이런 설계가 그 도시에 사는 사람들의 행동과 감정, 나아가 성격에 어떤 영향을 끼치느냐다. 우리가 저절로 굴러가는 자동차, 도난당할 때 감지하는 짐 가방, 언제 삼켰는지 아는 알약, 얼마나 빨리 먹는지 아는 포크, 언제 더럽혀졌는지 아는 기저귀로 이루어진 안락한 보살핌 속에서 응석받이로 산다면 물론 보호받는 느낌도 들고 그 어느 때보다 안전하다는 생각이 들 수는 있지만, 보르그먼이 말하는 삶의 중심 관행은 대폭 줄어들 것이다.

강보에 싸인 아기처럼 한 가지 자동화 시스템에서 다른 시스템으로 넘겨지는 것이 아니라, 성인으로서 불완전한 증거와 판단을 근거로 무엇을 할지 결정해야 하는 삶에서, 우리는 언제 생생한 우연의 사건에 직면하게 될까? 단순한 GPS 길찾기 시스템으로 인해 뇌 구조가 변형되고 잘 쓰지 않는 신경계의 기능이 퇴화한다는 주장이 사실이라면, **스마트도시 설계자들이 구상하는 좀 더 포괄적 시스템은 우리에게 어떤 영향을 끼칠까? 그 도시 주민들이 무력하게 의존하는 느낌과 어린아이 취급을 당하는 느낌을 받을 거라고 볼 수밖에 없다.**

한편으로 도시에 하향식으로 부과되고 일반적인 인간을 위해 설계된 일괄 시스템이 자기충족적이 될 가능성도 우려할 일이다. 스마트도시는 우리를 우리 자신으로부터 '보호'해 주는 피드백 루프 시스템으로 충격을 완화해서 현재의 스마트도시 기술 제공업자들이 구상한 것처럼 스마트도시 주민들을 평균으로 퇴화시킬 수 있을 것이다. 주어진 상황에 맞서고 주어진 환경을 해체해서 자기만의 개성을 드러내는 개성 강한 사람과 반란자들은 언제나 존재할 테지만, 기업형 스마트도시는 그들의 앞길에 거대한 장애물을 던질 것이다. 스마트도시에서 열차는 제시간에 다닐지 몰라도 딱히 갈 곳이 없을 수도 있다.

그린필드가 그의 소논문에 쓴 낙관적인 결말이 옳다면 이런 디스토피아적 미래는 우려하지 않아도 된다. 지금은 용어가 바뀌고 기술이 크게 발전하긴 했지만 **대형 제공업체들이 제시하는 스마트도**

시의 풍요로운 환경은 전에도 시도해 보았지만 실패해서 폐기한 것이다. 가장 눈에 띄는 인물로 스위스 건축가 르코르뷔지에^{Le Corbusier}가 주도한 '도시 설계의 모더니즘 운동'에서도 중앙의 기술 관료들이 도시를 통제하고 과학원리에 따라 도시 활동을 통제하자고 제안했다. 르코르뷔지에의 이런 '빛나는 도시^{Radiant City}' 설계에는 오늘날 스마트도시 제안에 나타나는 몇 가지 특징이 있다. 엄격한 관료주의적 통제, 가상의 보통 사람의 생활을 최적화하도록 과학적으로 설계된 행동유도성, 도시의 존재 이유와 도시가 번영할 수 있는 방식에 관한 철저한 기계론적 이해가 그것이다. 개별 건물 수준에도 적용되고(프루이트아이고) 도시 규모로도 적용된(브라질리아와 찬디가르) 이런 설계는 좋게 말해서 결함이 있는 것으로 드러났다. 무엇보다도 그린필드가 스마트도시 개념에서 발견한 인간의 본성에 대한 오해가 주된 원인이었을 것이다. 말하자면 인간은 더 큰 기계 장치에서 자기에게 주어진 자리에 들어가기만 하면 되는 일반적인 장치가 아니다. 모두 다르고 복잡하고 예측 불가능하고 일상에서 엄격한 규율을 꺼리는 존재들이다.

스마트도시가 인간 본성과 도시의 본성 모두를 잘못 전제하기 때문에 제대로 작동하지 않을 거라는 점에서 스마트도시 개념을 완전히 부정하기는 쉬울 것이다. 그러나 지멘스와 마이크로소프트 같은 주요 기업들은 막대한 권력과 돈이 걸려 있다는 이유만으로 그들의 비전을 실현에 옮기려고 최선을 다할 것이다. 그럼에도 내장된 환경 센서와 웨어러블 기술, 손해는 미미하고 혜택은 훨씬 많은 스마트폰을 통해 스마트하게 연결된 설계를 사용하기 위한 다른 모델이 있을 수도 있다.

이를테면 우리 실험실의 소규모 참가자들에게 데이터를 수집해서 도시와 건축 설계에 작용하는 심리학 원리를 알아볼 수 있듯이, 주머니에 넣고 다니거나 손목에 차거나 집과 차에 설치하는 기술에서 생성된 데이터에 개방적이고 민주적으로 접근할 수 있다면, 시민들이 도시문제를 수량화하고 이해하고 그에 따라 적절히 행동하게 해주는 수단이 될 수 있다. 나는 특히 대중의 참여와 이해를 높이도록 설계된 전시나 실험을 실시하면서 목표를 현장에서 우리의 행동을 측정하는 기술에서 모두를 위해 어떤 혜택을 발견할 수 있는지 알아보는 데 둔다. 생활 곳곳에서 장비를 사용할 때 우리가 인터넷에 올리는 정보가 어떤 가치를 지니는지 알아보고, 데이터가 어떻게 사용되는지 적절히 질문을 던져야 한다. 무엇보다도 **아무리 좋게 봐주려고 해도 도시나 건물, 가정의 내부 시스템을 감독하는 가부장적 감독관의 자격이 없어 보이는 기업에 데이터 통제권을 순순히 넘겨주어서는 안 된다.**

다시 집으로

과학과 건축 사이에 사람이 있다

스톤헨지에 처음 가보고 10년쯤 지나 아버지와 둘이서 다시 그곳을 찾았다. 많은 것이 달라졌다. 우선 나는 음울한 십대였다. 돌덩이 아래 서서 거인의 거대한 다리 아래 웅크린 것처럼 상상하는 것이 더 어려워졌다. 여전히 뭔가(원시의 강렬하고 신비롭고 경이로운 존재) 느껴지기는 했지만, 이번에는 그 느낌을 떨쳐내고 별 거 아니라는 듯 시큰둥하게 설렁설렁 돌아다니면서 내 감정을 숨기고 싶었다. 하지만 아버지와 함께 스톤헨지를 다시 찾은 일이 내게는 그저 그곳에 다시 간 것 이상의 의미가 있었다. 마음속으로 처음 그곳에 갔을 때의 기억과 그때보다 두 배나 나이를 더 먹은 뒤 다시 갔을 때의 경험을 비교하면서 내 안에서 일어난 변화를 가늠할 수 있었다.

나의 정신생활은 더 복잡해졌다. 여전히 바위들이 내게 말을 걸어오긴 했지만 이번에는 좀 더 분석적인 언어였다. 내 머릿속에도 아버지처럼 돌덩이들의 의미와 건축 방법에 관한 의문으로 가득 찼을 뿐 아니라 강렬한 경외감과 오싹한 두려움이 엄습했다. 나는 건축 설계를 바라보는 성숙한 반응, 즉 중도적 입장을 취하기 시작했다. 말하자면, 한편으로는 건축물의 기하학과 외양이 내 움직임과 감정에 끼치는 섬세한 무의식적 영향에 사로잡히면서도, 다른 한편으로는 좀 더 형식적이고 거리를 둔 분석적인 입장에서 내 경험 밖에 서서 나 자신을 인식하는 기적의 능력을 사용하고 있었다. 곁눈질로 아버지를 보면서 아버지의 행동과 자세를 따라 했다. 눈을 가늘게 뜨고 크기와 형태를 가늠하고 먼 옛날에 그 바위들을 들어올려 그 자리에 밀어넣느라 고생했을 무수한 일꾼들의 모습을 떠올려보았다.

그 뒤로도 나는 그날 내가 취한 입장, 말하자면 어떤 장소를 직접 생생하게 경험하는 지점과 외부인으로서 그 장소를 분석적으로 평가하는 지점 사이의 중간에서 벗어나본 적이 없다. 그리고 나의 이런 입장은 이 책의 핵심 주제와 직접 연결된다. 좋든 싫든, 더 나아가 스스로 인식하든 아니든, **장소는 우리를 감정에 휩싸이게 하고 우리의 움직임을 지시하고 우리의 의견과 결정을 바꾸며, 때로는 우리를 숭고하고 종교적인 체험으로 이끌어주기도 한다.** 건축 환경이 어떻게 이런 효과를 일으키는지에 관한 논의의 역사는 문명의 역사보다도 오래되었지만 아직 끝나지 않았다. 그리고 건축의 효과에 관한 새로운 과학이 출현했다. 주요 이해당사자들이 이 과학에 주목하고 있다. 이 과학은 우리의 행동을 모니터하고 우리에게 호응해 주는 환경을 건축하는 데 활용할 수 있는 놀라운 기술의 혁신과 결합되어 우리를 인간 – 환경 관계의 새로운 시대로 진입시키려 한다.

건축물과 인간의 관계가 어떻게 작동하는지를 이해하는 방법은 무한해 보인다. 건축물을 그 자체로 예술품이나 정치적 선언, 문화적 유물이나 단순한 기계(인간 삶의 행동을 담는 포괄적 용기)로 볼 수 있고, 건축 개념의 유구한 역사에서 이와 같은 접근방식의 좋은 사례는 얼마든지 찾을 수 있다. 나는 연구에서 심리학과 신경과학의 기본 사실에 근거한 과학적 접근법을 채택하고자 했다. 다만 건축물과 도시가 우리에게 어떤 영향을 끼치는지에 관해 환원주의적 원리를 적용하려고 시도하면서도 여전히 여섯 살 아이처럼 다리가 후들거리는 느낌을 받고, 혹여 건축물의 의미를 하나의 방정식으로 축소하면서 가장 중요한 질문의 답을 놓칠까 봐 걱정된다.

나는 마치 거대한 분수령에서 두 발을 벌리고 선 기분이다. 한편으로는 심리학을 건축 설계에 적용하면서 마음대로 활용할 수 있는 새로운 도구에 매료되면서도, 또 한편으로는 이런 도구를 오용할까 봐 우려할 뿐 아니라 이런 도구를 제약 없이 적용해서 만들어지는 세계에 의문을 품는다. 당신도 나처럼 이런 딜레마 속에서 살아 숨 쉬든 아니면 당신에게는 그저 멀리서 우르릉거리는 어렴풋한 천둥 소리로 들리든(둘 다 흥미진진하고 두렵지만), 어차피 당신도 나처럼 같은 분수령에서 두 발을 벌리고 서 있기는 마찬가지다. 우리는 모두 거대한 무언가가 다가오고 있고 어찌 보면 이미 여기 와 있다는 사실을 알면서도 어떻게 대응해야 할지 모른다.

얼마 전에 나는 설계자와 건축가 모임에서 발표를 부탁받았다. 홍보책자에 '신경과학과 건축학의 충돌'이라고 적혀 있어서 조금 긴장했다. 발표는 나와 밴쿠버의 유명한 건축가가 토론하고 다른 건축가가 사회를 보는 방식으로 진행되었다. 더 나은 건물을 설계하는 방법에 관한 이해에서 나의 작은 기여가 무언가와 충돌할 거라고는 생각해 본 적도 없었고, 그 무언가가 건축은 더더욱 아니었다. 순진하게도 나는 내 실험 자료에서 추출할 수 있는 원리를 건축 설계의 현실에 적용하도록 이끌어주는 것이 내 역할이라고 판단했다. 내가 그곳에 있는 이유는 단순히 더 좋은 건물을 짓는 데 도움을 주기 위해서였다.

토론은 여느 토론처럼 이어졌다. 건축가는 그의 작품을 설명하고 나는 내 과학을 설명했다. 하지만 공식 토론이 끝나고 자유토론이 이어지는 사이 몇 차례 인상적인 충돌 지점이 드러나기 시작했고, 나는 건축가가 건축 설계와 인간 심리의 연관성에 관한 과학적 주장에 직면해서 느끼는 불안을 이해할 수 있었다. 결국 자유의 문제로 귀결된다. 만약 내가 둥근 문이 사람들에게 스트레스를 줄여주고 코티솔 분비를 줄여주고 그 결과 심혈관 질환의 발병률을 낮춰준다는 실험 결과를 제시하면서 내 주장을 펼친다면, 열정 넘치는 행정부(이를테면 최신 건축 규정을 담당하는 시 정부)가 도시의 모든 건물에 반드시 둥근 문을 달도록 결정할 수도 있다. 이 사례가 좀 시시해 보일지 몰라도(호빗 마을처럼 둥근 문이 정말로 사람들의 기분을 좋게 해준다고 해도 놀라운 일은 아니니까) 딜레마는 잘 드러난다.

건축가의 창조적 비전을 소시지 기계에 억지로 밀어넣어 이미 시도되고 결함이 드러난 르코르뷔지에 아류의 설계만 찍어내는 과학적 설계로 가는 것은 위험해 보인다. 그렇다고 건축가에게 건물 안에서 일어나는 심리적 현실을 외면한 채 마음껏 상상력을 펼치도록 허용하는 것도 현명해 보이지는 않는다. 하지만 어떻게든 실용적인 설계 연구를 수용하면서도 지니의 마술램프처럼 실험실 플라스크에서 포착할 수 없는 창조적인 설계를 인정하는 중간 지점을 찾아보자고 해도 미온적이고 불가능한 결론처럼 보일 것이다. 제3의 길이 있을까?

과학과 건축의 충돌을 피하려면 과학원리만으로 도시 건축에 대한 융통성 없는 해법을 제시하는 권위주의적이고 가부장적인 태도를 탈피할 길을 찾아야 한다. 전후 맥락을 충분히 고려해서 과학원리를 적용한다면 건축 환경의 설계가 인간의 행동에 어떻게 영향을 끼치고 이런 영향이 신경계의 원시적 배열과 역사적 사건 두 가지 모두에 의해 어떻게 형성되었는지 이해하기 위한 도구가 생길 것이다. 이를테면 생산성에 중점을 두는 역할을 미덕이나 현대

생활의 필수조건으로 새롭게 정의하는 태도는 이런 역사적 영향의 좋은 예다. 그렇다고 이것이 규범이라는 뜻은 아니다. 나도 더 이상 건축 설계나 도시 설계에 일괄적으로 적용되는 해법이 있다고 보지 않고, 어떤 규모의 장면이든(집의 실내부터 도시 전체까지) 위에서 아래로 일괄 통제하는 기술이 우리에게 바람직한 건축의 방향을 제시할 거라고 믿지 않는다.

다만 진지한 인지과학과 신경과학에서 나온 과학원리를 적용하면 건물 시스템이 현재 어떻게 돌아가는지 이해할 수 있고, 시스템의 변화가 우리의 행동에 어떤 영향을 줄지에 관한 합리적인 예측이 가능하다고 믿는다. 그러나 이런 합리적 예측과 당국에서 내려오는 도시 건설 방안은 구별되고 필히 그래야 한다.

동시에 **건축가에게 아무런 제약 없이 상상력을 펼쳐서 마음대로 건물을 설계하도록 허용해서 얻는 이익은 거의 없다**(현실에서 이런 일이 벌어질 거라고 보지도 않는다). 건축가의 비전과 완성된 건축물에 대한 이용자의 의견 사이의 단절을 지적하는 사람들도 있다. 사실 보통 사람들의 기호가 설계자의 미학적 판단과 크게 어긋날 때가 많다. 그 차이가 어느 정도 교육의 문제에서 비롯된다고 보는 사람도 있다. 꽤 많은 건축가들이 열을 올리며 주장하고 있고 진지하게 고민해 볼 문제다. 건물은 건축가의 정당한 예술적 창작품이지만, 그림이나 영화, 조각과 달리 완성된 건물은 수명을 다할 때까지 사람들의 일상에서 유용하고 긍정적인 역할을 수행할 수 있어야 한다. 건축가는 건물의 기능이 목적에 부합하고 건축 환경에 긍정적으로 기여하는지에 관심을 갖는 공공의 책임을 진다. 심리분석과 실험이 건축가에게 이런 책임을 다하도록 도와주는 것이다.

하지만 **건축 시스템의 세 번째 부분에는 사람, 곧 이용자가 들어가야 한다.** 우리가 나쁜 설계를 묵인하고, 무관심한 태도로 방관하고, 환경을 건설하는 데 작용하는 힘이 막강하고 권위적이고 이해하기 어렵다고 간주한다면, 결국 이런 수준에 어울리는 장소를 물려받는다. 이해로 무장하고(이 책이 조금이나마 도움이 됐기를 바란다), 지적이고 사정에 정통한 시민이라면 적극적으로 뛰어들어 의견을 개진하고 건축 환경이 어떤 모습이어야 하는지에 관한 논의에서 자신의 비전을 피력할 만반의 준비가 되어 있어야 한다. 인터넷과 모바일 기술로 '초연결된hyperconnected' 새로운 세상이 엄청난 도움이 될 것이다.

환경에 대한 우리의 반응, 이를테면 생리 반응까지 포함한 모든 반응에 관한 위치 기반 데이터를 누구나 수집할 수 있게 해주는 기술이 널리 사용되면서 시민들이 더 나은 도시를 조성하는 노력에 기여할 수 있는 희망도 커졌다. 요즘은 그 어느 때보다 우리가 어디로 가고 그곳에서 어떻게 느끼는지를 설명해 주는 방대한 데이터가 있다. 스마트폰 애플리케이션 중에 이용자에 관한 데이터(리뷰나 사진, 걷기나 운전 패턴, 심박수, 가속도계, 체온과 각성 수준 따위의 데이터)에 지오태그geotag를 붙이지 않아도 되는 애플리케이션은 드물다. 많은 애플리케이션이 소프트웨어 제공업체의 중앙 데이터베이스로 개별 데이터를 전송한다. 이렇게 축적된 데이터는 일반 대중이 이용할 수 없지만 일부 애플리케이션에서는 이용자가 적어도 자신의 데이터는 볼 수 있게 해주고, 이용자가 자신의 데이터를 다른 사람들과 비교하도록 설정된 애플리케이션도 있다.

게다가 '공공 데이터open data'를 옹호하는 운동이 대대적으로 확산되면서 지방자치단체와 주와 국가에 활동 양상과 교통과 경제에 관한 유용한 데이터를 일반 대중에게 공개하라고 촉구하고 있다. 이론적으로 이런 데이터는 도시 설계의 민주화에 유용한 수단이 된다. 새로운 정보 형태에 대한 접근 권한은 어떤 장소가 어떻게 작동하는지 이해하는 것만큼 중요하므로 누구나 쉽게 접근할 수 있어야 할 뿐 아니라 누구나 정보를 어떻게 활용하고 정보가 무엇을 말해 줄 수 있는지를 이해하는 데 필요한 기본 도구를 이용할 수 있어야 한다.

학교에서 데이터 과학을 가르쳐야 한다. 도시의 작동 방식에 관한 논의를 빅데이터에서 구축한 시각화 방식으로 전달하는 것이 중요해지는 시대이므로 과거 여러 세대에 걸쳐 공민학civics이 교과과정에 포함된 것처럼 새로운 과학의 기초적인 내용을 교과과정에 넣어야 한다. 그리고 건축이론가이자 역사학자인 새러 골드하겐이 주장했듯이 건축의 역사와 설계도 교과과정에 편입시켜야 한다. 교과과정에는 순수미술과 문학처럼 인간의 조건을 이해하는 데 중요한 교육을 위한 영역이 포함된다. 따라서 인간인 이상 우리 곁에 존재하고 지구상 대다수 사람들을 거의 일생 동안 둘러싸고 우리가 행동하고 느끼고 생각하는 모든 것에 분명 심오한 영향을 끼치는 건축 관행도 무시해서는 안 된다. 그러나 아는 것만으로는 충분하지 않다. 실천도 뒤따라야 한다.

데이터를 수집하고 저장하는 사람들한테서 데이터를 억지로 빼앗는 것이 불가능하지는 않아도 매우 어려운 것은 사실이다. 막대한 돈과 권력이 걸려 있기 때문이다. 반면에 특히 '메이커 운동Maker Movement'(상업적으로 이용할 수 있는 상품에 의존하기보다는 장비 자체를 구축하는 데 열중하는 단체) 같은 수많은 풀뿌리 단체들은 개인들이 건축공간을 심리지리학적으로 풍부하게 이해하는 데 유용한 정보를 수집하고 분석하기 위한 각자의 도구를 만들 수 있도록 해준다. 이런 정보는 정리되어 있지도 않고 이 책에 소개한 정식 실험들에서 나오는 기록용 수준도 아니지만, 무엇을 건축하고 건축물이 나아갈 방향을 지시하는 관계 당국과의 대화와 토론을 분석하는 데는 유용한 출발점이 될 것이다. 이런 크라우드소싱과 풀뿌리 단체들의 노력이 궁극적으로 시민들을 건축 설계로 이어지는 과정에 적극 동참하게 해주는 것은 엄청난 혜택이다.

물론 평범한 시민을 새로운 건축으로 이어지는 과정에 적극 동참하도록 유도하는 것이 그리 간단해 보이지는 않는다. 시의회에 참여해서 개발계획 안건에 의견을 낸 적이 있는 사람이라면 이해당사자들이 언제나 대중의 말을 경청할 자세가 되어 있으리라고 기대하는 것은 순진한 낙천주의라는 사실을 알 것이다. 돈이 걸리면 험악해지게 마련이다. 그렇다고 일반 시민들이 크라우드소싱 데이터로 직접 도시를 설계할 수 있는 것도 아니다.

건축 설계에 관한 대중의 논의에 기여하기 위해 우리가 할 수 있는 일은 많지만 직접 건물을 설계하는 데 필요한 전문성을 갖춘 사람은 드물다. 전문성을 갖춘 사람과 긴밀히 협력해야 하고 전문가들의 협력을 얻어내는 최선의 방법은 공통의 언어를 찾는 것이다. 일반 시민이 정책입안자, 도시 계획자, 설계자, 건축가들과 협력하려면 그들의 의도를 경청하고, 그들에게 들은 이야기를 건물이 우리에게 끼치는 영향에 관해 밝혀진 정보의 관점에서 해석하는 방법을 이해해야 한다. 또한 각자의 느낌을 섬세하게 관찰하고 건축세계를 탐색하면서 공통의 지식에 기여할 준비를 마쳐야 한다.

내가 세계 곳곳에서 심리지리학 워크숍을 진행하면서 배운 가장 희망적인 사실이 있다. 도구만 잘 갖추면 참가자들이 신속히 배우고 주변 환경이 그들에게 어떤 영향을 끼치는지 더 예리하고 섬세하게 이해하는 데 도움을 줄 수 있다.

머리는 구름 속에, 발은 땅에

이 책에서는 도시 환경이 우리의 심리 상태에 어떤 영향을 끼치는지 설명하는(각자의 심리지리학적 생활을 조직하고 최고의 도시와 동네, 장소를 건설하는 방법에 관한 논의에 기여하는 데 유용한 정보를 제공하는) 것 외에도, 공간과 장소와 우리 자신을 이해하기 위한 새로운 기술에 관한 이야기도 담았다. 앞으로 일어날 변화의 파급효과는 넓고도 깊을 것이다. 변화는 이미 일어나고 있다. 지금까지는 연결된 세계가 인간의 주목하고 기억하는 능력에 끼치는 영향, 그리고 타인과 즉각적으로 연결하는 인간의 능력이 사회적 관계와 정치의 본질을 변형하는 방식을 논의했지만 이제는 조금 다른 이야기를 하고자 한다.

이 이야기는 어찌 보면 스톤헨지나 괴베클리 테페의 거대한 바위를 배열해서 인간의 본질을 단조鍛造하려던 최초의 시도만큼이나 오래되었다. 우리가 오늘날 사용하고 여전히 같은 목적에 봉사하는 이 방법은 새롭고 놀랍다. 과거에는 흙과 바위를 옮기는 데 몇 년씩 걸렸을 테지만 지금은 전자 스위치를 누르고 광선을 휘는 방법으로 가능해졌다. 하지만 고대에서 현재로 이어지는 시간의 연속선 양 끝에는 공통 요소가 하나 있다. 인간은 자기의식을 얻은 뒤로 세계를 감각과 생각과 감정의 자기성찰적 세계와 물리학과 물질의 외부세계로 영원히 구별하면서 정신적으로 엄청난 풍요를 얻은 대신, 삶에 끝이 있음을 모르는 동물들의 조용하고 무심한 행복을 잃어버렸다.

인간의 유한성에 대한 고통스러운 자각이 우리의 사고에서 늘 가장 중요한 지위를 차지하는 것은 아니지만 일상적인 활동의 표면 밑으로 깊이 내려가는 것도 아니다. 그리고 죽음에 대한 자각은 건축에 힘을 실어준다. 우리는 건축을 통해 우리가 비록 육신을 떠나더라도 우리의 일부는 우리가 지은 건축물에 계속 살아남을 거라고 자위한다. 우리는 건축을 거대한 어떤 힘으로부터 보호받기 위해 몸을 숨기는 수단으로 삼는다. 무서운 무언가를 피하기 위해 부모의 다리 아래로 숨어드는 것과 마찬가지다. 우리는 건축물을 통해 천국을 올려다보며 육신의 굴레를 벗어나 우주와 합일되는 신비한 체험을 얻으려 하고, 일상의 공간과 시간 덫을 해체해서 경외감을 느끼려 한다.

이제 우리는 우리를 감시하고 지켜주는 센서와 작동장치의 보호망에 자발적으로 걸려드는 시대에 진입했다. 이런 스마트 설계는 한편으로 낯선 사람들이 밀집한 도시에서 우리가 복잡다단한 현대인의 삶을 직면하게 해주지만, 다른 한편으로는 우리의 행동을 습득하고 우리의 요구를 파악하고 세심한 부모처럼 우리를 보살피는 첨단기술의 인터페이스로 삶이 원활히 돌아가게 해주던 번거로운 일들을 덮으려는 욕구의 표현이기도 하다.

이제 우리는 기술(헤드 마운트 디스플레이, 사이버글로브, 증강현실 고글)에 둘러싸여서 어디서든 소중한 자기의식을 내던지고, 새로운 형태와 크기로 체현하고, 고해상도 서라운드사운드로 시뮬레이션 체험의 궁극의 목표인 진짜 같은 실재감을 손쉽게 얻을 수 있는 시대에 진입했다. 이런 시대에서 긍정적인 측면을 발견하지 못한다면 구제불능의 회의주의자일 것이다. 이제는 교육과 오락, 자기이해를 위한 풍성한 경험을 즐길 수 있다. 그러는 사이에 소중하고 고유하고 일시적인 진정한 경험과 설득력 있고 간단히 복제되는 복제품의 경계가 흐려져서 진품의 가치가 떨어질 위험도 있다. 이것이 우리에게 형이상학적 타격을 입히리라는 건 불 보듯 뻔하다.

새로운 기술을 손쉽게 이용하면 당연히 무엇이 진짜이고 무엇이 진짜가 아닌지에 관한 일상적인 이해가 판이하게 달라질 것이다. 우리는 수천 년에 걸쳐 진화하면서 우리 몸의 물리적 공간에서만 체현했지만 이제는 이런 굴레를 벗어던지고 문명의 새로운 단계로 진입했다. **사실 직접적인 물리적 환경과 손 안의 스마트폰에 들어오는 메시지와 소리와 이미지의 작용 사이의 어딘가에서 대부분의 시간을 보내는 사람들은 자기도 모르게 이미 그 길에 절반쯤 가 있는 셈이다.**

이 모든 것은 수천 년 전에 인류가 최초로 벽을 세우면서 시작되었다. 벽이 세워지면서 어떤 것은 밖에 남고 어떤 것은 안으로 들어갔지만 벽의 양쪽 모두에서 보고 경험할 수 있는 풍경을 바꾸기 위한 치열한 노력으로 세계의 기하학이 변형되는 효과도 생겼다. 현대 기술이 땀을 흘리며 돌덩이를 쌓아올려서 사원을 건축한 고대 일꾼들의 상상력을 훌쩍 뛰어넘을 수는 있어도 근본적인 의도는 거의 동일하다.

얼마 전부터 나는 어린 아들을 데리고 스톤헨지에 가보고 싶었다. 이제 아들은 내가 내 아버지와 처음 그곳에 갔을 때의 나이쯤 되었다. 요즘은 그곳 사정도 많이 달라졌다. 관광객들이 특별 버스를 타고 들어가 통로와 울타리를 따라 한곳에 모이고 방문 시간도 엄격히 정해져 있다. 근처 고속도로의 차 소리가 요란해서 평온함을 찾기도 어렵다. 내 아들은 나처럼 이른 아침 황량한 솔즈베리평원에서 찬바람을 맞으며 아버지와 단둘이 서보는 경험을 하지 못할 것이다.

그래도 함께 오래된 바위에 가까이 가면 내가 느낀 감정을 아들과 나눌 수 있는지 궁금했다. 인디애나 주 먼시의 볼 주립대학교 디지털 인터미디어 아트 연구소에서 설계한 스톤헨지 유적지의 정교한 시뮬레이션도 나왔다.[1] 당분간 아들에게는 내가 꿈꾸는 모험을 말하지 않기로 했다. 내가 그 말을 꺼내자마자 아들은 웹사이트를 찾아내 시뮬레이션을 다운로드해서 그곳, 가상의 스톤헨지에 이미 가 있을 테니까. 한낱 몽상일 뿐이라 해도 나는 아직 아들에게 그곳에 머무는 힘을 느끼게 해주고 싶다.

미주

여는 글. 스톤헨지에서 구글 글래스까지, 공간과 만나는 방법

1 괴베클리 테페에 관한 자세한 정보는 어렵지 않게 찾을 수 있다. 2011
년 12월 19일자 《뉴요커*New Yorker*》의 엘리프 배터맨*Elif Batuman*의 "성소*The
Sanctuary*"라는 기사부터 참조하면 좋을 것이다. http://www.newyorker.
com/magazine/2011/12/19/the-sanctuary

2 이와 같은 연구에 관해서는 '6장 경외의 장소'에서 자세히 살펴보겠지만
당장 궁금하다면 스탠퍼드대학교 멜라니 러드*Melanie Rudd* 교수와 동료들
의 논문 "Awe Expands People's Perception of Time, Alters Decision-
Making, and Enhances Well-Being," 《심리과학*Psychological Sciences*》(23권
(10), 1130~36쪽)을 참조하라.

3 안토니오 다마지오는 과학서적 외에도 일반 독자를 위한 일련의 책에서
그의 이론과 연구 결과를 놀랍도록 명쾌하게 설명한다. 여기서 언급한 결
과에 관한 최고의 설명은 《데카르트의 오류*Descartes' Error: Emotion, Reason, and the
Human Brain*》(Putnam Publishing, New York, 1994)에서 참조하라.

4 리졸라티의 거울뉴런 발견에 관한 설명의 원본과 함께 풍부한 후속 연구
에 관해서는 기술 검토 논문 "The Mirror-Neuron System," 《신경과학 연
례학술지*Annual Review of Neuroscience*》(2004, 27권, 169~92쪽)에서 참조하라.
리졸라티는 코라도 시니가글리아*Corrado Sinigaglia*와 함께 일반 독자를 위
해 《뇌 속의 거울*Mirrors in the Brain: How Our Minds Share Actions and Emotions*》(Oxford
University Press, UK, 2008)을 썼다.

5 고무손 착각 실험은 보트비닝크*Botvininck*와 코헨*Cohen*이 "Rubber Hands
'Feel' Touch that Eyes See," 《네이처*Nature*》(1998, 391권, 756쪽)에서 처

음 보고했다. 이후 체현 문제를 탐색하도록 설계된 실험으로 수십 차례 반복 실험이 실시되었다.

6 스톡홀름 카롤린스카 연구소의 헨릭 에어손[Henrik Ehrsson]이 논문 "The experimental induction of out-of-body experiences," 《사이언스[Science]》 (2007, 317권, 1048쪽)에서 실험으로 유도한 유체이탈 체험을 처음 보고했다. 이 현상은 내가 학생들에게 체현 문제에 관심을 갖게 하려고 시연하는 실험을 비롯해 수많은 실험실에서 여러 번 반복되었다.

7 지시봉을 이용해서 공간을 재배치하는 문제에 관한 기술적 고찰은 시카고대학교의 롱고[Longo]와 로렌코[Lourenco]가 논문 "On the nature of near space: Effects of tool use and the transition to far space," 《신경심리학[Neuropsychologia]》(2006, 44권, 977~81쪽)에서 제시한다.

8 에이미 커디의 흥미롭고 유명한 TED 강연은 http://www.ted.com/talks/amy_cuddy_your_body_language_shapes_who_you_are?language=en에서 참조하라. 커디가 강연에서 논의한 연구 결과를 설명하는 기술 논문은 "Power Posing: Brief Nonverbal Displays Affect Neuroendocrine Levels and Risk Tolerance," 《심리과학》 (2010, 21권, 1363~68쪽)에서 참조하라.

9 마르텐 보스[Maarten Bos]와 에이미 커디는 다양한 크기의 전자장비가 파워 포즈에 끼치는 효과와 이를 통해 우리의 행동에 끼치는 효과에 관해 논문 "iPosture: The Size of Electronic Consumer Devices Affects Our Behavior," 《하버드경영대학원 조사보고서[Harvard Business School Working Paper]》 (2013, No. 13-097)에서 설명한다. 이 논문은 http://www.hbs.edu/faculty/Pages/item.aspx?num=44857에서 참조하라.

10 따뜻한 음료를 들고 있는 것이 사회적 행동에 끼치는 효과를 보여주는 결과는 토론토대학교의 연구자 첸보 종[Chen-Bo Zhong]과 제프리 레오나르델리[Geoffrey Leonardelli]가 논문 "Cold and Lonely: Does Social Exclusion Literally Feel Cold?" 《심리과학》(2008, 19권, 838~42쪽)에서 보고했다.

11 워털루대학교의 조앤 우드[Joanne Wood]와 제자들은 불안정하게 앉은 자세가 관계의 선호도에 끼치는 효과를 킬리[D. R. Kille], 포레스트[M. Forest]와 함께 쓴 논문 "Tall, Dark and Stable: Embodiment Motivates Mate Selection,"

《심리과학》(2013, 24권, 112~14쪽)에서 보고했다.

12 존 로크의 흥미로운 저서 《도청: 내밀한 역사_Eavesdropping: An Intimate History_》 (Oxford University Press, New York, 2010)에서 벽의 역사와 심리적 영향을 설명한다.

13 '사물인터넷'은 인간의 건축 환경 사용을 최적화하고 단순화하는 전자장치의 상호 연결된 네트워크를 뜻하는 용어다.

14 MIT 시각 미디어 연구실의 조셉 파라디소는 'ArchDaily' 블로그에 게시된 새러 웨셀러_Sarah Wesseler_와의 인터뷰에서 반응 환경의 미래에 관해 이처럼 도발적인 의견을 제시한다. 인터뷰 원문은 http://www.archdaily.com/495549/when-buildings-react-an-interview-with-mit-media-lab-s-joseph-paradiso/에서 참조하라.

1장. 공간 속의 자연

1 자연의 조망이 수술 회복에 끼치는 영향에 관한 로저 울리히의 획기적인 연구는 "View Through a Window May Influence Recovery from Surgery," 《사이언스》(1984, 224권, 420~21쪽)에 처음 발표되었다.

2 브라운대학교의 생물학자 제프리 패리시_Jeffrey Parrish_의 논문 "Effects of Needle Architecture on Warbler Habitat Selection in a Coastal Spruce Forest," 《생태학_Ecology_》(1995, 76권, 1813~20쪽)에서 울새의 서식지 선택에 관해 기대 이상의 내용을 찾아볼 수 있다.

3 《어번 딕셔너리_Urban Dictionary_》는 일반 대중이 만든 오늘날의 속어와 완곡어법에 관한 기발한 어휘 사전이다. http://www.urbandictionary.com/

4 실험실 환경에서 힘 센 마니니의 서식지 선택에 관한 자료는 오스트레일리아 시드니의 생물학자 피터 세일_Peter Sale_의 논문 "Pertinent Stimuli for Habitat Selection by the Juvenile Manini, Acanthurus Triostegus Sandvicensis," 《생태학》(1969, 50권, 616~23쪽)에서 참조하라.

5 아놀도마뱀의 흥미로운 폴 댄싱 연구는 키스터_Kiester_, 고먼_Gorman_, 아로요_Arroyo_의 논문 "Habitat Selection of Three Species of Anolis Lizards," 《생태학》(1975, 56권, 220~25쪽)에서 참조하라.

6 제이 애플턴의 저서 《풍경의 경험_The Experience of Landscape_》은 한 세대의 조경

사들에게 폭넓은 이론적 영향력을 행사했다(Wiley, London, 1975).

7 그란트 힐데브란트Grant Hildebrand는 프랭크 로이드 라이트의 건축의 조망과 피신을 활용하는 데 탁월한 권위자다. 그의 저서 《라이트 공간: 프랭크 로이드 라이트의 주택에서 패턴과 의미The Wright Space: Pattern and Meaning in Frank Lloyd Wright's Houses》(University of Washington Press, Seattle, WA, 1991)는 읽기 쉽고 흥미로운 책이다.

8 잰 위너Jan Wiener와 제럴드 프란츠Gerald Franz는 "공간 인지 IVSpatial Cognition IV"(C. Freksa, M. Knauff, B. Krieg-Brückner Bernhard Nebel and T. Barkowsky, ed.)(Springer-Verlag, Berlin, 42~57쪽, 2005)라는 회의 자료의 "Isovists As a Means to Predict Spatial Experience and Behavior" 장에서 일반적인 미술관 가상현실 공간에서 실시한 조망과 피신의 힘을 제시해서 선호도를 예측하는 실험을 설명한다.

9 사람들이 사바나 같은 환경을 선호한다는 개념이 최초로 완전히 기술된 자료는 주디스 히르바겐Judith Heerwagen과 고든 오리언스Gordon Orians의 "Humans, Habitats, and Aesthetics," S. R. Kellert and E. O. Wilson, ed., 《생명애 가설The Biophilia Hypothesis》(Island, Washington, D.C., 1993, 138~72쪽)에서 참조하라.

10 사바나와 유사한 환경에 대한 비교문화 선호도 연구는 존 포크John Falk 와 존 볼링John Balling의 논문 "Evolutionary Influence on Human Landscape Preference," 《환경과 행동Environment and Behavior》(2010, 42권, 479~93쪽)에서 참조하라.

11 참가자들이 자연의 장면을 바라보는 동안 안구운동 양상을 연구한 자료는 리타 베르토Rita Berto와 동료들의 기술 논문 "Do Eye Movements Measured Across High and Low Fascination Photographs Differ? Addressing Kaplan's Fascination Hypothesis," 《환경심리학저널Journal of Environmental Psychology》(2008, 28권, 185~91쪽)에서 참조하라.

12 레이철과 스티븐 캐플런의 훌륭한 저서 《자연의 경험: 심리학적 관점 The Experience of Nature: A Psychological Perspective》(Cambridge University Press, Cambridge, UK, 1989)는 모든 환경심리학자들의 필독서다.

13 프랜시스 쿠오와 윌리엄 설리번은 도시범죄와 도시 초목의 흥미로운 관

계를 "Environment and Crime in the Inner City: Does Vegetation Reduce Crime?" 《환경과 행동*Environment and Behavior*》(2001, 33권, 343~67쪽)에서 설명한다.

14 폴락의 그림 속 프랙털에 관한 흥미롭지만 조금 전문적인 고찰은 리처드 테일러*Richard Taylor*와 그의 동료들의 논문 "Perceptual and Physiological Responses to Jackson Pollock's Fractals," 《첨단인간신경과학*Frontiers in Human Neuroscience*》(2011, 5권, 60번, 1~13쪽)에서 참조하라.

15 인간이 풍경에서 프랙털 구조를 선호한다는 증거는 캐롤린 해거홀*Caroline Hagerhall*, 테리 퍼셀*Terry Purcell*, 리처드 테일러*Richard Taylor*의 논문 "Fractal Dimension of Landscape Silhouette Outlines as a Predictor of Landscape Preference," 《환경심리학저널》(2004, 24권, 247~55쪽)에서 소개한다.

16 발차노프의 주요 연구 결과는 아직 동료 심사 논문으로 발표되지 않았지만 그의 주제와 관련해서 필요한 모든 내용이 담긴 요약이 https://uwspace.uwaterloo.ca/bitstream/handle/10012/7938/Valtchanov_Deltcho.pdf?sequence=1에 있다.

17 MIT의 메리 포터*Mary Potter*는 평생 빠른 장면 지각의 심리적 기제를 이해하는 데 몰두했다. 이 분야의 최초의 논문 중에 포터와 그의 동료 엘런 레비*Ellen Levy*의 논문 "Recognition Memory for a Rapid Sequence of Pictures," 《실험심리학저널*Journal of Experimental Psychology*》(1969, 81권, 10 – 15쪽)이 있다.

18 어빙 비더먼*Irving Biederman*과 에드워드 베셀*Edward Vessel*은 일반 독자를 위해 PPA와 심미적 선호도에 관한 연구를 설명하는 논문 "Perceptual Pleasure and the Brain"을 《미국과학자*American Scientist*》(2006, 94권, 249~55쪽)에 발표했다.

19 내가 나의 제자 델초 발차노프와 함께 시각 환경의 회복 효과에 관해 실시한 연구는 논문 "Restorative Effects of Virtual Nature Settings," 《사이버심리·행동·사회연결망저널*Journal Cyberpsychology, Behavior, and Social Networking*》(2010, 13권, 503~12쪽)에 설명되어 있다.

20 헌터 호프먼*Hunter Hoffman*과 동료들은 치과 통증을 통제하기 위해 가상현

실을 활용하는 방법에 관해 논문 "The Effectiveness of Virtual Reality for Dental Pain Control: A Case Study," 《사이버심리·행동·사회연결망 저널》(2004, 4권, 527~35쪽)에서 설명한다.

21 피터 칸은 기술의 출현과 자연과의 접촉 상실의 관계에 관해 양서 몇 권을 집필했다. 그중 최고의 저서는 《기술적 자연: 적응과 인간 삶의 미래*Technological Nature: Adaptation and the Future of Human Life*》(MIT Press, Cambridge, MA, 2011)다.

22 엘리자베스 토머스가 부시맨의 삶을 고찰한 자료는 《무해한 사람들*The Harmless People*》(Knopf, New York, 1959)에서 참조하라.

23 루이스 멤포드*Lewis Mumford*, 《역사 속의 도시*The City in History: Its Origins, Its Transformations and Its Prospects*》(Harcourt, Brace and World, New York, 1961).

24 조너선 크래리*Jonathan Crary*, 《지각의 보류: 주의, 광경, 현대 문화*Suspensions of Perception: Attention, Spectacle and Modern Culture*》(MIT Press, Cambridge, MA, 2001).

25 캐나다의 미디어 이론가 마셜 매클루언은 미디어가 의사소통에 끼치는 영향에 관한 이해에 일대 혁신을 일으켰다. 그의 최고의 저서는 《미디어의 이해*Understanding Media: The extensions of man*》(McGraw-Hill; Toronto, 1964)다.

2장. 사랑의 장소

1 비즐리의 말은 잡지 《나우*Now*》의 프랜 셰크터*Fran Schechter*와의 인터뷰에서 인용했다. 2010, https://nowtoronto.com/art-and-books/features/art-as-organism/

2 필립 비즐리의 이력서는 http://philipbeesleyarchitect.com/about/14K24_PB_CV.pdf에서 참조할 수 있다.

3 빠른 장면 인식에 관한 초기의 가장 영향력 있는 자료로 1969년 매리 포터의 주요 논문 "Recognition Memory for a Rapid Sequence of Pictures," 《실험심리학저널》(1969, 81권, 10~15쪽)이 있다.

4 프리츠 하이더와 마리안 짐멜의 대표적인 연구는 논문 "An Experimental Study of Apparent Behavior," 《미국심리학저널*American Journal of*

Psychology》(1944, 57권, 243~59쪽)으로 발표되었다. 내가 설명한 동영상은 온라인에서 쉽게 찾을 수 있다. https://www.youtube.com/watch?v=76p64j3H1Ng

5 인과관계에 관한 알베르 미쇼트의 연구는 그의 저서《인과관계의 지각*The Perception of Causality*》(Methuen, Andover, MA, 1962)에 실려 있다.

6 저장장애와 축축한 용기 이야기는 2012년 토론토에서 저명한 심리학자 데이비드 톨린*David Tolin*의 워크숍에서 들었다. 톨린은 랜디 프로스트*Randy Frost*, 게일 스테케티*Gail Steketee*와 함께 쓴 저서《보물 속에 매장되다*Buried in Treasures*》(Oxford University Press, London, 2007)에서 저장장애에 관해 훌륭하게 개괄한다.

7 에드가 엘런 포의 단편 〈어셔가의 몰락〉은 공공저작물이므로 온라인에서 쉽게 구할 수 있다. 괜찮은 페이퍼백도 많다.

8 전통적인 유기적 주거공간을 포함해서 말리의 진흙 건축을 찍은 아름다운 사진은 아틀라스 옵스큐라*Atlas Obscura* 웹사이트에서 참조하라. http://www.atlasobscura.com/articles/mud-masons-of-mali

9 비톨트 립진스키의 책《집: 아이디어의 짧은 역사*Home: A Short History of an Idea*》(Viking, New York, 1986)는 주거공간의 건축에 관한 가치 있는 통찰로 가득하다.

10 피터 워드의《주거공간의 역사*A History of Domestic Spaces*》(UBC Press, Vancouver, 1999)는 캐나다 역사에 중점을 두지만 많은 통찰은 적어도 북아메리카의 맥락으로 일반화된다.

11 헤르만 무테지우스의 저서《영국의 주택*The English House*》은 1902년에 독일에서 출간되고 마침내 영국에서 아름다운 박스세트(Frances Lincoln, London, 2006)로 번역 출간되었다.

12 새러 수산카의 책《그리 크지 않은*Not So Big*》시리즈는 많은 사람에게 집의 볼품없는 크기보다는 기능을 고려하도록 영향을 주었다. 이 시리즈의 원서이자 이 책과 가장 관련이 있는 책은 수산카와 키라 오블렌스키*Kira Oblensky*의《그리 크지 않은 집: 진정한 삶의 방식을 위한 청사진*The Not So Big House: A Blueprint for the Way We Really Live*》(Taunton Press, Newton CT, 2009)이다.

13 이 인용문은 가스통 바슐라르의 영향력 있는 책《공간의 시학*The Poetics of*

Space》(Beacon Press, Boston, 1994, 15쪽)에서 참조했다.

14 키케로는 이른바 장소법에 관해 《변론가론*De Oratore*》에서 설명했다. 이 글은 《키케로 수사학*Cicero Rhetorica*》(제1권(변론가론), A. S. Wilkins 편집, Clarendon Press Oxford Classical Texts, Oxford, UK, 1964)에서 참조했다.

15 가브리엘 라드반스키의 작업 기억과 출입구에 관한 실험은 라드반스키와 그의 동료 크라비츠와 템플린의 논문 "Walking Through Doorways Causes Forgetting: Further Explorations," 《실험심리학 계간지*The Quarterly Journal of Experimental Psychology*》(2011, 64권, 1632~45쪽)에서 참조하라.

16 프랑수아즈 민코프스카의 아동 그림 연구는 남편 유진 민코프스카*Eugène Minkowska*의 논문 "Children's Drawings in the Work of F. Minkowska," 《의료심리학회보*Annals of Medical Psychology*》(1952, 110권, 711~14쪽)에 설명되어 있다.

17 칼 융이 탑에 관해 기술한 부분은 그의 자서전 《기억, 꿈, 회상*Memories, Dreams, Reflections*》(Vintage Press, London, 1989)에서 참조했다.

18 융의 인용문은 《기억, 꿈, 회상》 212쪽에서 참조했다.

19 퓨리서치센터의 미국의 이동성에 관한 보고서 전문은 http://www.pewsocialtrends.org/files/2011/04/American-Mobility-Report-updated-12-29-08.pdf에서 참조하라.

20 오스카 뉴먼의 대표 저서 《방어공간*Defensible Space*》은 1972년에 런던의 맥시밀란*Maximillan*에서 출간되었다. 이 책의 주요 개념은 〈방어 공간 만들기Creating Defensible Space〉라는 논문에서 참조하라. http://www.huduser.org/publications/pdf/def.pdf

21 아이샤 다스굽타와 BMW 구겐하임 연구소의 공동연구는 네하 티라니*Neha Tirani*의 논문 "In Mumbai, Privacy Is Hard to Come By," 《뉴욕타임스*New York Times*》(January 2, 2013)에서 참조했다. http://india.blogs.nytimes.com/2013/01/02/in-mumbai-privacy-is-hard-to-come-by/?_r=0

22 니콜라스 네그로폰테의 반응형 건축에 대한 비전은 그의 저서 《건축 기계: 더 인간적인 환경을 향하여*The Architecture Machine: Toward a More Human Environment*》(MIT Press, Cambridge, 1973)에 처음 나온다.

23 여기에 실린 인용문을 포함하여 대니얼 보겔 박사의 프로필은 https://uwaterloo.ca/stories/bringing-science-fiction-home에서 참조하라.

24 발터 벤야민의 에세이는 1936년에 저널 《사회연구지$^{Zeitschrift\ für}$ ^{Sozialforschung}》(5권, 40~68쪽)에 프랑스어로 처음 발표되었다. 영어 번역본은 http://www.marxists.org/reference/subject/philosophy/works/ge/benjamin.htm에서 참조하라.

25 애덤 샤르$^{Adam\ Scharr}$는 《하이데거의 오두막$^{Heidegger's\ Hut}$》(MIT Press, Cambridge, 2006)에서 집이 하이데거의 철학에 끼치는 영향을 기술했다. 하이데거의 아들 헤르만의 인용문은 1999년에 처음 방영된 BBC 텔레비전 다큐멘터리 〈인간적인, 너무나 인간적인$^{Human,\ All\ Too\ Human}$〉에서 참조했다.

3장. 욕망의 장소

1 잭 카츠$^{Jack\ Katz}$, 《범죄의 유혹$^{The\ Seductions\ of\ Crime:\ Moral\ and\ Sensual\ Attractions\ in}$ $^{Doing\ Evil}$》(Basic Book, New York, 1990).

2 크로모11 웹사이트는 http://www.chromo11.com/에서 참조하라.

3 브렌든 워커$^{Brendan\ Walker}$의 《전율의 분류학$^{The\ Taxonomy\ of\ Thrill}$》은 2005년에 런던 에어리얼 출판사$^{Aerial\ Publishing}$에서 출간되었다.

4 렘 콜하스$^{Rem\ Koolhaas}$의 도발적인 저서 《광란의 뉴욕$^{Delirious\ New\ York:\ A}$ $^{Retroactive\ Manifesto\ for\ Manhattan}$》은 1994년 뉴욕의 모나셀리 프레스$^{Monacelli\ Press}$에서 출간되었다.

5 라이브파크에 관한 간략한 설명은 인터넷 잡지 《더 버지$^{The\ Verge}$》(January 26, 2012)에서 참조하라. http://www.theverge.com/2012/1/26/2736462/south-korea-live-park-kinect-rfid-interactive-attractions

6 디즈니 제국에 대한 유명한 비판은 제임스 하워드 쿤슬러$^{James\ Howard}$ ^{Kunstler}의 비판서 《무소^{無所}의 지리학$^{The\ Geography\ of\ Nowhere:\ The\ Rise\ and\ Decline\ of}$ $^{America's\ Man-Made\ Landscape}$》(Free Press, New York, 1994)에서 참조하라.

7 셀레브레이션의 어두운 이면에 관한 기사는 2010년 12월 9일에 《데일리 메일$^{Daily\ Mail}$》에 실린 톰 레너드$^{Tom\ Leonard}$의 기사 〈디즈니의 꿈의 도시의 어두운 그늘$^{The\ Dark\ Heart\ of\ Disney's\ Dream\ Town:\ Celebration\ Has\ Wife-Swapping,}$

Suicide, Vandals . . . and Now Even a Brutal Murder〉에서 참조하라. http://www.dailymail.co.uk/news/article-1337026/Celebration-murder-suicide-wife-swapping-Disneys-dark-dream-town.html

8 　미국 국립예술기금에서 2012년에 실시한 대중의 미술 참여도에 관한 설문조사는 http://arts.gov/publications/highlights-from-2012-sppa에서 참조하라.

9 　마르틴 트뢴들Martin Trondle의 이모션eMotion 프로젝트 웹사이트에는 이 프로젝트에 관한 풍부한 정보가 올라와 있다. http://www.mapping-museum-experience.com/en. 초기의 일부 자료는 공저자인 스티브 그린우드Steven Greenwood, 볼커 키르흐베르크Volker Kirchberg, 볼프강 차헤르Wolfgang Tschacher의 논문 "An Integrative and Comprehensive Methodology for Studying Aesthetic Experience in the Field: Merging Movement Tracking, Physiology, and Psychological Data," 《환경과 행동Environment and Behavior》(2014, 46권, 102~35쪽)에 발표되었다.

10 　딕슨은 내가 설명한 결과 일부를 케빈 해리건Kevin Harrigan, 라즈완트 산두Rajwant Sandhu, 캐런 콜린스Karen Collins, 조너선 푸겔상Jonathan Fugelsang과 함께 쓴 논문 "Losses Disguised as Wins in Modern Multi-Line Video Slot Machines," 《중독Addiction》(105권, 18~24쪽)에 발표했다.

11 　나타샤 슐Natasha Schull의 획기적인 저서에서는 카지노에서 슬롯머신 역할의 극적인 변화를 설명한다. 《디자인에 의한 중독Addicted by Design: Machine Gambling in Las Vegas》(Princeton University Press, Princeton NJ, 2014).

12 　템플 그랜딘Temple Grandin은 전문적인 논문 시리즈와 다양한 대중을 위한 훌륭한 저서를 통해 자폐증과 동물 행동의 이해에 크게 기여했다. 그중에 저자의 놀라운 유년시절 이야기와 동물에 관한 통찰을 기술한 첫 책이 《어느 자폐인 이야기Emergence: Labeled Autistic》(Grand Central Publishing, New York, 1996)다.

13 　빌 프리드먼Bill Friedman의 카지노 설계의 경전과 같은 책은 《경쟁을 지배하기 위한 카지노 설계Designing Casinos to Dominate the Competition : The Friedman International Standards of Casino Design》(Institute for the Study of Gambling and Commercial Gaming, Las Vegas, 2000)다.

14 구엘프대학교의 캐런 핀레이[Karen Finlay] 연구팀은 카지노 설계가 도박 충동에 끼치는 영향과 성별의 역할에 관해 논문 "Casino Décor Effects on Gambling Emotions and Intentions," 《환경과 행동[Environment and Behavior]》(2009, 42권, 542~45쪽)에서 탐색했다.

15 제프리 하드윅[M. Jeffrey Hardwick]은 저서 《쇼핑몰을 만든 사람[Mall Maker: Victor Gruen, Architect of an American Dream]》(University of Pennsylvania Press, Philadelphia, 2003)에서 빅터 그루엔[Victor Gruen]의 흥미로운 생애를 탐색했다. 말콤 글래드웰[Malcolm Gladwell]은 《뉴요커[New Yorker]》 기사 〈테라초 정글[The Terrazzo Jungle]〉(March 15, 2004)에서 그루엔이 미국 건축에 끼친 영향을 소개했다. http://www.newyorker.com/magazine/2004/03/15/the-terrazzo-jungle

16 충동구매에서 감정의 역할에 관한 설명은 데이비드 실베라[David Silvera], 앤 라바크[Anne Lavack], 프레드릭 크롭[Fredric Kropp]의 논문 "Impulse Buying: The Role of Affect, Social Influence, and Subjective Wellbeing,"《소비자 마케팅 저널[Journal of Consumer Marketing]》(2008, 25권, 23~33쪽)에서 참조하라.

17 쥐의 충동성의 신경화학에 관한 설명은 마르셀 판 갈렌[Marcel van Gaalen], 레이노트 판 코텐[Reinout van Koten], 안톤 쇼펠미어[Anton Schoffelmeer], 라우크 판 더슈렌[Louk Vanderschuren]의 논문 "Critical Involvement of Dopaminergic Neurotransmission in Impulsive Decision Making,"《생물정신의학[Biological Psychiatry]》(2006, 60권, 66~73쪽)에서 참조하라.

18 폴 에크먼[Paul Ekman]과 얼굴 표정 분석 기법의 사용에 관한 연구, 곧 그가 필생의 연구로 좋은 성과를 거둔 연구에 관한 자세한 내용은 그의 웹사이트 http://www.paulekman.com/에서 참조하라. 러시아 신케라의 슈퍼마켓 계산대 마케팅에 얼굴 표정을 사용하는 제품에 관해서는 신케라의 웹사이트 http://synqera.com/에서 참조하라. 이 제품에 관해서는 '매셔블[Mashable]' 사이트에서 애덤 포페스쿠[Adam Popescu]가 2013년 10월 2일에 쓴 짧은 기사를 참조하라. http://mashable.com/2013/10/02/synqera/

4장. 지루한 장소

1 내가 BMW 구겐하임 연구소와 함께 진행한 프로젝트에 관한 자세한 내용은 http://www.bmwguggenheimlab.org/testing-testing-mumbai에서 참조하라.

2 얀 겔Jan Gehl과 그의 동료 로테 캐퍼Lotte Kaefer와 솔베이크 라이흐슈타트Solvejg Reigstad는 건물 전면의 효과에 관한 관찰연구를 논문 "Close Encounters with Buildings,"《도시 설계 인터내셔널Urban Design International》(2006, 11권, 29 – 47쪽)에서 설명한다.

3 윌리엄 제임스William James의 이 말은 그의 저서《심리학의 원리Principles of Psychology》1권 (Henry Holt, New York, 1890, 626쪽)에 나온다.

4 대니얼 벌린Daniel Berlyne은 호기심과 주의에 관한 '인포보어infovore' 이론을 획기적인 저서《충동, 각성, 호기심Conflict, Arousal and Curiosity》(McGraw-Hill, New York, 1960)에서 설명한다.

5 권태에 관해 접근하기 쉽지만 조금 전문적인 설명은 존 이스트우드John Eastwood와 그의 동료 알렉산드라 프리셴Alexandra Frischen, 마크 펜스케Mark Fenske, 대니얼 스밀레크Daniel Smilek의 논문 "The Unengaged Mind: Defining Boredom in Terms of Attention,"《심리학조망Perspectives on Psychological Science》(2012, 7, 482~95쪽)에서 참조하라.

6 콜린 메리필드Colleen Merrifield와 제임스 단케르트James Danckert의 권태에 관한 정신생리학 연구에 관해서는 기술 논문 "Characterising the Psychophysiological Signature of Boredom,"《실험 뇌 연구Experimental Brain Research》(2014, 232권, 481~91쪽)를 참조하라.

7 애니 브리튼Annie Britton과 마틴 시플리Martin Shipley는 논문 "Bored to Death?"《국제역학저널International Journal of Epidemiology》(2010, 39권, 370~71쪽)에서 권태가 사망률에 끼치는 영향을 설명한다.

8 캐나다의 훌륭한 심리학자 도널드 헵Donald Hebb은 그의 시대보다 수십 년 앞서 경험이 뇌조직에 끼치는 영향을 설명했다. 쥐에게 자극을 주어 연구한 원래의 실험 결과는 1947년 미국심리학회 연례회의에서 발표되고《미국심리학자American Psychologist》(1947, 2권, 306~307쪽)에 실린 논문 "The Effects of Early Experience on Problem-Solving at Maturity"에서 참

조하라. 원래 1949년에 출간되어 고전이 된 그의 저서 《행동의 조직: 신경심리학 이론*The Organization of Behavior: A Neuropsychological Theory*》(Wiley and Sons, New York)은 여전히 신경과학을 공부하는 학생들의 필독서다. 이처럼 빠르게 발전하는 학과로서는 놀라운 일이다. 마크 로렌츠바이크*Mark Rosenzweig*는 마이클 레너*Michael Renner*와 함께 쓴 《강화된 환경과 결핍된 환경*Enriched and Impoverished Environments: Effects on Brain and Behavior*》(Springer, New York, 1987)에서 경험이 뇌 화학에 끼치는 효과를 설명했다.

9 스튜어트 그라시안*Stuart Grassian*은 《워싱턴대학교 법과 정책 저널*Washington University Journal of Law and Policy*》(2006, 22권)을 위해 독방의 정신의학적 효과에 관한 장문의 보고서를 작성했다. http://openscholarship.wustl.edu/law_journal_law_policy/vol22/iss1/24.

10 에이슬링 멀리건*Aisling Mulligan*과 동료들은 논문 "Home Environment: Association with Hyperactivity/Impulsivity in Children with ADHD and their Non-ADHD Siblings," 《아동: 보살핌, 건강, 발달*Child: Care, Health and Development*》(2013, 39권, 202~12쪽)에서 주거 환경이 ADHD 발달에 끼치는 영향을 설명했다.

11 로버트 벤투리*Robert Venturi*와 그의 동료 데니즈 브라운*Denise Brown*과 스티븐 이즈노어*Steven Izenour*는 논쟁적인 저서 《라스베이거스에서 배우다*Learning From Las Vegas*》(MIT Press, Cambridge, 1972)에서 라스베이거스의 도시 스프롤 현상의 도상학을 설명했다.

12 새러 골드하겐*Sarah Goldhagen*은 논문 "Our Degraded Public Realm: Multiple Failures of Architecture Education," 《크로니클 리뷰*Chronicle Review*》(January 10, 2003)에서 건축 교육의 거듭된 실패를 개탄한다. 골드하겐의 웹사이트에서도 (다른 흥미로운 논문들과 함께) 참조할 수 있다. http://www.sarahwilliamsgoldhagen.com/articles/multiple_failures_of_architecture_education.pdf

13 뉴욕시 교통부 위원장 재닛 사딕칸*Janette Sadik-Khan*은 도시 보행자의 삶을 여러 차례 개선했다. 차도 가장자리 표시는 '보라*Look*' 캠페인의 일부다. http://www.nyc.gov/html/dot/html/pr2012/pr12_46.shtml

14 렘 콜하스*Rem Koolhaas*와 브루스 메이*Bruce May*는 저서 *S, M, L, XL*(The

Monacelli Press, New York, 1997)에서 포괄적 도시를 설명한다.

15 렘 콜하스의 인용문은 2011년 12월 16일에 온라인에 영어로 발표된 《슈피겔*Der Spiegel*》과의 인터뷰에서 참조했다. http://www.spiegel.de/international/zeitgeist/interview-with-star-architect-rem-koolhaas-we-re-building-assembly-line-cities-and-buildings-a-803798.html. 이 인터뷰는 원래 독일어로 《슈피겔》 50호(2011년 12월 12일)에 실린 것이다.

5장. 불안한 장소

1 코코넛 그로브 화재에 관한 읽기 쉽고 흥미로운 자료는 존 에스포지토 John Esposito의 저서 《그로브의 화재*Fire in the Grove: The Cocoanut Grove Tragedy and Its Aftermath*》(Da Capo Press, Boston, 2005)에서 참조하라.

2 도시의 사회적 요인과 정신질환의 발병 사이의 관계를 검토한 훌륭한 자료는 주디스 알라다이스Judith Allardyce와 제인 보브델Jane Boydell의 기술 논문 "The Wider Social Environment and Schizophrenia," 《조현병 회보 *Schizophrenia Bulletin*》(2006, 32권, 592~98쪽)에서 참조하라.

3 일부 연구에서는 도시의 녹색공간 이용 가능성과 정신병, 우울증, 불안증의 발병 사이의 연관성을 제시해 왔다. 관련 연구의 결과 일부는 캐런 매킨지Karen McKenzie, 에이아 머레이Aja Murray, 톰 부스Tom Booth의 논문 "Do Urban Environments Increase the Risk of Anxiety, Depression and Psychosis? An epidemiological study," 《기분장애 저널*Journal of Affective Disorders*》(2013, 150권, 1019~24쪽)에서 검토했다.

4 플로리언 레더보겐Florian Lederbogen과 안드레아스 메이어-린드버그Andreas Meyer-Lindenberg를 포함한 여러 연구자들이 도시 스트레스가 편도체 활성화에 끼치는 영향에 관한 획기적인 논문 "City living and urban upbringing affect neural social stress processing in humans," 《네이처》(2011, 474권, 498~501쪽)을 발표했다. 이 연구에 관한 읽기 쉬운 요약과 관련 자료는 앨리슨 아보트Allison Abbott의 논문 "Stress and the City: Urban Decay," 《네이처*Nature*》(2012, 490권, 162~64쪽)에서 참조하라.

5 앞의 주석에 언급된 앨리슨 아보트Allison Abbot의 《네이처》 논문에서는 정신병리학과 지리 추적에 관한 임 판 오스Jim van Os의 연구도 짧게 요약

한다.

6 　내가 에드 파슨스^{Ed Parsons}와 나눈 대화는 랜드로버의 잡지 《원라이프^{Onelife}》(2014, 28호, 40~43쪽)에 실려 있다. http://www.landroverofficial magazine.com/#!parsons-ellard

7 　뉴로펩티드 S와 도시 스트레스의 관계를 설명하는 기술 논문은 파비안 스트라이트^{Fabian Streit}와 여러 공저자의 논문 “A Functional Variant in the Neuropeptide S Receptor 1 Gene Moderates the Influence of Urban Upbringing on Stress Processing in the Amygdala,” 《스트레스^{Stress}》 (2014, 17권, 352~61쪽)가 있다.

8 　오신 바타니안^{Oshin Vartanian}은 인간이 곡선을 선호하는 성향과 이런 성향이 건축에 끼치는 영향에 관해 “Impact of Contour on Aesthetic Judgments and Approach-Avoidance Decisions in Architecture,” 《미국국립과학원회보^{Proceedings of the National Academy of Sciences}》(2011, 110권, 부록 2, 10446~53쪽)에서 논의한다. http://www.pnas.org/content/110/ Supplement_2/10446.abstract

9 　기하학적 형태가 사회 판단에 끼치는 영향을 설명하는 어슐러 헤스^{Ursula Hess}, 오르나 그리크^{Orna Gryc}, 슐로모 해렐리^{Shlomo Hareli}의 실험은 “How Shapes Influence Social Judgments,” 《사회 인지^{Social Cognition}》(2013, 31권, 72~80쪽)에 실려 있다.

10 　2011년에 차드 프리드리히스^{Chad Friedrichs}가 제작과 감독을 맡은 영화 〈프루이트아이고 신화^{The Pruitt-Igoe Myth}〉에서는 흥미롭게도 프루이트아이고의 실패 원인을 건축보다는 편견과 경제학에서 찾는다.

11 　떨어진 편지 실험방법은 악명 높은 밀그램 실험의 스탠리 밀그램^{Stanley Milgram}이 개발한 실험방법으로 “The Lost-Letter Technique: A Tool of Social Research,” 《여론저널^{Public Opinion Quarterly}》(1965, 29권, 437~38쪽)에 처음 보고되었다.

12 　깨진 창문 이론을 처음 소개한 논문 “Broken Windows: The Police and Neighborhood Safety”은 《월간 애틀랜틱^{The Atlantic Monthly}》(1982, 3월, 제임스 윌슨^{James Wilson}과 조지 켈링^{George Kelling})에 실렸다. 이 이론은 부분적으로 필립 짐바르도^{Philip Zimbardo}의 논문 “The Human Choice:

Individuation, Reason, and Order Versus Deindividuation, Impulse, and Chaos," *Nebraska Symposium on Motivation* (1969, 17권, 237~307쪽)에 소개된 초기 연구에 기초한다.

13 유럽연합집행위원회European Commission에서 만든 범죄공포에 관한 유로바로미터Eurobarometer 분석 보고서 〈불안감, 범죄 공포, 공포 예방에 대한 대중의 태도 분석Analysis of Public Attitudes to Insecurity, Fear of Crime and Crime Prevention〉은 http://ec.europa.eu/public_opinion/archives/ebs/ebs_181_sum_en.pdf에서 참조하라.

14 미국의 범죄 공포를 평가한 2010 갤럽 여론조사의 결과 요약문 "Nearly 4 in 10 Americans Still Fear Walking Alone at Night"는 http://www.gallup.com/poll/144272/nearly-americans-fear-walking-alone-night.aspx에서 참조하라.

15 로버트 온스타인Robert Ornstein의 인용문은 1992년에 출간된 저서 《의식의 진화The Evolution of Consciousness: The Origins of the Way We Think》(Simon and Schuster, New York, 262쪽)에서 참조했다.

16 성 주류화에 관한 빈 당국의 공식 설명은 https://www.wien.gv.at/english/administration/gendermainstreaming/에서 참조하라. 클레어 포란Clare Foran이 빈의 정책을 자세히 설명한 "How to Design a City for Women"은 '애틀랜틱시티 랩Atlantic City Lab' 블로그에서 참조하라. http://www.citylab.com/commute/2013/09/how-design-city-women/6739/

17 2014년에 미국 노동통계청에서 실시한 대규모 여론조사에 따르면 미국의 비혼자 비율이 50퍼센트 이상 증가한 것으로 나타났다. 마틴경제발전연구소Martin Prosperity Institute는 2014년 9월 15일에 '애틀랜틱시티 랩' 블로그에 이런 추세에 관한 지역 분석 자료인 리처드 플로리다Richard Florida의 "Singles Now Make Up More Than Half the U.S. Adult Population. Here's Where They All Live"를 공개했다. http://www.citylab.com/housing/2014/09/singles-now-make-up-more-than-half-the-us-adult-population-heres-where-they-all-live/380137/

18 영국 국립 통계청의 통계자료는 http://www.ons.gov.uk/ons/rel/census/2011-census-analysis/households-and-household-

composition-in-england-and-wales-2001-2011/households-and-household-composition-in-england-and-wales-2001-11.html에서 참조하라.

19 미국의 토론연결망 변화에 관한 통계자료는 밀러 맥퍼슨Miller McPherson, 린 스미스 로빈Lynn Smith-Lovin, 매슈 브래시어스Matthew Brashears의 논문 "Social Isolation in America: Changes in Core Discussion Networks Over Two Decades," 《미국 사회학 연구American Sociological Review》(2006, 71권, 353~75쪽)에서 참조하라.

20 밴쿠버의 외로움과 참여에 관한 연구 결과는 밴쿠버재단Vancouver Foundation에서 2012년에 실시한 연구 '연결과 참여Connections and Engagement'에서 참조했다. https://www.vancouverfoundation.ca/initiatives/connections-and-engagement

21 마이클 플러드Michael Flood가 오스트레일리아협회Australia Institute에 제출한 토론 논문 "Mapping loneliness in Australia"에는 오스트레일리아의 사회관계망에 관한 풍부한 자료가 담겨 있다. http://www.tai.org.au/documents/dp_fulltext/DP76.pdf

2012년에 데이비드 베이커David Baker가 발표한 후속 논문 "All the Lonely People: Loneliness in Australia, 2001–2009"(역시 오스트레일리아협회 제출용)은 외로움 문제에 초점을 맞춘다. http://www.tai.org.au/node/1866

22 존 카치오포John Cacioppo와 윌리엄 패트릭William Patrick이 공동집필한 저서는 《외로움Loneliness: Human Nature and the Need for Social Connection》(Norton: New York, 2009)이다.

23 키스 햄튼Keith Hampton의 SNS와 우정의 관계에 관한 면밀한 고찰은 그의 여러 연구 논문에서 찾을 수 있다. "Core Networks, Social Isolation, and New Media," 《정보, 통신, 사회Information, Communication & Society》(2011, 14권, 130~55쪽)부터 찾아보면 좋을 것이다.

24 케빈 비카트Kevin Bickart와 동료들은 편도체 용량과 사회관계망 크기 사이의 관계를 "Amygdala Volume and Social Network Size in Humans," 《네이처 뉴로사이언스Nature Neuroscience》(2011, 14권, 163~64쪽)에서 기술

한다.

25 키스 햄튼과 동료들은 SNS가 우정 형성에 끼치는 영향을 "How New Media Affords Network Diversity: Direct and Mediated Access to Social Capital Through Participation in Local Social Settings," 《뉴미디어와 사회*New Media & Society*》(2010, 13권, 1031~49쪽)에서 기술한다.

26 존 로크의 책은 《도청: 내밀한 역사》(Oxford University Press, New York, 2010)다.

27 찰스 몽고메리*Charles Montgomery*의 책 《행복한 도시*Happy City: Transforming Our Lives Through Urban Design*》에는 도시 설계의 심리학에 관한 정보가 풍부하게 담겨 있다(Farar, Strous & Giroux, New York, 2013).

28 인류학자 로빈 던바*Robin Dunbar*는 인간의 신피질 진화에 관한 논문 "Neocortex As a Constraint on Group Size in Primates," 《인간 진화*The Journal of Human Evolution*》(1992, 22권, 469~93쪽)에서 사회집단의 크기에 관한 상한선을 정했다. 이 논문이 처음 발표된 이후 던바의 수는 다양한 맥락에서 널리 알려지고 적용되었다.

29 페이스북이 뉴스피드 설정을 조작한 뒤 사생활 침해에 대한 격렬한 항의가 일어난 원인에 관한 학술연구는 크리스토퍼 호들리*Christopher Hoadley*와 동료들의 논문 "Privacy As Information Access and Illusory Control: The Case of the Facebook News Feed Privacy Outcry," 《전자상거래 연구와 적용*Electronic Commerce Research and Applications*》(2010, 9권, 50~60쪽)에서 참조하라.

6장. 경외의 장소

1 윌리엄 앤더스*William Anders*가 떠오르는 지구를 보고 한 말이 녹음된 오디오 자료는 온라인에서 mp3 파일로 참조할 수 있다. http://www-tc.pbs.org/wgbh/amex/moon/media/sf_audio_pop_01b.mp3

2 이 인용문은 매클리시*MacLeish*의 에세이 "A reflection: Riders on Earth together, brothers in eternal cold," 《뉴욕타임스*The New York Times*》(1968, 12월 25일, 1쪽)에서 참조했다.

3 단편영화 〈조망*Overview*〉은 2012년에 스티브 케네디*Steve Kennedy*와 플레

네터리 컬렉티브Planetary Collective에서 제작했다. http://www.overview
themovie.com/. 한 번은 감상할 만하다.

4 대처 켈트너Dacher Keltner와 조너선 하이트Jonathan Haidt는 2003년에 《인지와
   정서Cognition and Emotion》(2003, 17권, 297~314쪽)에 실린 논문에서 경외감을
   과학적으로 분석한다.

5 콘라드 로렌츠Konrad Lorenz의 유명한 저서 《공격성에 관하여On Aggression》
   는 1963년에 독일어로 출간되고 1966년에 영어로 번역되었다(Harcourt,
   Brace and World, San Diego, 1966).

6 영아의 지배관계 이해에 관한 연구는 하버드대학교 수전 캐리Susan Carey
   연구팀의 논문 "Big and Mighty: Preverbal Infants Mentally Represent
   Social Dominance," 《사이언스》(2011, 331권, 477~80쪽)에 발표되었다.

7 야니크 조이Yannick Joye와 얀 베르푸텐Jan Verpooten은 기념비적인 종교 건축
   의 진화적 의미를 설명하는 논문 "An Exploration of the Functions of
   Religious Monumental Architecture from a Darwinian Perspective,"
   《일반심리학 개관Review of General Psychology》(2013, 17권, 53~68쪽)을 발표
   했다.

8 로라 켈리Laura Kelley와 존 엔들러John Endler는 정자새의 원근착시에 관해
   "Illusions Promote Mating Success in Great Bowerbirds," 《사이언스》
   (2012, 335권, 335~38쪽)에서 설명했다.

9 고든 갤럽Gordon Gallup은 유인원의 자기의식에 관한 획기적인 연구
   를 "Self-Recognition in Primates: A Comparative Approach to the
   Bidirectional Properties of Consciousness," 《미국 심리학자American
   Psychologist》(1977, 32권, 329~38쪽)에서 소개했다.

10 토머스 헉슬리Thomas Huxley는 부수현상설epiphenomenalism 개념을 "On the
    Hypothesis That Animals Are Automata," 《포트나이틀리 리뷰Fortnightly
    Review》(1874, 16권, 555~80쪽)에서 처음 소개했다. 헉슬리의 개념을 현대
    적으로 소개한 내용은 존 그린우드John Greenwood의 논문 "Whistles, Bells,
    and Cogs in Machines: Thomas Huxley and Epiphenomenalism,"
    《행동과학의 역사 저널Journal of the History of the Behavioral Sciences》(2010, 46권,
    276~99쪽)에서 참조하라.

11 닉 험프리[Nick Humphrey]의 흥미로운 저서 《영혼의 먼지[Soul Dust: The Magic of Consciousness]》에서는 자아의식의 생물학적 기능에 관해 생각할 만한 자료를 풍부하게 제공한다(Princeton University Press, Princeton NJ, 2011).

12 어니스트 베커[Ernest Becker]의 저서 《죽음의 부정[The Denial of Death]》은 학술적이고 종합적이고 매우 충격적이다(Free Press, New York, 1973).

13 공포관리이론은 그린버그[J. Greenberg], 피츠진스키[T. Pyszczynski], 솔로몬[S. Solomon]의 공저 《공적 자아와 사적 자아[Public Self and Private Self]》(Springer-Verlag, New York, 189~212쪽)의 한 장인 "The Causes and Consequences of a Need for Self-Esteem: A Terror Management Theory," R. F. Baumeister (ed.)에 처음 소개되었다. 최근 연구는 이 연구팀의 웹사이트에서 참조할 수 있다. http://www.tmt.missouri.edu/

14 죽음의 현저성이 소중한 상징물 사용에 끼치는 영향을 보여주는 실험은 그린버그와 동료들의 논문 "Evidence of a Terror Management Function of Cultural Icons: The Effects of Mortality Salience on the Inappropriate Use of Cherished Cultural Symbols," 《성격과 사회심리[Personality and Social Psychology]》(1995, 21권, 1221~28쪽)에서 참조하라.

15 죽음의 현저성이 조지 부시의 인기에 끼치는 영향에 관한 논문은 마크 랜도[Mark Landau]와 동료들의 논문 "Deliver Us from Evil: The Effects of Mortality Salience and Reminders of 9/11 on Support for President George W. Bush," 《성격과 사회심리[Personality and Social Psychology]》(2004, 30권, 1136~50쪽)에서 참조하라.

16 경외감이 시간 지각에 끼치는 영향을 설명하는 멜라니 러드[Melanie Rudd]의 실험은 제니퍼 아커[Jennifer Aaker]와 케이틀린 보스[Kathleen Vohs]의 논문 "Awe Expands People's Perception of Time, Alters Decision Making, and Enhances Well-Being," 《심리과학》(2012, 23권, 1130~36쪽)에서 참조하라.

17 경외와 초자연적 대리인에 대한 믿음의 관계를 다룬 발데솔로[Valdesolo]와 그레이엄[Graham]의 논문 "Awe, Uncertainty, and Agency Detection"은 《심리과학》(2014, 25권, 170~78쪽)에서 참조하라.

18. 신체 지각 장애와 대리자 지각의 분열을 학술적으로 소개한 내용은

Michela Balconi (ed.),《대리인 지각의 신경심리학*Neuropsychology of the Sense of Agency*》, (Springer, New York, 2010)에서 참조하라.

19 고무손 착각에 관한 설명은 마르셀로 코스타티니[Marcello Costantini]와 패트릭 해거드[Patrick Haggard]의 2007년 논문 "The Rubber Hand Illusion: Sensitivity and Reference Frame for Body Ownership,"《의식과 인지*Consciousness and Cognition*》(2007, 16권, 229~40쪽)에서 참조하라.

20 가상현실을 이용하여 유체이탈 경험을 시뮬레이션하는 방법은 헨릭 에어손[Henrik Ehrsson]의 논문 "The Experimental Induction of Out-of-Body Experiences,"《사이언스》(2007, 317권, 1047~48쪽)에 처음 나온다. 에어손의 실험 절차는 올라프 블랑케[Olaf Blanke] 연구팀의 논문 "Video Ergo Sum: Manipulating Bodily Self-Consciousness,"《사이언스》(2007, 317권, 1096~99쪽)에서 상세히 설명한다.

21 신경과학 연구 결과를 비롯한 유체이탈 경험에 관한 종합적 검토는 제인 애스펠[Jane Aspell]과 블랑케의 "Understanding the Out-Of-Body Experiences from a Neuro-Scientific Perspective," in Craig Murray (ed.),《유체이탈과 임사체험에 관한 심리과학적 관점*Psychological Scientific Perspectives on Out of Body and Near Death Experiences*》(Nova Science Publishers, Hauppage, NY, 73~88쪽, 2009)에서 참조하라.

22 프레드 프레빅[Fred Previc]의 흥미로운 저서는《인간 진화와 역사에서 도파민으로 활성화되는 마음*The Dopaminergic Mind in Human Evolution and History*》(Cambridge University Press, Cambridge, UK, 2009)이다.

23 프레빅은 "The Role of the Extrapersonal Brain Systems in Religious Activity,"《의식과 인지*Consciousness and Cognition*》(2006, 15권, 500~39쪽)에서 종교 활동에서의 개인의 뇌 기제의 역할을 검토한다.

7장. 공간과 기술 1: 기계 속의 세계

1 외상후스트레스증후군에 대한 가상현실 치료법의 활용을 설명하는 로버트 맥레이[Robert McLay]와 동료들의 논문 "Effect of Virtual Reality PTSD Treatment on Mood and Neurocognitive Outcomes,"《사이버심리학·행동·사회연결망》(2014, 17권, 439~46쪽)에서 참조하라.

2 아이폰 애플리케이션을 이용하여 몽상과 행복을 연구한 매슈 킬링스워스[Matthew Killingsworth]와 대니얼 길버트[Daniel Gilbert]의 논문 "A Wandering Mind Is an Unhappy Mind," 《사이언스》(2010, 330권, 932쪽)에서 참조하라.

3 나의 전작 《당신의 현 위치[You Are Here: Why We Can Find Our Way to the Moon, but Get Lost in the Mall]》는 2009년에 뉴욕의 더블데이[Doubleday]에서 출간되었다.

4 닉 이[Nick Yee], 제러미 베일린슨[Jeremy Bailenson]과 동료들은 '세컨드 라이프[Second Life]'의 비언어적 행동에 관한 분석을 "The Unbearable Likeness of Being Digital: The Persistence of Nonverbal Social Norms in Online Virtual Environments," 《사이버심리학과 행동[Cyberpsychology and Behavior]》(2007, 10권, 115~21쪽)에 발표했다.

5 에드워드 홀[Edward Hall]의 대표 저서 《보이지 않는 차원[The Hidden Dimension : Man's Use of Space in Public and Private]》(The Bodley Head Ltd,. London, 1969)에서 참조하라.

6 멜 슬레이터[Mel Slater]와 동료들이 가상현실에서 방관자의 반응을 설명한 내용은 "Bystander Responses to a Violent Incident in an Immersive Virtual Environment," 《플로스원[PLOS One]》(2014, 8권, 논문 e52766)에 발표되었다.

7 블라스코비치[Blascovitch]는 제러미 베일린슨과 함께 쓴 책 《무한한 현실[Infinite Reality: Avatars, Eternal Life, New Worlds, and the Dawn of the Virtual Revolution]》(William Morrow, New York, 2011)에 그의 연구를 비롯한 다양한 내용을 담았다.

8 내 제자 케빈 바튼[Kevin Barton]이 '가상 환경에서 길찾기'에 관한 연구를 설명한 논문 "Seeing Beyond Your Visual Field: The Influence of Spatial Topology and Visual Field on Navigation Performance," 《환경과 행동[Environment and Behavior]》(2012, 46권, 507~29쪽)에서 참조하라.

9 테일러 클라크[Taylor Clark]가 전하는 팔머 럭키[Palmer Luckey]의 이야기에 관한 흥미롭고 정보가 풍부한 설명은 "How Palmer Luckey Created Oculus Rift," 《스미소니언 매거진[Smithsonian Magazine]》(2014, 11월)에서 참조하라. http://www.smithsonianmag.com/innovation/how-palmer-luckey-created-oculus-rift-180953049/?no-ist

10 비디오게임 산업에 관한 자세한 정보는 오락평가시스템위원회Entertainment Software Rating Board 웹사이트에서 참조하라. http://www.esrb.org/about/video-game-industry-statistics.jsp

11 텔레딜도닉스에 관한 초기의 흥미로운 자료인 "Teledildonics: Reach Out and Touch Someone"는 하워드 라인골드Howard Rheingold가 《몬도 2000Mondo 2000》(Summer, 1990)에 발표했다. 건방진 5행 희시戱詩까지 갖춘 이 논문은 아서 버거Arthur Berger(ed.)의 책 《포스트모던 존재The Postmodern Presence: Readings on Postmodernism in American Culture and Society》(Rowman Altamira, New York, 1998)에서 참조하라.

12 프로젝트 시리아와 가상의 알레포 체험에 관한 설명은 몰입 저널리즘Immersive Journalism 웹사이트에서 찾을 수 있다. http://www.immersivejournalism.com/

13 가상의 슈퍼히어로로 효과를 설명하는 로젠버그Rosenberg와 바우먼Baughman과 베일런슨의 논문 "Virtual Superheroes: Using Superpowers in Virtual Reality to Encourage Prosocial Behavior"는 《플로스원》(2013, 8권, 1~9쪽)에 발표되었다.

14 조지 스트래튼George Stratton이 역전된 고글 실험을 설명한 자료는 고전 논문 "Some Preliminary Experiments on Vision Without Inversion of the Retinal Image," 《심리학 리뷰Psychological Review》(1896, 3권, 611~17쪽)에서 참조하라. 찰스 해리스Charles Harris의 비교적 최근 논문 "Perceptual Adaptation to Inverted, Reversed, and Displaced Vision"에서는 상하와 좌우가 뒤집힌 시지각의 결과에 관한 스트래튼의 연구와 그 밖에 다양한 연구를 소개한다. 해리스의 논문은 《심리학 리뷰》(1965, 72권, 419~44쪽)에서 참조하라.

15 윌리엄 워렌William Warren과 조너선 에릭슨Jonathan Ericson이 실시한 가상현실의 웜홀에 관한 논문 "Rips and Folds in Virtual Space: Ordinal Violations in Human Spatial Knowledge"는 《시각저널Journal of Vision》(2009, 9권, 논문 1143)의 온라인 기록보관소에서 논문초록을 참조할 수 있다. http://www.journalofvision.org/content/9/8/1143.meeting_abstract

16   2장의 주 24 참조.

8장. 공간과 기술 2: 세계 속의 기계

1   조용한 기술^{calm technology}에 관한 논문 원본 "The Coming Age of Calm
     Technology"는 마크 와이저^{Marc Weiser}와 존 실리 브라운^{John Seely Brown}이
     《파워그리드^{PowerGrid}》(1996, 1.01권)에 처음 발표했다. 개정판은 실리 브라
     운의 웹사이트에서 참조할 수 있다. http://www.johnseelybrown.com/
     calmtech.pdf

2   댄 힐^{Dan Hill}의 에세이 "The Street as Platform"은 그의 블로그 '시티 오
     브 사운드^{City of Sound}'에서 참조할 수 있다. http://www.cityofsound.
     com/blog/2008/02/the-street-as-p.html

3   인포그래픽을 좋아한다면 구글의 소비자지표를 참조하라. https://www.
     consumerbarometer.com/en/. 그 밖에 다양한 흥미로운 통계 자료는
     닐슨^{Nielsen}의 보고서에서 참조하라. http://www.nielsen.com/content/
     dam/corporate/us/en/reports-downloads/2013%20Reports/Mobile-
     Consumer-Report-2013.pdf

4   아이폰의 성능과 로켓선의 컴퓨팅 성능을 흥미롭게 비교한 논문 "A
     Modern Smartphone or a Vintage Supercomputer: Which Is More
     Powerful?"은 http://www.phonearena.com/news/A-modern-
     smartphone-or-a-vintage-supercomputer-which-is-more-powerful_
     id57149에서 참조하라.

5   경로 따라가기와 지도를 보고 길찾기에서 서로 다른 뇌 영역의 역할을 살
     펴본 기술 논문은 톰 하틀리^{Tom Hartley}, 엘리너 매과이어^{Eleanor Maguire},
     휴고 스피어스^{Hugo Spiers}, 닐 버제스^{Neil Burgess}의 논문 "The Well-Worn
     Route and the Path Less Traveled: Distinct Neural Bases of Route
     Following and Wayfinding in Humans," 《뉴런^{Neuron}》(2003, 37권,
     877~88쪽)에서 참조하라.

6   존 오키프^{John O'Keefe}와 린 네이들^{Lyn Nadel}의 획기적인 저서 《인지 지도
     로서의 해마^{The Hippocampus as a Cognitive Map}》는 1978년에 처음 출간되었다
     (Clarendon Press, Oxford, UK). 이 책은 절판되었지만 온라인으로 구할

수 있다. http://www.cognitivemap.net/HCMpdf/HCMComplete.pdf. 오키프는 뇌의 공간 매핑에 관한 다양한 부분을 연구해 온 에드바르드 모세르[Edvard Moser], 메이브리트 모세르[May-Britt Moser]와 함께 2014년 노벨생리의학상을 수상했다. 이들의 설명은 다음 사이트에서 참조할 수 있다. http://www.ntnu.edu/kavli/discovering-grid-cells.

7   엘리너 매과이어 연구팀은 런던의 택시기사의 해마 구조와 공간 탐색에 관한 흥미로운 연구 결과를 "Navigation-Related Structural Change in the Hippocampi of Taxi Drivers," 《미국국립과학원회보[Proceedings of the National Academy of Sciences (USA)]》(2000, 97권, 4398~403쪽)에서 설명한다.

8   베로니크 보보[Veronique Bohbot] 연구팀은 평생에 걸친 탐색 전략의 변화와 이런 변화가 건강한 노화에 끼치는 영향을 "Virtual navigation strategies from childhood to senescence: Evidence for changes across the life span," 《노화신경과학 최신연구[Frontiers in Aging Neuroscience]》(2012, 4권, 논문 28)에서 설명한다. GPS 사용이 해마의 기능을 떨어뜨릴 수 있다고 제시하는 이전의 연구 결과는 Phys.org 웹사이트에서 참조하라. http://phys.org/news/2010-11-reliance-gps-hippocampus-function-age.html

9   앨버트 보르그먼의 주요 저서 《기술과 현대인의 삶의 성격[Technology and the Character of Contemporary Life]》에서는 깊이 있는 읽을거리를 제공한다(University of Chicago Press, Chicago, 1985).

10 야후의 대니얼 케르시아[Daniel Quercia] 연구팀은 "The Shortest Path to Happiness: Recommending Beautiful, Quiet, and Happy Routes in the City," *Proceedings of the 25th ACM conference on Hypertext and Social Media* (ACM Press, New York, 116~25쪽, 2014)에서 연구를 소개한다. 이 논문은 http://dl.acm.org/citation.cfm?id=2631799에서도 참조할 수 있다.

11 안타깝게도 MATR 앱은 사용할 수 없지만 이 프로젝트의 일부 내용은 http://www.spurse.org/what-weve-done/matr/에서 참조할 수 있다.

12 브루스 스털링[Bruce Sterling]의 도발적인 소논문 〈사물인터넷의 대대적인 투쟁[The Epic Struggle of the Internet of Things]〉(Strelka Press, Moscow, 2014)에서 참조하라.

13 신체 상해소송에서 핏빗이 증거로 채택된 사례는 케이트 크로포드 Kate Crawford가 "When Fitbit is the Expert Witness," 《더 애틀랜틱The Atlantic.》(2014년 11월 19일)에서 다시 소개했다. http://www.theatlantic. com/technology/archive/2014/11/when-fitbit-is-the-expert-witness/382936/

14 애덤 그린필드Adam Greenfield의 저서 《스마트도시에 반대한다Against the Smart City》(Do Projects, New York, 2013)는 e-팸플릿으로 출간되었다. 아마존 에서 구할 수 있다.

닫는 글. 다시 집으로

1 IDIA 랩의 가상 스톤헨지 프로젝트는 http://idialab.org/virtual-stonehenge/에서 참조하라.

추천 문헌

이 책에서 다룬 내용과 관련된 주제로 내가 좋아하는 책 몇 권을 소개한다.
아래는 이 책의 주석에 언급되지 않았지만 자세히 읽어볼 만한 가치가 있는 자료다.

De Botton, Alain. *The Architecture of Happiness*. New York: Pantheon, 2006. (한국어판: 알랭 드 보통 지음, 정영목 옮김,《행복의 건축》, 청미래, 2011)

Eberhard, John P. *Brain Landscape: The Coexistence of Neuroscience and Architecture*. Oxford: Oxford University Press, 2008.

Hildebrand, Grant. *Origins of Architectural Pleasure*. Oakland, CA: University of California Press, 1999.

Marcus, Clare Cooper. *House as a Mirror of Self: Exploring the Deeper Meaning of Home*. Newburyport, MA: Red Wheel, 2002.

Mallgrave, Harry F. *The Architect's Brain: Neuroscience, Creativity and Architecture*. Hoboken, NJ: Wiley & Sons, 2009.

Pallasmaa, Juhani. *The Eyes of the Skin: Architecture and the Senses*. Hoboken, NJ: Wiley & Sons, 1996.

Pollan, Michael. *A Place of My Own: The Education of an Amateur Builder*. New York: Random House, 1997. (한국어판: 마이클 폴란 지음, 배경린 옮김,《마이클 폴란의 주말 집짓기》, 펜연필독약, 2016)

Rasmussen, Steen Eiler. *Experiencing Architecture*. Cambridge, MA: The MIT Press, 1995. (한국어판: S. E. 라스무센 지음, 선현종 등 옮김,《건축 예술의 체득》, 야정문화사, 2007)

Sternberg, Esther M. *Healing Spaces: The Science of Place and Well-Being*. Cambridge, MA: Harvard University Press, 2010. (한국어판: 에스더 M. 스턴버그 지음, 서영조 옮김, 정재승 감수,《공간이 마음을 살린

다》, 더퀘스트, 2013)

Zeisel, John. *Inquiry By Design: Environment/Behavior/Neuroscience in Architecture, Interiors, Landscape, and Planning.* New York: W. W. Norton, 2006.

그림 출처

16쪽 | 스톤헨지 ⓒ graycat/Shutterstock.com

21쪽 | 괴베클리 테페 ⓒ cornfield/Shutterstock.com

34쪽 | 홀로코스트 기념관 ⓒ Sean Pavone/Shutterstock.com

73쪽 | 〈물활론의 땅〉 ⓒ Jean-Pierre Dalbéra/Wikimedia Commons

99쪽 | 다라비 거리 ⓒ M M/Wikimedia Commons

119쪽 | 코니아일랜드 ⓒ Vladimir Korostyshevskiy/Shutterstock.com

122쪽 | 라이브파크 [사진 제공: 디스트릭트d'strict]

124쪽 | 디즈니월드 메인스트리트 [사진 제공: 미국 공군US Air Force]

138쪽 | 카지노 내부 ⓒ Kobby Dagan/Shutterstock.com

142쪽 | 사우스데일몰 [사진 제공: Southdale Center]

145쪽 | 웨스트에드먼튼몰 ⓒ Ronnie Chua/Shutterstock.com

154쪽 | 홀푸드마켓 ⓒ Northfoto/Shutterstock.com

170쪽 | 한국은행 ⓒ Andrei Goncharov/Shutterstock.com

　　　　미국연방은행 ⓒ Roman Babakin/Shutterstock.com

172쪽 | 맥도널드 매장 ⓒ saknakorn/Shutterstock.com

187쪽 | 뭄바이 ⓒ A.Savin/Wikimedia Commons

191쪽 | 로열온타리오박물관의 신관 ⓒ Niloo/Shutterstock.com

194쪽 | 구겐하임 빌바오 미술관 ⓒ Santi Rodriguez/Shutterstock.com

198쪽 | 프루이트 아이고 [사진 제공: 미국지질조사국USGS]

225쪽 | 성 베드로 성당 ⓒ Lawrence Goh/Shutterstock.com

240쪽 | 미국 대법원 ⓒ Adam Parent/Shutterstock.com

282쪽 | 캐나다 라이프 빌딩 ⓒ rmnoa357/Shutterstock.com

306쪽 | 송도국제도시 ⓒ PKphotograph/Shutterstock.com

　　　　마스다르 ⓒ LMspencer/Shutterstock.com

찾아보기